绝不妥协

中国企业
国际经贸摩擦案件纪实

杨晨　编著

中信出版集团｜北京

图书在版编目（CIP）数据

绝不妥协：中国企业国际经贸摩擦案件纪实 / 杨晨编著 . -- 北京：中信出版社, 2022.1
ISBN 978-7-5217-3856-8

Ⅰ.①绝… Ⅱ.①杨… Ⅲ.①企业经济－双边贸易－案件－中国 Ⅳ.① F279.23

中国版本图书馆 CIP 数据核字 (2021) 第 251307 号

绝不妥协——中国企业国际经贸摩擦案件纪实

编著：杨晨
出版发行：中信出版集团股份有限公司
（北京市朝阳区惠新东街甲 4 号富盛大厦 2 座　邮编　100029）
承印者：北京盛通印刷股份有限公司

开本：787mm×1092mm　1/16　　印张：22.5　　字数：254 千字
版次：2022 年 1 月第 1 版　　　　印次：2022 年 1 月第 1 次印刷
书号：ISBN 978-7-5217-3856-8
定价：78.00 元

版权所有·侵权必究
如有印刷、装订问题，本公司负责调换。
服务热线：400-600-8099
投稿邮箱：author@citicpub.com

编委会

主 编：杨晨
顾 问：田予
编 委：彭俊　符欣　徐铮　吴亚洲　沈姿英　李林　王明凯
编 写：韩依民　周立恒

杨晨

金诚同达律师事务所管理合伙人，全国律协涉外法律服务专业委员会秘书长，北京市律师行业优秀共产党员、优秀律师，"一带一路"十佳律师，被国际权威法律评级机构钱伯斯评为国际贸易和WTO领域全球及亚太地区"业界贤达"。

田予

金诚同达律师事务所创始合伙人，是最早从事国际贸易及WTO法律业务的中国律师之一，开创了中美律师联合代理国际贸易救济案件的合作模式，是最早受中国商务部聘用参与双边谈判的律师，长期为中国政府在国际贸易和跨境投资领域提供法律服务，参与了多部重要涉外法规的立法工作。

彭俊

金诚同达律师事务所高级合伙人，北京律师协会国际投资与贸易法律专业委员会副主任，是首位代表中国政府在 WTO 出庭辩论的中国律师，被国际权威法律评级机构钱伯斯评为国际贸易和 WTO 领域的第一等级律师。

符欣

金诚同达律师事务所高级合伙人，北京市律师协会反倾销及 WTO 委员会副主任，是最早代表中国政府参加 WTO 庭审的中国律师之一，钱伯斯榜单国际贸易和 WTO 领域的领先律师，在诉讼和仲裁领域也颇有建树。

徐铮

金诚同达律师事务所高级合伙人，钱伯斯榜单国际贸易和 WTO 领域的领先律师，担任多个政府部门国际经贸摩擦法律顾问，是少数有 SAS 程序员资格的律师，尤其擅长复杂案件中的数据整合和分析。

吴亚洲

金诚同达律师事务所高级顾问，是少数同时具有中美法律、财务和管理复合教育背景的律师，有 ACCA 特许公认会计师资格，尤其擅长复杂案件中的财务分析，曾在国际著名律师行工作多年，是钱伯斯榜单国际贸易和 WTO 领域的领先律师。

沈姿英

金诚同达律师事务所高级合伙人，代表中国政府应诉反补贴调查最多的律师之一，是 Legal 500 亚太榜单推荐律师，在投资并购及涉外合规领域也具有丰富的实践经验。

李林

金诚同达律师事务所合伙人，在 WTO 和国际贸易领域拥有 15 年以上的执业经验，尤其擅长根据行业发展特点，在具体案件中挖掘有利证据和数据，是 Legal 500 亚太榜单推荐律师。

王明凯

金诚同达律师事务所高级合伙人,有 15 年以上执业经验,很早就参与了国际贸易救济案件,此后在投资并购领域深耕,被《亚洲律师杂志》(ALB)评为"十五佳律师新星"之一,是 Legal 500 亚太榜单推荐律师。

目录

序言 1　20 年的守护与见证　龙永图 _ VII

序言 2　而今迈步从头越　张月姣 _ XIII

前　言　与中国入世一同成长 _ XVII

开篇　不可避免的"战争"

第一章　为了荣誉而战

美钢联偷袭中国钢铁 003

"不能让别人泼脏水" 007

中国军团集结 011

战术确定，排兵布阵 014

20 年的跨越 017

宝钢真争气 023

高手过招，见招拆招 025

全面胜利 029

上篇　入世洗礼

第二章　中国律师初登舞台

一个来自华盛顿的邀请 035

没有发牌权，也要打好牌 041

敢学善学的"小学生" 046

探路者的路，没有尽头 051

第三章　市场经济？这是一个问题

背水一战 057

20 年的老问题 061

完美一击 066

成败替代国 072

不断更新的工具箱 077

"自由"的裁量 081

为中国定制"篮筐" 084

第四章　在挫败中成长：中美反垄断第一案

反垄断第一案 090

进退维谷 095

双管齐下 100

争取主权豁免 104

教训惨痛，亦有所得 107

中篇　崛起之路

第五章　打不"死"的中国轮胎

美国挥舞大棒 115

特保案雪上加霜 119

后来居上的中国轮胎 123

除了向前，别无选择 128

突破封锁 134

成长的烦恼 139

全方位进步 143

从大到强 149

第六章　瓷砖出海：从四面楚歌到艰难求变

走，去巴西淘金 154

大门即将关闭 ········· 157

不好打的仗 ········· 160

双线作战 ········· 163

实地游说争取同盟 ········· 165

令人失望的初裁 ········· 167

价格承诺走上前台 ········· 170

危机下的破局之道 ········· 174

第七章 中国光伏,绝境逢生

厄运接踵而至 ········· 178

虚胖婴儿 ········· 182

无理的 AFA ········· 186

艰难谈判,获得喘息 ········· 191

行业大洗牌 ········· 194

与贸易救济相伴相生 ········· 196

绝地反击,凤凰涅槃 ········· 201

第八章 国有企业勇立潮头

围剿中国制冷剂 ········· 205

戴上金箍 210

另辟蹊径 216

剑走偏锋 219

重压下的担当 226

既有勇也有谋 230

新时代的新挑战 234

第九章 官司中的光荣与梦想

"我的目标是让企业成为世界 500 强" 239

"绝对不能颠倒黑白,事实不分" 245

"要为我们的利益站出来想办法" 248

"一定要把对手打服" 252

"和跨国巨头不断对决" 258

下篇　国家利益

第十章 看不见的"安全阀"

隐蔽的"卡脖"术 267

第一次反击 272

"安全阀"开始运转 277

在实践中学习 282

维护双向公平 287

正视差距，持续成长 292

第十一章 我的客户是中国

八年磨一剑 296

狼来了，怎么办？.......... 301

积极的旁听生 306

中国要有自己的 WTO 律师 310

"我在为中国发声" 312

无可替代的中国律师 316

从防守，到进攻 319

从学习规则到制定规则 323

后记 让历史告诉未来 327

序言 1

20 年的守护与见证

龙永图

全球化智库主席

原外经贸部副部长、中国复关及入世首席谈判代表

今年是中国加入 WTO（世界贸易组织）20 周年。中国"入世"是中国改革开放历史上的一件大事。为了办好这件事，我们作为在第一线的谈判者，曾在谈判时大张旗鼓地宣传过 WTO 的作用。当时，我们总结了 WTO 在全球贸易中的三个职能：制定国际贸易规则、组织全球开放市场谈判和解决贸易争端。第一个功能，让中国了解 WTO 规则，并主动调整国内的法律法规，接受以国际规则为基础的市场经济；第二个功能，中国通过参与开放市场的谈判，使中国的改革开放迈上了新台阶；第三个功能，使得中国学会通过 WTO 争端解决机制解决国与国之间的贸易争端，解决各国产业之间

的贸易摩擦。

入世 20 年来，中国从遵守国际贸易规则中获得了巨大利益。中国在入世时承诺要搞市场经济，入世以后，我们修改了很多法律法规来和全球规则接轨，从而为我们的市场经济打下了坚固的法制基础，国民待遇、透明度、市场准入这些 WTO 理念深入人心。更为重要的是，这些理念不仅适用于政府制定和实施对外经济贸易规则，也有助于企业正确地树立规则意识并妥善运用规则保护自己的竞争利益。

入世 20 年来，中国参与全球化的深度和广度得到了前所未有的发展，我们的对外开放水平也得到了很大提高。在中国对外开放进程中，我们正逐步从只注重出口过渡到出口和进口并重，从主要引进外资过渡到引进外资和海外投资并重的时代。中国企业走出国门，进行投资贸易，已经成为国际经贸当中一个新的趋势。WTO 的前两个功能，在我国经济发展和对外开放中发挥的作用已被广大人民所了解。但第三个功能如何推动了这些年中国的改革开放，就鲜为人知了。这本书正好让我们了解这方面的情况，也让我们对中国入世的成果有一个更全面的了解。

大家知道，正确面对并处理好经贸摩擦是中国融入国际社会的必修课，也是中国企业发展和强大的支撑。为了鼓励各国降低贸易壁垒，促进贸易自由化，同时又要防止对本国产业造成太大冲击，WTO 规则在设计之初就设定了三个"安全阀"，也就是我们熟悉的反倾销调查、反补贴调查和保障措施调查。经贸摩擦是国际贸易间的正常现象，处理国际间的摩擦，政府应发挥主导作用，但是应对贸易摩擦的武器是法律，法律武器要靠律师去应用。

入世20年来，随着中国市场经济的发展、对外开放的深化，以及中国企业走出去步伐的加快，中国在国际经贸活动中的作用越来越重要。本书的作者就是一批随着中国入世成长起来的争端解决领域的优秀律师。现在越来越多的中国律师通过代理经贸摩擦案件成长起来，不仅能熟练运用规则保护国家和企业利益，而且能积极参与到国际规则的制定中，让我们这些当年参加入世谈判的人感到极为欣慰。

我在商务部主管国际经贸工作多年，看到中国企业在走出去过程中往往沿用国内的惯性思维去处理商业合作关系和解决纠纷，吃了很多亏。这本书里有很多经典的国际争端解决案例，贯穿了中国入世20年的历史，覆盖了从传统产业到新兴产业，从农业初级产品到高科技产品等多个产业和产品，涉及国企、民企和外资企业各种所有制的企业，展现了中国企业在入世早期、中期和当前阶段对经贸摩擦的认识和行动变化，从不同的视角分析原因，总结得失，是中国企业认识及学习如何面对国际争端的生动教材。这些案例不仅涉及中国与国际社会的互动与融合、企业的生存与发展，与老百姓的衣食住行也密切相关，有助于我们更加全面地了解入世这一重大历史事件对中华民族伟大复兴和人民生活水平提高的深刻和深远影响。

在中国加入WTO 20年后的今天，我们也注意到，WTO被边缘化了，正处在其自建立以来最危险、最脆弱的时刻，具体就表现在我前面提到的三个重要功能的弱化，WTO已经无法再正常发挥效力。所以当前我们要坚决反对单边主义和贸易保护主义，恢复全球对WTO国际通行规则的尊重和支持。只有这样，才能让大家有一个共同的法律基础来推动全球贸易和投资的发展。当然，WTO也要与时俱进，进行改革。中国作为一个发展中国家，作为一个大国，有自己的责任和担当，要在WTO的改革中起到建设性作用。

习近平法治思想的一个重要方面，就是"坚持统筹推进国内法治和涉外法治"。当前，在世界百年未有之大变局中，中国日益走近世界舞台中央，中国企业和公民也越来越多地走向世界。在应对大变局、参与全球治理、构建人类命运共同体的过程中，尤其是在WTO倡导的开放和规则精神遭到破坏时，中国如何加强涉外法治建设，面临着更高的要求和挑战。

我对中国入世倾注了很多的责任和感情，并在中国入世后大力倡导和推动WTO规则的实施。在纪念中国入世20周年之际，我非常高兴能够看到这本书的面世。这本书从参与国际经贸摩擦和规则制定的律师们的视角，通过剖析国际经贸摩擦案例，结合政策变化和产业变迁，观察和总结了政府、行业和企业在中国入世后的变化和成长。参与这些案件的行业组织、企业代表和专家学者的现身说法，更是使得这些案例贴近生活和易于理解。这本书不仅是入世后中国社会变化的真实缩影，也是中国涉外法治发展实践的精彩记录。

相信这本书不仅能给中国经济和法律领域的学者和学生进行案例研究提供丰富的素材,也会给面对纷繁复杂国际经贸关系的中国各级政府和走出去的中国企业带来启发,并帮助我们在总结经验和吸取教训的基础上砥砺前行,不断取得新的成果。

序言 2

而今迈步从头越

张月姣

清华大学国际争端解决研究院院长

世界贸易组织上诉机构前法官和主席

我很荣幸参加了自 1984 年开始的漫长而且艰巨的中国复关和入世谈判，至今还记得中国入世谈判的很多细节。有一次，WTO 成员方对我国新颁布的《外贸法》提了 300 多个问题。我与商务部条法司的同事们认真准备，在 WTO 最大的会议厅里，我用英语向所有成员逐条逐段、有根有据地解释《外贸法》。讲解完后，我问他们还有没有问题，现场鸦雀无声。我说如果你们没有问题了，就视为你们都同意我的解释，中国的《外贸法》完全符合 WTO 的规则。在后来的入世谈判中和入世之后，没有人再对《外贸法》提出质疑。

这一晃，中国加入WTO已经20年了。

中国入世的历史意义无论怎么估计都不过分。通过加入WTO，中国市场进一步向所有成员开放，中国经济和国际贸易高速增长对世界经济的贡献率达到30%。对中国而言，加入WTO促进了国内的经济体制改革和法治水平的提高，进一步推动了中国融入全球经济治理。这是一个双赢和多赢的局面。

入世20年来，中国政府、中国企业和中国的法律人逐步从国际经贸规则和争端解决机制的初学者，成长为熟悉规则和机制、捍卫各方权利与利益公平平衡的积极参与者，再到现在成为规则和机制较成熟的运用者。本书的作者就是最早一批从事国际经贸规则和争端解决业务的中国律师团队。我很高兴地看到，他们把20年来的业务经历写成书，从律师的视角为入世20年来中国政府、中国企业及中国企业家融入全球化大潮、迎着压力努力抗争和成长的历史留下珍贵记忆。

由于WTO上诉机构新任法官的遴选受到某成员的阻挠，2020年12月11日WTO上诉机构被迫停摆。我很难过，连夜给WTO上诉机构的同事写了一封信，题目是"悲痛之日"（Sad day），我为WTO王冠上的明珠——上诉机构的停摆而痛心，鼓励WTO同事和朋友们"坚持法治、迎接挑战、永不放弃"。在全球经贸摩擦形势越发严峻、贸易争端呈现增多趋势的情况下，以国际规则为基础的WTO多边贸易体制越来越受到挑战。

但是，越是在这样的困难之下，WTO越发显得重要和宝贵。

在"百年未有之大变局"的当下，我们回顾过去20年的成长史，展望未来20年的发展路。"雄关漫道真如铁，而今迈步从头越。"祝福中国，祝福中国的法律人！

WTO的基石是无条件的最惠国待遇，各成员方之间是平等的，不能歧视。任何与之相背离的歧视和双重标准、贸易保护主义和单边报复措施，都不符合WTO规则，也不符合国际经贸发展的规律和世界各国人民期望的公平与正义。因此，在这封信中我也充满信心地呼喊："无论遇到什么困难，我们都应该始终遵循对法治的信念。上诉机构会回来的！WTO不会消亡！"

随着中国在世界经济和国际体系中的地位不断上升，中国一定能够为国际经贸规则体系贡献中国智慧和中国方案。正是在这个意义上，《法治中国建设规划（2020—2025年）》对未来的中国法治提出了要求："积极参与国际规则制定，推动形成公正合理的国际规则体系。……维护我国公民、法人在海外及外国公民、法人在我国的正当权益。……讲好中国法治故事。"

要达到前述要求，中国需要越来越多高素质和高水平的涉外法律人才。什么是高素质？就是既通晓国际规则又懂国际投资和贸易，既具有世界眼光和国际视野又了解中国国情，既善于谈判、精通外文又具有团队精神。什么是高水平？就是能够为"一带一路"建设等国家重大发展战略提出法律建议，为中国企业和公民"走出去"保驾护航，为我国重大涉外经贸活动和外交工作大局提供法律支持。

我很高兴地看到，本书中记录的案件能够为"高素质"和"高水平"提供实践中的诠释，能够为未来的中国智慧和中国方案提供有价值的参考。

前　言

与中国入世一同成长

2021年是中国加入WTO 20周年。在过去20年里，中国货物出口增长了7倍多，进口增长了近6倍；在服务贸易方面，从有统计数据的2005年开始到2020年的16年间，中国服务贸易出口占世界服务贸易出口总额的比例从3%增至6%，而进口服务贸易从3.3%增加到8%。随着中国货物贸易和服务贸易的快速增长，中国从入世时的"老八"变为全球第二大经济体。入世20年的数据变化和感官体验都告诉我们，中国离不开世界，世界离不开中国；中国入世，是中国和全世界的共赢。

2016年，中国入世15周年的时候，《人民日报》曾经对我们这支长期从事WTO争端解决业务的团队进行采访，并发表了《我们随中国"入世"一同成长》专题报道，后来媒体在多起案件的新闻报道中，对我们团队沿用了"与入世一同成长"的标签。2019年年底，为纪念中国律师制度恢复重建40周年，中央电视台《律师来了》栏目做了一期专题节目，我在做题为"为中国企业走出去保驾护航"的演讲时，谈到中国有一批优秀的涉外律师，在中国"入世"后，随着中国经济与世界经济高度融合互动，他们在合作与摩擦中身体力行，快速成长，以实际行动践行着习近平总书记坚持统筹推进国内法治和涉外法治的要求，也在为企业走出去保驾护航的过程中，见证了政府部门、行业组织和企业"与中国入世一同成长"。

今年4月的某个周末，团队与著名财经媒体人秦朔老师探讨时，谈到在过去很长一段时间里，我们坚持不计成本地为国家提供法律服务：从立法咨询到代理具体案件，从APEC会议到全球钢铁论坛，从中欧双边投资协定谈判到申请加入《全面与进步跨太平洋伙伴关系协定》（CPTPP），从WTO多边争端解决到国际投资仲裁……中国入世20年来，我们参与了近百个中国政府委托的项目。曾有媒体把我们称为"国家队"，我们为此感到十分骄傲和自豪。秦朔老师对我们也给予了很高的评价，认为我们是政府的民间智库，并建议我们结合以往代理的案件，从律师的视角来梳理中国入世20年的变化。

我觉得这是个很好的建议，与团队商量后便开始整理资料，对团队核心成员及案例中涉及的相关人员进行访谈，并与出版社就选题进行沟通讨论，最终形成了本书。

关于本书的主要内容，做几点说明，便于大家阅读。

第一，本书是围绕案例展开的非法律专业著作。

虽然本书是从案例入手，但这并不是一本案例集，更不是法律专业著作。为了帮助读者通过案例去看入世后的变化，除了必要的法律知识和案件背景，更多的是以案件参与人（包括律师、政府官员、行业组织、企业等等）的口述，将案例中的法律点和故事点串联起来，从不同视角观察和总结政府官员、行业、企业、专业人士、老百姓等在中国入世后，面对更加复杂的国际经贸环境的变化和成长。本书的受众可以是法律人士，也可以是企业家、经济界人士、学生或者关注国际法律和经贸关系的读者。我们希望本书对政府决策、企业走出去、律师实践、法律教学等方面亦有所帮助。

我们深知，随同中国入世在国际经贸摩擦中一起成长的，不仅有中国涉外律师，还有具备高度政治素养、娴熟语言技能、优雅言谈举止、成熟谈判技巧的中国政府官员；有勇挑重担、敢为人先、以国家利益和行业利益为己任的国有企业；有不惧国际豪强霸凌，在跨国公司的打压和围剿下，用不懈努力捍卫和拓展海外市场并最终获得国际同行尊重的民营企业家；还有因为行业利益屡战屡败、屡败屡战伤心落寞后，为一次突如其来的胜利喜极而泣半宿未能入睡的行业组织工作人员。他们不仅是历史的见证者，也是国际经贸领域的中国脊梁。在本书中，他们也会与大家分享自己的故事和观点。

入世20年，值得分享的案例很多，但有些案件具有很强的保密性质，没法进行披露，所以我们选了一些可以对外公开且已经见诸媒体报道的案件，尤其是与我们的经济和生活密切相关的案件。此外，受限于企业的商业秘密，我们对有些事实情节包括被访谈人的分享进行了适当处理，但不影响案件的真实性、专业性及可读性。

第二，本书讲述的都是发生在我们身边的故事。

WTO 争端解决、跨境争议解决、反倾销、反补贴、保障措施，这些案件听起来很阳春白雪，其实非常下里巴人，与企业的日常经营乃至老百姓的日常生活密切相关。您在看有关福耀玻璃的纪录片《美国工厂》时，是否知道福耀玻璃是中国入世后反倾销第一案的应诉企业，没有数十年如一日的抗争，它如何有魄力、有能力在美国建设全球最大的汽车挡风玻璃生产中心？您看着屋顶上支起的光伏面板，享受着光伏发电带来的清洁能源时，是否知道中国光伏企业是如何从无到有，从巅峰到波谷，又如何绝地求生在全球遍地开花的？您在国内消费刷 VISA 卡，出国消费刷银联卡时，是否知道中美是如何在 WTO 博弈开放电子支付渠道的？您在影院酣畅淋漓地观看美国大片时，是否知道在中美关于出版物进口和分销的 WTO 争端案件后，中国在电影市场上加大了好莱坞大片的市场准入？您知道为什么 2009 年中国从美国和欧盟进口的大排量 SUV 突然间价格猛涨，2021 年以后澳大利亚奔富红酒可能会退出您的餐桌吗？中国入世后，除了要拥抱开放带来的机会，还要接受开放带来的挑战，从影响国计民生的粮食，到茶余饭后的娱乐产品，都经历了对抗与合作。

　　第三，从静态的历史动态地看变化。

　　本书收录的案件都已成为历史，阶段性画上了句号，但这些案件的应对过程和经验教训，生动地展现了中国入世 20 年的发展和变化。本书的编写有两条主线，一是时间，二是产业，通过分享在不同时间段涉及不同产业的案例，我们观察到的变化主要有四个方面。

　　一是企业。面对国际经贸摩擦，大部分中国企业最初都是选择躲避，然后是被动应对，进而积极研究规则主动应对，利用规则反制对手、零和博弈，再到全球布局、合作共赢。在这个过程中，涌现出了一批优秀的企业，比如福耀、巨化、TCL 等等。

二是产业。针对中国出口产品的各种贸易救济措施，是从农产品和资源型产品开始的，比如大蒜、蜂蜜、蘑菇罐头、淡水小龙虾、焦炭等；然后过渡到大宗工业产品或简单加工产品，比如热轧钢、盘条、铜管、糖精、味精、瓷砖、各类纺织品等，这类产品一般是高能耗、高污染且附加值较低的产品或者基础工业产品；再到技术含量较高的化工和机电类产品，比如草甘膦、制冷剂、轮胎、光伏产品、升降作业平台等；现在逐步过渡到高科技领域，也就是大家经常在媒体端看到的美国对中国华为、中兴、海康威视、大华科技等公司的打压。我们重点选择了具有代表性的几个行业，比如钢铁、瓷砖、轮胎、光伏，这里既有传统工业，也有新兴工业，它们在全球范围内都遇到了很多不同类型的经贸摩擦，在它们应对这些案件的过程中，我们可以看到主导中国出口产品的产业迭代升级，尤其是高附加值产业是如何发展壮大的。

三是政府部门和行业组织。中国应对外国贸易救济调查案件，一直强调"四体联动"，也就是中央政府、地方政府、行业组织和企业共同应对贸易摩擦（其实一定程度上也涉及投资争议）。除了企业自身，其他三体作为企业出海的"娘家"，发挥了重要的作用。它们从双边谈判到多边争议解决，从适应规则到参与并主导规则制定，从被动应对到主动出击，在"一带一路"和"涉外法治"的大背景下越来越成熟，在为中国出海企业保驾护航的过程中扮演了越来越重要的角色。

政府部门和行业组织的成长和成熟，从它们逐步认识到在涉外案件中培养和聘用中国律师的重要性中可窥见一斑。司法部和全国各级律协都建立了涉外律师人才库，给予从事涉外法律工作的律师各种参与国际组织、研讨会和培训的机会；商务部、国家发展改革委、贸促会、商协会等有意识地通过具体案件，培养律师的实务操作能力，这也是依法治国和涉外法治的重要体现和进步。

四是我的律师同行。中国律师在涉外法治领域的成长，得益于中国入世带来的机遇。办理跨境争议解决案件，看起来叱咤风云，实际上非常艰辛。在中国入世后的最初几年，我们面对欧美律师的时候，是毕恭毕敬的学徒，只能跟在老师后面吃点残羹冷炙，但是现在已经可以坐在主位招呼老师吃饭了。因为在某些细分领域，中国律师20年来做过的案件，可能比老师一辈子做过的案件还要多，还要复杂；对于一些新兴涉外法律业务，由于背靠中国强大的新经济动能，中国律师得到了更多的锻炼机会。随着中国经济与世界经济高度融合互动，中国企业"走出去"步伐不断加快，涉外法律服务工作的重要性日益凸显。快速成长的中国涉外律师，不仅要依法维护国家和企业的合法权益，也一定会在国际规则的制定和执行过程中发挥更大的作用。

2001年是中美两国博弈的一个分岔口，美国开始把反恐作为战略重心，中国则在入世以后进一步加快了改革开放的步伐，中美差距快速缩小。自特朗普上台后，中美关系变得非常复杂；拜登上台后变相延续的"特朗普主义"使得中美关系更加微妙，多边贸易体制开全球化的倒车。如何看待中国和世界的关系，尤其是中国和美国的关系，如何引导制定新形势下的多边和双边国际规则，如何做正确选择和正向输出，都非常重要。

物有甘苦，尝之者识；道有夷险，履之者知。2021年是中国共产党成立100周年，亦是中国入世20周年，大到国家，小到庶民，都是历史的见证者和参与者。通过梳理经典案例，我们回顾历史，总结经验，立足当前，展望未来，期待从法律专业人士的角度为涉外法治建设和中华民族的伟大复兴，贡献一份微薄之力。

最后，请允许我代表本书的创作团队，对长期支持我们工作的亲爱的家人、曾经或现在并肩战斗的可爱的同事、与我们休戚与共的令人尊重的企业、长期指导和关怀我们的社会各界领导和朋友，表示衷心的感谢！

2022年是金诚同达律师事务所设立30周年，也谨以此书，祝金诚同达生日快乐！

2021年9月9日

开篇

不可避免的"战争"

第一章　为了荣誉而战

美钢联偷袭中国钢铁

北京时间 2018 年 3 月 19 日深夜，春分时节的上海乍暖还寒，天空中飘起小雨，入夜已深，寒意更甚。但在接完一个越洋电话后，宝钢股份总法律顾问沈雁已经完全感受不到春寒的料峭——电话那头，身在美国的律师传来最新消息，美国国际贸易委员会裁定，终止美国钢铁公司（以下简称"美钢联"）对中国钢铁的 337 反垄断调查。

这意味着，一场耗时近 23 个月的战斗终于画上句号，并且中方大获全胜。

接完电话，睡意全无的沈雁迅速将结果告知了公司领导、同事。3 月 22 日，时任中国商务部贸易救济调查局局长王贺军公开表态，对美国国际贸易委员会能够尊重事实的态度表示赞赏。中央电视台财经频道《经济信息联播》栏目第一时间对此事进行了报道。

时间回溯到2016年4月26日，美钢联指控部分中国钢铁企业生产、销售的部分产品存在不公平贸易行为，违反了美国《1930年关税法》（Tariff Act of 1930）第337节（以下简称"337条款"），要求美国国际贸易委员会启动"337调查"，禁止被诉产品对美销售。

美钢联的指控包括三点：

一是指控中国钢铁企业在中国钢铁工业协会（以下简称"钢协"）的组织下，形成垄断联盟，通过价格同盟、控制产量及出口量等手段，与美国钢铁企业进行不正当竞争，即反垄断诉点。

二是指控中国政府于2010年和2011年利用黑客对美钢联发动网络攻击，窃取商业秘密供中国国有钢铁企业研发高级高强度钢，中国钢铁企业随后将生产的产品出口至美国，即窃取商业秘密诉点。

三是指控中国企业为逃避美国反倾销和反补贴税令，虚构产品原产地，从其他国家转运钢铁产品出口至美国，即虚构原产地诉点。

消息很快传回国内。沈雁正在宝钢宝山厂区开会，同样得知了消息的宝钢领导直接将沈雁从会议室叫了出来。

仔细了解美钢联的三个诉点后，惊讶、愤怒、迷茫等复杂情绪涌上沈雁心头。

惊讶源于不解，就在美钢联发起337调查前不久，宝钢还与其洽谈以中方许可输出取向硅钢技术的方式，探讨双方合资建厂的可能。

给中国钢铁行业扣上偷窃罪名的做法则让沈雁等中国钢铁人感到愤怒。宝钢领导熟知宝钢汽车板产品线发展壮大的过程，对于美钢联指控中国偷窃其汽车用板高强钢技术的指控，宝钢上下无法接受，更深知相关指控可能引发的连锁负面反应。

在惊讶与愤怒之余,面对337调查,沈雁也感到一丝迷茫:20世纪90年代便进入宝钢工作的沈雁,从1996年中国钢铁行业遭遇的第一起反倾销调查开始,经历了大大小小的贸易救济案件,但是337调查却是头一遭。在这个陌生的领域,沈雁甚至连要找哪个律师都不太清楚。

不仅是沈雁,在钢协工作了数十年的国际合作部主任侯颖,面对调查的第一反应也是有点儿蒙:"因为以前钢铁行业的贸易救济没有经历过337调查,所以反垄断这个诉点我们也没有想到,这是在直指我们的行业管理体制,当时确实有点儿蒙。"

沈雁和侯颖有如此反应,与钢铁行业及337调查本身的特点有关。

337调查,是指美国国际贸易委员会根据美国《1930年关税法》"337条款"及相关修正案进行的调查。337调查的对象为不公平竞争行为,包括进口产品侵犯美国知识产权的行为以及进口贸易中的其他不公平竞争行为。在以往的337调查中,90%的案件是知识产权案件,少部分是刑事案件。而钢铁行业作为流程非常透明的传统重工业,极少发生知识产权方面的摩擦,更没有涉及过337调查。

同时,在377这个条款项下发动反垄断调查也是美国国际贸易委员会过去40多年来的第一次。

在近几十年美国的反垄断执法实践中,反垄断的调查权均归于1914年成立的美国联邦贸易委员会,其为执行多种反托拉斯和保护消费者法律的联邦准司法机构。美国国际贸易委员会依据337条款进行反垄断调查的事情几十年都未曾发生。因此在程序上，美钢联向美国国际贸易委员会提起的337调查申请也触及了美国国内不同机构间的管辖权边界问题，在美钢联提起申请后，美国国际贸易委员会还曾向美国联邦贸易委员会去函商讨管辖权事宜，引发外界关注。

另外，美钢联起诉书中有关"中国政府利用黑客窃取美国钢铁公司生产高强钢的商业秘密交给中国国有企业进行使用"的措辞，已经将知识产权问题上升到国家信息安全层面，在当时的国际形势下，这一指控让事情变得更加敏感和复杂。

此外，美钢联关于虚假原产地的指控，更是对中国钢铁行业全球出口体系的挑战。该项指控一旦成立，不仅会影响中国钢铁对美国的出口，还会影响对东南亚等多个国家的出口，牵一发而动全身。

以上原因，让钢铁337案从发起第一天开始就成为各方关注的大案。

虽然存在滥用诉权的争议，但是在美钢联发起337调查申请一个月后，美国国际贸易委员会于5月26日正式立案，涉及宝钢、河钢、首钢、鞍钢等中国11家钢铁集团及其关联公司共计40多家企业。中国所有大型骨干钢铁企业都在其中，涵盖中国对美出口的所有钢铁产品。企业和产品涉案之广在中国遭遇的美国337调查案件中前所未有。

根据337调查的程序，美国国际贸易委员会正式立案后，被告需要在20天内决定是否应诉。于中国钢铁行业而言，在美钢联的偷袭下，一场没有硝烟的战争,已经打响。

"不能让别人泼脏水"

美国国际贸易委员会立案前后,恰逢钢协举行会长(副会长)会和会员大会。为了让各家钢铁企业对此次337调查有充分认知,钢协邀请了时任商务部公平贸易局副局长刘丹阳参会,详细介绍了案件的背景情况及利害关系。

在337调查中,被告如果不应诉,可能会被认定为缺席被告。一旦美国国际贸易委员会就某一被告做出缺席裁定,原告在申请书中对缺席被告的指控将被认定是真实的,其可以向美国国际贸易委员会提出对缺席被告立即采取救济措施。美国国际贸易委员会可以在认为不影响公共利益的情况下,对缺席被告采取排除令、制止令或两者并取。

排除令包括有限排除令和普遍排除令,有限排除令禁止中国被诉企业的涉案产品进入美国,普遍排除令则禁止中国所有企业的涉案产品进入美国。制止令是禁止继续销售已经进口到美国的产品,它主要针对美国企业,尤其是被诉企业在美国的分支机构。

2016年,中国对美出口钢铁产品的贸易额为28亿美元,数字不高,但是根据337调查程序,美方一旦裁定企业有违规行为,相关产品或被永久禁止进入美国市场。也就是说,一旦败诉,中国钢铁行业将面临彻底被美国市场拒之门外的后果。对中国钢铁行业而言,虽然对美出口额已经不大，但美国仍是检验产品影响力并获得更高利润的重要标杆市场，因此美国市场的大门一旦彻底关上，后果依然非常严重。

此外，一旦美国国际贸易委员会做出反垄断认定，可能还会在美国引发美国联邦贸易委员会的调查甚至多起反垄断民事诉讼；而且如果美国调查机关做出了反垄断认定，其他国家可能都会跟进展开反垄断调查，从长远来看，这将造成难以估量的损失。

最重要的是，如果败诉，美钢联关于窃取商业秘密的指控将极大伤害中国钢铁产业及中国政府的声誉，对钢铁产业乃至国家的长远发展都将产生极为恶劣的影响。因此对中国钢铁行业而言，无论如何不能让别人把这盆脏水泼过来。

由于对337调查的了解不多，各钢企最初对案件重要性的理解并不十分清晰。但是面对美钢联的指控，大家有一个明确共识：不能接受污蔑，不能让别人泼脏水。直接涉及商业秘密诉点的宝钢立场更为鲜明，沈雁回忆道，从一开始，宝钢应诉的态度就很坚决，宝钢领导层对沈雁的交代是："给我们戴上一顶偷窃的帽子，我们是没有办法接受的，所以我们必须积极抗辩并赢得胜利。"

在对案件有了充分了解后，钢铁企业很快在会上达成一致：众筹集资，坚决应诉。在钢铁贸易救济调查领域有丰富经验的侯颖，对行业在钢铁337案中的表现记忆犹新："337案没有单独税率，没有个体利益，但付律师费的时候没有企业说'凭什么你掏10块我掏15块'，没有人跟我们说这个话，大家已经形成了一个共识，就是企业只有在满足行业整体利益的情况下才能去提个体诉求,没有人家就没有小家,行业都没了,还有我什么。"

认知能够迅速统一,与钢铁行业在国民经济体系中的地位和价值紧密相关。

国家发展改革委原副主任、国家能源局专家委员会主席张国宝曾如此形容钢铁的重要性:"钢铁就像粮食一样,为支撑国民经济快速发展做出了巨大贡献。"[1]

对中国现代化建设起了巨大支撑与推动作用的钢铁行业,几乎是从零发展起来的。

1949年新中国成立之初,中国钢铁产量只有15.8万吨,居世界第26位,不到当时世界钢铁年总产量1.6亿吨的0.1%。以1950年扩建改造鞍钢为起点,中国开始了建设钢铁行业的艰难跋涉。20世纪50年代末,国内掀起大炼钢铁运动,目标是实现年产1070万吨钢,但是由于未按经济规律、科学经验办事,最后造成人力、物力、财力的极大浪费。70年代又上演了"三打两千六":连续三年冲刺年产2600万吨钢的目标,但都没有成功。中国钢铁产业的薄弱程度以及提高钢产量的难度之大可见一斑。

促成钢铁行业真正腾飞的是改革开放。得益于改革开放,钢铁行业获得了利用国外资金、技术和资源发展的条件。1978年,宝钢奠基,开工建设,6年后投产。1989年,中国全年钢产量达6159万吨,

---

[1] 张国宝.筚路蓝缕——世纪工程决策建设记述[M].北京:人民出版社,2018.

第一章 为了荣誉而战

这是中国钢产量首次突破 6000 万吨。

进入 20 世纪 90 年代，中国钢铁行业开始密集购买来自国外的二手设备，这其中，沙钢派出 4000 多名中国产业工人将德国蒂森克虏伯凤凰工厂重达 25 万吨的设备和 40 吨详尽解释重组过程的文件，一个螺丝钉都不落地整体搬迁至中国张家港并重组生产的事迹，堪称典型代表。该场整体搬迁被称为"欧洲战后历史上最大的工业搬迁"，使沙钢从一个年产量仅 200 多万吨的中小钢厂，一跃成为年产量超千万吨的现代化联合型钢铁企业，并助推沙钢短短几年就进入了世界 500 强的行列。类似这样的故事，还有山东兖州煤矿集团购买德国鲁尔区一座焦炭厂。

凭借愚公移山般的精神，中国钢铁行业实现了行业设备和技术的升级，这为此后的钢产量提升打下了基础。

1990 年，中国钢产量为 6635 万吨，6 年后，产量首次突破 1 亿吨，达到 10124 万吨，跃居世界首位。从此，中国一直保持着世界钢产量第一的位置：2003 年突破 2 亿吨，2005 年突破 3 亿吨，2006 年突破 4 亿吨，2008 年突破 5 亿吨，2010 年突破 6 亿吨，到 2020 年，全国生铁、粗钢和钢材产量分别达到 8.88 亿吨、10.53 亿吨和 13.25 亿吨。

产量上来后，中国钢铁不仅能够满足国内需求，也开始走向世界市场。2006 年，中国实现净出口钢材 2450 万吨（材坯合计折合粗钢 3463 万吨），结束了 1949 年以后连续 57 年钢材净进口的历史。自 2009 年起，单价高于 1000 美元的钢材出口量大于进口量；自 2010 年起，单价高于 2000 美元的钢材出口量大于进口量。出口产品单价提升，是中国钢铁质量和技术稳步发展的写照。

也正是由于发展突飞猛进，中国钢铁开始成为国外贸易救济调查的重点目标。

在中国钢铁产量第一次破1亿吨的1996年，美国第一次对中国定尺碳素钢板（又称中厚板）提起反倾销调查。此后，针对中国钢铁的贸易救济案件便再未停过。到2016年，由于很多中国钢铁产品在美已被"双反"并征收了反倾销和/或反补贴税，所以出口受到很大限制，中国出口到美国的钢铁贸易金额只有28亿美元。

对中国钢铁行业的产能和产值来说，337案涉及的经济利益虽不大，却事关中国钢铁的荣誉。这一仗，不能输。

中国军团集结

意志达成一致，行动随即展开。

应诉要取得好结果，找到合适的律师是关键。作为中国钢铁行业的"带头大哥"，宝钢在调查启动后的第一时间，便在内部成立了应诉工作小组，同时也通过曾经历337调查的其他中国企业推荐，按图索骥寻找律师。事实上，不只是政府、企业、钢协在行动，在4月26日美钢联递交337调查申请的同时，律师们就已经同步开始研究案情。

在钢协组织企业选聘律所时，凭借过往业绩、专业能力以及对案件的了解和分析，拥有国内一流国际贸易律师团队的金诚同达联手美国Covington & Burling LLP律所（以下简称"科文顿"），成为钢铁337案的代理律所。其中，科文顿的合伙人之一沙拉·阿兰诺夫（Shara L. Aranoff）为美国国际贸易委员会上一届主席，2014年刚结束其美国国际贸易委员会委员的任期，对美国国际贸易委员会情况比较熟悉，这也是中方在选聘律师时较为看重的因素。

在被确定选聘后，金诚同达和科文顿立即着手组建律师团队，并开始指导相关企业组建团队，协同钢协制定工作机制，聘请行业专家，做各种准备工作。

作为负责案件整体统筹协调的牵头律师，金诚同达合伙人杨晨律师在刚开始代理案件的那段时间都是把手机插在电源上接打电话，因为电话会议实在太多，不接电源手机很快就没电了。

6月6日至7日，金诚同达及科文顿律师团队协助钢协，在上海宝钢最大的礼堂，面向所有涉案企业开展了应诉辅导。第一天主要介绍整体应诉策略，第二天分组进行企业访谈和初步情况摸排，并进行证人培训：由一名中方律师扮演证人，接受美方律师的询问，在企业面前演练美国交叉询问的场景，帮助应诉企业对337调查构建初步的认知。

第二天的访谈结束后，律师团队很快意识到，只有金诚同达和科文顿代表整个中国钢铁行业进行应诉的策略，可能走不通。

与传统反倾销、反补贴及保障措施（以下简称"两反一保"）这样的贸易救济调查程序不同，337调查在程序上会适用美国民事诉讼的很多规则。第一阶段是由美国国际贸易委员会审查原告诉讼请求能否成立，如果成立则立案。立案后进入事实证据开示环节，之后是证人证言环节，即基于之前已开示的文件，确定公司证人、个人证人、专家证人，双方律师对证人进行交叉盘问，并整理成证词。以上是庭前程序，庭前程序结束后进入开庭环节。这里的每一个环节都涉及许多细致工作，比如最开始要确定涉案公司的哪些关联公司需要纳入案件应诉或排除在外；在证据开示环节需要在公司内部进行大量访谈，确定证据范围，并对相关文件进行保存、提取、审查和开示；在证人证词环节需要明确证人范围，结合证据开示，对证人进行培训。

由于每一家钢铁企业都是巨无霸，员工以数十万计，关联公司也非常庞杂，因此无论是梳理公司架构、确立证据开示范围，还是收集整理证据、培训证人，工作量都是巨大的。

对按时间收费的律师而言，所有案件代理工作全部由自己来做，是律所利益最大化的选择。但6月7日的会议让杨晨意识到，这个案件的工作量实在是太大了，律师团队即便把手机接上电源24小时连轴转，也难以在法定时间表内有效完成各项工作。当时金诚同达投入这个案子的律师在40人左右，科文顿有近70人，加起来100多人的律师团队要负责40多家钢铁企业的应诉，还是感觉力不从心。如果后期出现人手不足的情况，可能会对案件应诉效果产生负面影响。

出于以上考虑，杨晨主动提出改变诉讼代理的组织架构。6月7日分组培训结束后，6月8日，金诚同达与科文顿在钢协组织下，与各被诉钢铁生产企业就调整代理律师的问题进行了电话会议讨论。

最终经讨论决定，由此前金诚同达与科文顿统一代理所有应诉企业的方式，转为由金诚同达和科文顿就反垄断诉由担任主诉律师，处理反垄断诉点的行业共性问题；反垄断个性问题以及商业秘密和虚假标识原产地指控的应诉及证据开示工作，由各家被诉钢铁生产企业单独聘请律师，金诚同达和科文顿作为牵头律所，负责协调各家企业的代理律师。

在新的抗辩策略下，涉案钢铁企业陆续聘请了自己的代理律师，除金诚同达和科文顿之外，海华永泰、德恒、长安、高朋、Greenburg、Steptoe、FMAN等多家中外律所加入本案，一支联合抗辩律师"梦之队"组建完成。

战术确定，排兵布阵

事实证明，及时调整抗辩策略是非常明智的决定。

案件结束后，沈雁复盘，仅牵涉到宝钢一家的律师就超过了100位。同时代理了宝钢、河钢和马钢的金诚同达，仅在初期确定河钢集团一家的涉案关联企业和产品范围时，数名律师就花费了近一个月的时间。

金诚同达合伙人李林回忆道："河钢是非常庞大的钢铁集团，下面像唐钢、邯钢、承钢这些大型的钢铁公司就有十几家。在工作过程中，企业内部首先需判断哪些公司要加入进来，所以为确定具体应诉的公司范围，我们都是先围着公司挨个儿跑了一圈。"与李林一同跑完全程的金诚同达合伙人徐铮感叹："坊间的说法是：全球的钢产量，中国第一,河北第二,唐山第三,美国第四。可见在河钢旗下有多少家钢铁企业。当时我们在河北,远的坐着高铁跑,近的自己开车跑,才算效率很高地跑完了。"正是律师的努力工作,为钢铁337案在应诉初期就打下了坚实的基础,也为获得最终胜利提供了有力的保障。

能够组建强大的律师团队,离不开企业的投入和配合。实际上,2016年前后钢铁行业非常困难。"对企业来讲,拿几百万元或一千多万元去打一个没有把握且无法直接体现企业个体利益的案子,一般企业是不干的,但当时我们行业非常坚定。真的就是一个信念,不能让竞争对手污蔑我。"说起钢铁企业在337案中的表现和担当,侯颖心里有欣慰,也有骄傲。

在企业和律师忙碌准备的同时,政府与钢协也在尽力为主战场提供更多支持。由于案件牵涉范围太广,为便于协调,政府、协会、企业、律所四方各派出代表成立了钢铁337案的专家委员会,就案件中涉及行业政策及管理的相关重大问题进行讨论,并为企业应诉提供专家意见和建议。

身为牵头律所之一,肩负为诉讼制定整体策略的责任,金诚同达承受着巨大压力。在案件初期,面对每家都是巨无霸的钢铁企业,律师团队对于证据开示涉及的面到底有多广、多深都不确定。对于在调查中我方要不要全面配合,能否全面配合,是否存在泄露国家秘密和企业核心商业秘密的风险,以及证据开示的过程是否会拔出萝卜带出泥等问题,都需要进行审慎思考。

由于美国已经40多年未在337条款项下发起反垄断调查,把反垄断、商业秘密和虚构原产地三个诉点放在一起也是第一次,因此无论美国国际贸易委员会、美钢联、美方律师,还是中方企业及其律师,都没有相关经验:程序上怎么走,每个阶段应该做什么,全是未知。为此,金诚同达特意联系了若干年龄在70岁以上的美国资深律师,请教他们是否参与了40多年前基于337条款发起的反垄断调查,但是很遗憾,他们都没有代理或参与过类似案件。

摆在律师团队面前的现实是:毫无前人经验可循,一切只能靠自己摸着石头过河。

杨晨回忆:"一开始面对这么多的企业、这么大的诉点,根本就没有工作方向,更谈不上准确的应对思路了。"但在充分研究案情、反复讨论后,金诚同达和科文顿确立了第一阶段的应诉策略:第一,在程序上继续争取撤案的可能;第二,合理规划应对三个诉点的先后顺序。

在钢铁337案调查期间,美国商务部还在同期进行一个对中国钢铁产品的反倾销、反补贴调查,二者调查的产品存在重叠。抓住这个点,科文顿和金诚同达以美国国际贸易委员会立案程序中未依法通知美国商务部这个程序问题为突破口,向美国国际贸易委员会行政法官递交了终止调查的申请。7月6日,本案行政法官签发命令暂停了案件审理,中止了所有证据开示及动议程序。虽然最后在美钢联律师的推动下,美国国际贸易委员会重新履行了对美国商务部的通知程序并在得到其答复后于8月5日重启调查,但这次程序暂停为各家应诉企业争取了宝贵的一个月时间,使得中国企业有更多时间就本案的应诉策略进行探讨并做好更为充分的准备。

针对三个诉点，中方律师团队经过分析后认为，反垄断问题在美国 337 调查中极为罕见，最为复杂，美国国际贸易委员会和律师都没有足够经验，因此从一开始就制定了打程序而不纠缠实体的抗辩思路，将应诉重点放在力证美钢联不具有提起 337 反垄断指控的资格以及没有证明反垄断法所要求的损害成立上。

虚构原产地和窃取商业秘密诉点则更为具体，基于前期的资料收集和分析，尤其是基于对宝钢研发能力的信任，律师团队判断窃取商业秘密是最有希望率先攻破的诉点，一旦攻破就能够对原告产生威慑，也能对审理案件的行政法官形成心理上的冲击。因此，窃取商业秘密诉点被定为整个应诉战役的第一突破口。

20 年的跨越

在漫长的近 23 个月的应诉期间，美钢联曾经有与中国钢铁行业坐到谈判桌前和平解决问题的机会。

337 调查中有一个例行和解程序，各利害关系方可以利用这个程序达成和解，行政法官也会建议利害关系方通过这个方式解决争议，以减少司法资源的浪费并平息诉争。

收到行政法官关于和解程序的指令后，钢铁 337 案专家委员会及主要钢铁企业围绕要不要参加和解程序开了很长时间会，分析利弊，反复斟酌，最后决定带着诚意去参与和解程序，在坚持原则的基础上，争取和美钢联达成一致。于是，2016年12月，由企业代表、律师代表、协会代表等组成的大型代表团奔赴华盛顿参加和解。在和解程序即将开始的2016年11月14日，本案行政法官发布38号令，初步决定终止反垄断诉点调查。尽管美钢联选择了上诉，但初战告捷，中方代表团的士气受到了很大的鼓舞。

12月7日，和解谈判正式开始。

长方形的会议室里，口字形的谈判桌旁，一边坐着美钢联及其代理律所Quinnemanuel Urquhart Sullivan LLP（以下简称"昆毅所"）的合伙人，人数众多的中国企业代表及代理律师围坐在其他三边。在会议室隔壁观战的侯颖透过窗户看到这个场景，十分感慨。

2002年3月，在中国加入WTO仅三个月后，美国总统布什宣布对四大类612个税则号的进口钢铁产品采取保障措施，在为期三年的时间里，加征最高达30%的额外关税。在美国国际贸易委员会正式决定立案后，全球多个国家认为美国发起本案的目的是转移美国国内钢铁行业重组的成本。为反对美国采取的保障措施并降低对本国钢铁产品出口的影响，聘请好的律师团队应诉是各国的首要工作。

刚刚加入WTO的中国对国际贸易救济领域远没有今天这么熟悉，无论是应对经验还是能够投入的人力财力都相对较弱，对这个领域的律师也缺乏认知及磨合，导致中国钢铁行业及其聘请的代理律师在保障措施的听证会上显得十分势单力薄，表现也不尽如人意。时隔十余年，参加过该场听证会的侯颖，遗憾之情仍未完全纾解。

而在这次的337案件中，在谈判桌旁，每一家中国钢铁企业旁边都坐着律师，除了中国律师，美国国际贸易领域的大牌律师也悉数到场，整整齐齐坐了一圈——如果缺乏经验、决心以及资金支持，是无法组建如此强大的法律抗辩团队的。对比 2002 年参加钢铁保障措施听证会时的场景，侯颖感慨万千："以前没法想象，中国钢铁行业在国际舞台的法律对抗中能请这么多大牌律师。我当时看到这个情景，感觉特别自豪。"

从一无所知、被动参与，到如今意识、团队、能力多维度提升，中国钢铁行业用了 20 多年时间。

钢铁行业是我国经历贸易救济调查较早的行业，并在长期的实践中成长为能够熟练使用贸易救济调查维护自身利益的行业。1995 年，中国进出口自主权向企业下放，从此企业可以直接进行产品出口。中国钢铁企业的自主国际贸易只做了一年，就被美国盯上：1996 年，美国对定尺碳素钢板提起反倾销调查——此时中国还没有自己的反倾销条例。

所谓贸易救济，是指在对外贸易领域中，国内产业由于受到外国同类产品生产商或贸易商不公平进口行为或过量进口的冲击，遭受了不同程度的损害，各国政府给予它们的帮助或救助。反倾销是贸易救济的一种调查方式，主要是指当外国商品以低于正常价值①的价格出

---

① 正常价值是反倾销法律体系中一个非常重要的基本概念，通常是指出口国国内市场上正常贸易过程中同类产品的销售价格；依不同的情况，还可以是同类产品出口至一适当第三国的可比价格，或者是原产国的生产成本加合理金额的管理、销售和一般费用及利润所确定的构造正常价值。

第一章　为了荣誉而战

口到本国市场，对国内生产同类产品的产业造成损害后，本国所采取的抵制措施。在计算企业倾销幅度时，需要确立产品的正常价值，由于美国不承认中国的市场经济地位，因此中国产品的正常价值需要通过"替代国"价格予以确定。

在20世纪90年代，无论国家层面还是行业层面，大家对国际经贸规则的法律概念和意识都比较欠缺，对贸易救济领域的规则根本没有概念。在侯颖的记忆中，那个时候中国钢铁企业连什么叫低价倾销都不知道，"之前都是计划经济，刚脱开国家定价，什么事都不明白，说倾销还跟成本和价格挂钩，根本就不明白，懵懵懂懂地被美国反倾销，被美国调查，被美国征税"。

定尺碳素钢板的案子打到后面，双方开始谈基于价格承诺的中止协议①。为了达成协议，年轻的沈雁与中国代表团一行人来到华盛顿，价格承诺谈到夜里12点，最终艰难地完成谈判。通过这个案子，国内产业第一次学习到反倾销里还有价格承诺，可以通过谈判保留住一块市场。

经历了1996年定尺碳素钢板案的洗礼后，中国钢铁行业开始学着以其人之道还治其人之身。1997年、1998年，中国有了自己的反倾销立法后，国内钢铁行业陆续针对不锈钢、硅钢两个产品提起反

---

① 根据美国《1930年关税法》第734节的规定，所谓中止协议是指被调查国的绝大多数被调查产品出口商承诺停止对美国出口、终止在美国的倾销行为或者提高在美销售价格以消除对美国生产商可能造成的损害影响。调查机关可以出于公共利益的考量接受中止协议，中止调查，并对协议的履行情况进行监督。

倾销调查申请。2002年美国发起钢铁保障措施后，国内产业又认识了"保障措施"①这个新工具。这些初期的探索为之后中国钢铁产业应对国外密集的贸易救济调查奠定了基础，并在国内产业还在爬坡的时候，向国外产业展示了我们也有意愿和能力通过法律武器维护自身权益。

"2003年我们的钢产量才突破2亿吨，那个时候自己'糊口'还不够，根本不敢想小康，但是国外已经达到小康了，想完全压制我们，不想让我们达到小康。所以，那个时候发起进口调查的历史意义很大，尽管我们很稚嫩，看起来有很多很可笑的地方，但是在那个时候有很重要的意义，就是我们释放了一个信号：你不要来惹我，我手上也有工具可以用。"侯颖如此阐述。

从连反倾销是什么都不知道，到后来用反倾销调查进行反制，从调查申请都不知道怎么写，到2016年能够集结最优秀的企业、律师和专家力量正面出击，中国钢铁产业在20年间实现了从懵懂到全方位反击的跨越。

派出庞大代表团的中方没有料到，尽管中国做了大量功课并进行了充分准备，但和解程序很快就结束了。

2016年12月9日，双方在谈判桌前一坐定，美钢联即提出自己的"门槛"诉求：每家中国企业先赔偿美钢联100万美元，然后双方再谈具体和解条件。与在美国遭遇司法诉讼或行政调查，赔偿金额高

---

① 保障措施和反倾销、反补贴调查一起俗称"两反一保"，被认为是WTO规则项下保护国内产业的三大国际贸易救济手段。

第一章　为了荣誉而战

达数千万美元的诸多其他中国企业相比，100万美元的赔偿金额看起来并不算高。但对中国钢铁行业而言，这显然不是钱的问题。

中方首席谈判代表沈雁听到美方的无理要求后，立刻回应："不可能，我们没有偷你们的东西，我们一分钱也不会给你们。"鞍钢产品贸易部副部长谭光宇也表态："你们按照程序调查，我们奉陪，我们可以拿证据说话，不可能现在就给你们100万美元。"

没有料到中国企业的态度如此强硬，美钢联谈判代表有些气急败坏，搬出美国政府撑腰："我们的政府会支持我们的。"同时，美钢联还表示会联合美国其他钢铁企业采取更多方式，对中国钢铁行业施压，以纠正中国钢铁企业的"不公平竞争"行为。

美钢联的此番表态让中国代表团大跌眼镜。

1949年新中国成立之初，中国整体钢产量不到世界的0.1%。而由1864年成立的卡内基钢铁公司发展而来的美钢联，从19世纪末到20世纪中期一直是世界上最大的钢铁集团。"二战的时候，美钢联一家钢厂的产量占到全球钢产量的80%，我们当年都是仰望着它。结果在和解现场，他们居然想要'请家长''打群架'，这不是让我们看不起吗？太可笑了。"美钢联谈判代表的言行举止让见多识广的侯颖也感到吃惊。

面对美钢联如此无理的要求，中国钢铁企业的代表们甚至忍不住笑了起来。美钢联谈判代表和代理律师恼羞成怒，起身离场。和解程序从寒暄到正式谈判，不到一个小时就草草收场了。

美钢联的表现让侯颖真切地感受到，中国钢铁真的已经强大起来了:"2020 年,中国钢铁工业的钢产量已经占到全球的 57%,而且从品种结构上来讲,我们现在不输任何一个国家和地区。我们的自信不是源于我们体量大,不是我们虚胖,而是我们的底蕴和底气。"

宝钢真争气

和解既已失败,更需抗争到底。

在原始起诉书中,美钢联并未明确指明商业秘密诉点涉及哪些企业。通过律师团队的努力,美钢联最终同意并确认商业秘密诉点只与宝钢有关,大大缩小了调查范围。

就事实层面而言,沈雁对宝钢非常有信心。一方面,深度参与了汽车高强钢研发过程的公司领导已经明确表态盗窃指控是子虚乌有。另一方面,在与相关技术研发团队沟通时,科研人员对自主研发的技术也十分有底气。

汽车高强钢在国际钢铁协会有一个临时性组织,由几家研发单位共同组成,包括宝钢、ArcelorMittal(钢铁生产商安赛乐米塔尔集团)、JFE(日本第二大钢铁集团)等企业,美钢联也是其中之一。各家钢厂科研人员经常会参加国际会议,发表论文,进行科研交流。在宝钢科研人员看来,美钢联的汽车高强板技术已经落后,宝钢的研发水平比较高,盗窃指控完全是无中生有。

带着这样的自信,沈雁参加了由商务部组织的一场关于美国 337 调查系列案的交流培训活动。然而在这次培训活动上,沈雁的自信却遭到了打击。

一位此前曾遭遇337调查的企业家被邀请来做分享,他对沈雁说:"商业秘密的337案子是肯定输的。"这位企业家所在的公司在遭遇337调查之初对自己很有信心,也积极应诉,但是在实际诉讼中,由于起诉方对有关商业秘密的定义不精确,加上商业秘密本身不公开的特点,给了起诉方在诉讼过程中不停变化商业秘密定义的空间,导致中国企业疲于应对,完全没有主动权,而美国国际贸易委员会本身也会更加倾向于保护美国起诉方。种种原因让这位企业家得出悲观的结论:涉及商业秘密的337案件在美国没法打,肯定输。

科文顿律所的冉瑞雪律师也告诉沈雁:"到目前为止,在美国针对中国发起的337调查中,涉及商业秘密诉点的,中方从来没有赢过。"这让沈雁意识到,宝钢技术自信的事实未必能保证在法律层面的胜利,能否打赢商业秘密诉点,沈雁心里也在打鼓。

应诉工作开始后,科文顿负责商业秘密诉点的美国律师从华盛顿、纽约、旧金山等地飞到中国,进行取证和调查。事后宝钢才知道,美国律师在来之前其实也默认中国偷了美钢联的技术。

"冉瑞雪律师跟我说,美国那边参与商业秘密应诉的30多位律师,几乎都先入为主地认为宝钢一定偷了美钢联的东西。"侯颖回忆。同样的话,沈雁也听到过,他说:"负责商业秘密诉点的律师团队后来告诉我,来之前他们倾向于认为我们可能有偷窃行为。我觉得一方面是美国人对中国企业有成见,觉得中国企业就是习惯于盗窃知识产权,另一方面美国联邦调查局曾发布有关中国黑客的报告,这个报告对中方保密，但美方律师能看到。有了联邦调查局的背书，美国律师就觉得事实基本上就是这样的，他们来到中国工作的目的，只是尽量帮助客户降低赔偿金额。"

对于美国律师的质疑，宝钢用事实进行了回应。

侯颖回忆："宝钢特别理直气壮地说，在美钢联指控我们实行偷窃行为的时间点之前，汽车高强钢的中国国家标准都已经出来了，你怎么能说我偷了你的东西呢？而且在国家标准出来之前，宝钢研发汽车高强钢的一系列实验室实验、场景实验等结果，以及申请专利、制定标准的所有过程，都有明明白白的证据摆在那，证据太硬了。"

事实胜于雄辩。在了解了宝钢实验室和研发过程、与科研人员进行了交流，并调查了大量卷宗后，过硬的证据打消了美国律师们的偏见。实地工作后的美国律师一致坚信宝钢没有实施盗窃，并告诉中方他们很有信心打赢商业秘密这个诉点。

宝钢的表现让侯颖倍感自豪："为什么美国律师认账服气，就是因为所有的证据太硬了。我当时真的特别感动，宝钢真争气！"

高手过招，见招拆招

如前所述，要取得商业秘密诉点的胜利，只有事实层面过硬还不够，法律层面也要做好充分应对。

在商业秘密诉点上，从起诉开始，美钢联就为中国企业设下了陷阱。在原始起诉书中，美钢联对中国企业盗窃商业秘密的指控只有一句话："中国政府利用黑客窃取美国钢铁公司生产高强钢的商业秘密,交给中国国有企业使用。"但是对于中方窃取了哪些技术、通过什么方式窃取,均无具体说明。

代理宝钢的金诚同达合伙人吴亚洲解释,这其实是美钢联在337调查规则范围内应用了一个技巧。因为从举证的角度来看,由原告举证被告窃取了技术的难度比较大,所以美钢联通过模糊诉讼请求的方法,将举证义务踢到了中国这边。

对此,中方律师从两个方面进行了回击。

策略一,针对原始起诉书中美钢联对商业秘密诉点涉及哪些企业语焉不详的情况,2016年8月18日,中方代理律师起草了针对美国国际贸易委员会21号令的答复意见,力证商业秘密诉点与宝钢之外的企业无关,因而应单独进行该诉点的调查程序。8月29日,行政法官签发26号令,认定商业秘密诉点仅与宝钢有关,并设了单独的程序处理商业秘密事宜,阻止了美钢联就商业秘密事宜与其他被告继续进行证据交换。

策略二,在与企业研发人员充分沟通的基础上,中方律师与美钢联明确了商业秘密的具体范畴,把所有的东西都先定义清楚,不给对方留变卦的余地,避免中方在后期陷入被动局面。通过明确商业秘密诉点的具体技术范畴,为之后的抗辩打下良好的基础。

在证据开示环节,中方律师团队同样采取了一定技巧。

证据开示程序是337调查过程中一个非常重要的程序,它源于美国民事诉讼程序,目的是在337调查中,让一方当事人可以从另一方当事人那里获得同争议案件有关的事实情况及其他有关的信息，实现互相之间大量证据材料的索取和交换，从而为还原案情事实及审判做准备。①

证据开示程序在整个337调查应诉过程中占据非常重要的地位。在提供证据的过程中，任何失误都有可能导致满盘皆输。具体到钢铁337案中，证据开示还面临一些特殊挑战。

我国的钢铁行业一直处在动态发展的过程，钢协的前身是1956年成立的冶金工业部，1998年3月，第九届全国人民代表大会第一次会议批准了国务院机构改革方案，将冶金工业部改组为国家冶金工业局，成为国家经济贸易委员会管理下的主管冶金行业的行政机构。2001年国家机关机构改革，国家经贸委管理的国内贸易局、冶金工业局等9个国家局正式撤销，国家经贸委直接联系中国钢铁工业协会在内的10个综合性行业协会，中国钢铁工业协会成为真正的行业组织。

从一个国家部委变成行业组织，钢协的沿革一定程度上成为中国从计划经济向市场经济转型的缩影。在变革中，钢协沿袭了部分行业管理职能（如行业统计等）。这个现实情况为证据开示带来了一些潜

---

① 一般来讲，证据开示程序希望达到的主要目的，一是排除无争议问题，集中审理焦点问题；二是有助诉讼参与方充分了解案情，力争审前和解结案，减轻法官的审案负担；三是在审前保全证据，以便利于开庭审理时采用；四是通过证据的开示和交换，为发现其他有用证据提供可能和机会。通常来说，证据开示程序的方式包括：问卷（Interrogatories）、提供文件（Production of Documents）、现场检查（Factory Inspection）、调取证人证言（Deposition）、专家证人（Expert Witness）、承认（Request for Admission）及传票（Subpoena）。

第一章　为了荣誉而战

在风险。如果证据开示连带出一些不合适或容易造成误解的文件，有可能会影响反垄断诉点的抗辩。

另一方面，钢铁作为国民经济的基础行业，其相关的部分技术、产品可能涉及国家安全。如何在提供足够证据的基础上，保证自己的信息安全也是一大挑战。

针对以上问题，中方律师团队通过一定的策略进行了应对。

在证据开示环节，中方决定给美方提供海量材料，只要美钢联索取的，即便与本案没有直接关联也积极提供，这样就使对手很难从材料中找到相关信息，既增加了对方的工作量，也分散了对方的注意力。同时，为了保证提供的材料不会泄露国家秘密和商业秘密，中方律师组织大量人力对材料进行了审阅和筛查。

吴亚洲介绍，当时，每一台电脑里的文件份数都是以万甚至十万为单位，工作量非常大。"要在海量文件中将核心、敏感文件排除出来，保证不外泄，其实是比较高的要求。"为此，金诚同达先在内部进行了统一培训，并与专业的电子证据供应商进行了多轮沟通，然后调集人手到上海办公室集中进行文件审阅，这个过程持续了一个多月。

另外，根据美国调查程序相关要求，证据开示中会涉及电脑镜像，即通过第三方的电子证据供应商，将整个电脑硬盘的所有内容制作成一个一模一样的副本，然后通过关键词检索等技术，把涉及案件的文件全部抓取，上传到平台上供双方律师审阅。这有可能抓取到对自己有利的文件，也有可能抓取到对自己不利的文件。为此，中方律师也通过提交抗辩意见，不断明确我方的证据、证人，从而缩小了证据开示范围，降低了风险。

面对美方的进攻，中方见招拆招，事实过硬结合法律层面的抗辩技巧，最终帮助宝钢在商业秘密诉点上逐渐掌握了主动权。

2017年春节前后，商业秘密诉点案件到了关键时点。知道春节是中国人最重要的节日，美方律师抓紧时间进攻，进行了各种"动议轰炸"，以期在事实证据延期期间实现突破。然而，虽然正值中国春节假期，但面对美方隔两天就发起的动议，中方律师团队依然迅速回复，同时发起各种动议让美方回复，严守防线。

立案8个月后，已无弹药可用的美钢联意识到再和宝钢在商业秘密上纠缠不会有好结果，于是在2017年2月15日撤回了针对宝钢商业秘密侵权的指控。2月22日，行政法官裁定终止商业秘密诉点的调查，美钢联没有申请美国国际贸易委员会复审，我方胜诉。

经过不懈努力，中方突破了美钢联设下的重重防线，迎来了阶段性胜利。

全面胜利

商业秘密诉点的胜利扭转了钢铁337案的整体局面，从此，中方掌握了案件的主动权。

在虚构原产地诉点上，双方进行了多轮交锋：2016年9月8日，我方提交终止虚假原产地诉点动议；2017年1月11日，行政法官发布46号令终止虚假原产地诉点；2017年2月27日，在美钢联申请复审后，美国国际贸易委员会发回重审再次重启关于虚假原产地诉点的调查；2017年10月2日，行政法官发布103号令，批准中方申请速裁认定无原产地违法行为的初步裁决，对此美钢联未再提出复审请求。2017年11月1日，美国国际贸易委员会正式发布决定不再复审，我方成功打掉了虚构原产地诉点。

而从一开始就决定打程序的反垄断诉点，也在各方努力下按照之前"设定"的剧本走。2016年9月1日，科文顿通过面谈、电话沟通，迫使原告同意证明反垄断损害是一个不可或缺的重要因素。而最终，正是因为美钢联未能有效证明其遭遇了反垄断所要求的损害（要求证明影响了市场竞争条件），美国国际贸易委员会于2018年3月19日做出裁定：原告要证明因被告的垄断行为而受到损害，因原告无法证明，所以不具有诉讼资格。由此，美国国际贸易委员会对中国钢铁的"337调查"宣告终止。

历经近23个月，美国政府对中国钢铁行业涉嫌窃取商业秘密、逃避关税和价格垄断的系列调查，以中方全面胜诉而结束。

这是属于中国钢铁企业的胜利。

将一开始被普遍认定"肯定输"的案子（代理律师最初也不看好本案）打出这么好的结果，离不开政府、协会、企业、律师团队的通力合作。

比如，在证人作证环节，中方通过细致准备和策略化解风险。2017年6月，中方证人需在香港进行证人宣誓作证。去之前，侯颖对证人作证环节不无担心："作证的屋子没有窗户，就四个人：证人、

绝不妥协

律师、调查官、对方律师。对方问的问题我们没有办法准备，他可能会进行诱导性提问，而我方律师提出的反对是无效的。宝钢去应对商业秘密诉点的都是技术人员，我真的很担心在那种场合下他们会扛不住压力。"

中方不打无准备之仗。作证前，中方提前几天到达香港，每个证人都由美国律师进行了模拟培训，对可能问到的问题、从哪个角度回答进行练习，例如对于一般性提问，只回答"是"或者"否"，不要进行过多的解释，如果对方律师追问，再进行有针对性的回答。同时，所有证人都用中文回答问题，一方面用母语表达更加自然流畅，另一方面翻译的过程也为证人思考、应对留出时间。侯颖回忆，整个过程"没有任何瑕疵，对方律师从高高的材料堆中随便抽出一份材料来提问，我们的证人都能对答如流"。

在虚构原产地诉点上，面对美方的无理纠缠，中国企业有理有力地进行了反击。

鞍钢集团国际经济贸易有限公司总经理李东伟和产品贸易部副部长谭光宇曾介绍，从案件一开始就感受到对方在刻意刁难，美方不断扩大调查产品范围和出口地区，之后又发来质询函，要求鞍钢解释其出口韩国的两票单据和韩国某大型贸易公司对美出口的一票单据之间的关系。

当看到这三票单据的时候，鞍钢既愤怒又觉得非常可笑。愤怒的是美方的态度是典型的"欲加之罪，何患无辞"；可笑的是，鞍钢对韩国出口的两票单据为线材产品，而韩国某大型贸易公司对美出口的一票单据为冷轧产品。稍微有点儿钢铁产业认知的人士都知道，这是两个完全不同的产品，仅从票据出口数量一致就试图认定存在反规避行为，美方的这种"有罪推定"完全站不住脚。

为证明上述两个票据没有任何钩稽关系，工厂结算团队和鞍钢国贸公司出口单据团队加班加点，从几千条数据中进行大海捞针似的搜寻，最终赶在美方要求的两个工作日内提供了单据追踪的相关事实证据。"胜利的背后往往是大量的艰辛与隐忍。"谭光宇曾如此感叹。①

整个案件持续了近 23 个月，数千名企业员工和代理律师进行了艰苦抗辩，经历了无数不眠之夜。

最终，我们赢了。

优秀的应对，是各方在中国加入 WTO 20 年里不断磨炼锻造的成果。随着中国经济与世界经济高度融合互动，中国企业加快"走出去"步伐，涉外法律服务工作的重要性日益凸显。快速成长的中国涉外律师，不仅要依法维护国家和企业的合法权益，也一定会在国际规则的制定和执行上发挥更大的作用。

---

① 何慧平. 中国钢，赢了 [N]. 中国冶金报，2018-05-24（2）.

上篇

入世洗礼

第二章　中国律师初登舞台

一个来自华盛顿的邀请

2000年2月29日，洛杉矶《侨报》地方新闻版刊登了一则中国企业在美国"打官司"的新闻，这则题为《中国柠檬酸企业倾销案获胜》的消息写道，"这项涉及中美贸易的案子关系到中国每年向美国出口价值一亿美元柠檬酸的企业，因此对中国经济至关重要"。

一亿美元放在今天来看对整体经济大盘的影响微乎其微，但在当年，"至关重要"所言非虚，特别是对柠檬酸产业开拓国际市场的长期发展而言。

柠檬酸是一种化学制剂，主要用于食品、饮料行业作为酸味剂、调味剂及防腐剂、保鲜剂，还在化工行业、化妆品行业及洗涤行业中用作抗氧化剂、增塑剂、洗涤剂。

由于20世纪末国内各地急剧扩张柠檬酸产能，中国迅速成为世界上最大的柠檬酸生产国与出口国，相关统计数据显示，2005 年前后，中国柠檬酸产能占世界的 60%，产量则占到世界的 50%。由于产能增长迅速，出口量大幅增加，柠檬酸很快成为国外反倾销的对象。[1]

1999 年，包括 The Archer Daniels Midland Company（以下简称"ADM"）在内的三家美国大公司针对来自中国的柠檬酸产品，向美国商务部提起了反倾销调查申请。柠檬酸行业整体非常依赖海外市场，美国又是最为重要的市场之一。一旦美国商务部立案发起反倾销调查，于产业而言无异于灭顶之灾。[2]

面对危机，中国柠檬酸生产商丰原生物选择应诉。《侨报》的这篇消息，报道的就是丰原生物胜诉的事。一个看似普通的反倾销案之所以引起《侨报》的注意，是因为美国国际贸易委员会在初裁时就撤销了这个案子的指控。

《侨报》关于中国柠檬酸企业倾销案获胜的报道

---

[1] 梁诚. 柠檬酸生产与市场分析［J］. 化工文摘，2005，(5)：28-29.
[2] 中国最大柠檬酸企业应诉欧盟反倾销调查［EB/OL］.（2007-09-07）［2021-09-10］. https://companies.caixin.com/2007-09-07/100050237.html.

绝不妥协

根据美国国内法的相关规定，反倾销调查主要涉及两个主管机构：美国商务部和美国国际贸易委员会。按照程序，美国在国内申请人递交立案申请后，美国国际贸易委员会必须在申请提交后的45天内调查相关进口产品是否对国内产业造成了损害，如果美国国际贸易委员会初裁为否定，则调查随即终止。美国国际贸易委员会在初裁中便做出否定裁决使案件撤销的情形并不多见，《侨报》对此用"十分罕见"来形容。

丰原生物的代理律所美国 Manatt, Phelps & Phillips LLP（以下简称"马纳特"）被认为是此次案件得以大获全胜的关键功臣，与之并列的还有一家来自中国的律所——北京金诚律师事务所（后更名为金诚同达律师事务所）。那个年代，在美国本土，面对美国企业、基于美国国内法的反倾销案，基本都由美国律师事务所代理，似乎并没有中国律所插手的份儿，金诚律师事务所之所以能名列其中，源于一个来自华盛顿的邀请。

金诚律师事务所于1993年年初创办于北京，六位创始合伙人都曾是中国政法大学的硕士研究生，为相关法学教职人员，田予是其中之一。对一家诞生时间不长、规模有限的律所而言，不开拓业务领域是很难在竞争中生存下来的，更遑论发展壮大。身为律所的创始合伙人，如何进一步拓展业务范围便成为摆在田予面前的紧要课题。

1998年，在同学的牵线下，田予来到美国洛杉矶与 Arter & Hadden LLP（以下简称"Arter & Hadden"）洽谈合作可能。Arter & Hadden 有大约400名律师，规模并不算大，但历史悠久，早在1843年便已成立，且合伙人中有五位前国会议员。在与 Arter & Hadden 洽谈期间，一位名叫杰夫·尼利（Jeff Neeley）的合伙人主动联系田予，邀请其到华盛顿见面洽谈合作。

杰夫·尼利在 Arter & Hadden 负责的正是反倾销业务。

在当时，反倾销对中国而言还是比较陌生的领域，这与中国当时的国际贸易状况有关。中国与国际贸易救济调查发生交集，是随着1978年中国确立改革开放政策后伴随国门的打开和中国产品的逐步走出去开始的。

虽然自 20 世纪 70 年代末便有国家（地区）开始对中国发起反倾销调查，但因为中国外贸体量不大，案件只是零星出现。在杰夫·尼利邀请田予洽谈合作的 1998 年，中国全年进出口总额仅为 2808.48 亿美元，其中出口总额是 1837.57 亿美元，与如今动辄过 4 万亿美元的进出口总额相比，1998 年的中国在国际贸易中影响力显然有限，贸易摩擦自然不多。因此，贸易救济调查当时还未成为各方关注的焦点。

从专业性上来看，要做好国际贸易救济，律师不仅要懂英文等外语和中国国内法，还要熟练掌握其他国家国内法及国际经贸规则，除了法学知识，财务会计、国际贸易也是必备知识。因为需要强大的知识储备作为支撑，所以必须不断学习才能真正做精，这个难度很大，客观上为中国律师涉足这个领域设下了障碍。自 20 世纪 90 年代开始，逐渐有供职于外国律所的中国律师参与到涉及中国企业的贸易救济调查案件中，但来自中国本土律所的中国律师始终是场外观众。

不仅律师，即便是冲在国际贸易第一线的企业家们，彼时对国际贸易救济调查的理解也是知之甚少，缺乏应对的经验。面对调查，主动放弃抵抗是多数企业家的选择。1997年，印度对中国焦炭发起倾销指控。山西省介休市作为焦炭大市，其焦炭产品占全市外贸出口总量的95%，年出口焦炭创汇3亿美元左右，但在印度发起反倾销调查后，由于对反倾销的认知不到位，行业疏忽应诉导致败诉，从而失去了印度市场。

尽管不了解国际贸易救济，但抱着试试看的态度，田予还是飞到了华盛顿。杰夫·尼利开着一辆车况不太好的旧车来接机，这让田予下意识地感觉到，即便在美国律所，反倾销也只是一个小众业务，可能案子不多也不赚钱，在内部没有那么受重视。

虽然当时的反倾销业务看起来乏善可陈，但是如今回头再看，1998年却是一个非常重要的年份，预示着此后国际贸易，尤其是中国国际贸易的飞速发展，必将带动中国的国际贸易救济业务同步发展起来。

1997年7月金融风暴席卷亚洲，在波及马来西亚、新加坡、日本和韩国等国家后，也让中国国内经济受到了影响。在金融风暴的阴影下，中国股市持续低迷，国内消费市场萧条，贸易出口增长幅度下降而国内生产总值还在快速增长，开始出现通货膨胀的苗头。加之国企改革导致短时间内大批工人失业，使得当时的中国经济面临着极大压力。

严峻挑战当前，1998年，中央开始启动城市化建设、开放外贸进出口自主权、刺激内需开放房地产市场三大举措，由此，拉动经济增长的投资、出口、消费三驾马车确立。伴随外贸体系进一步松绑，中国产品迎来了高歌猛进的"走出去"时代。此后，烙印在一代人记忆中的关键词"Made in China"（中国制造）与成千上万的商品一同进入全球市场。伴随着中国进出口额不断增长，贸易摩擦也日益增多。以美国为例，1999年，美国针对中国发起了6起反倾销调查，而在1998年，这个数字还是1。

仅从业务拓展的角度来看，国际贸易救济业务此时显然处在入场的最佳时机，只是身处历史当中，很少有人能看清时代的全貌，但敏锐的人往往能够隐隐看到潮水的方向，进而把握机遇，杰夫·尼利和田予便是这样的人。

当时反倾销业务的状况并不诱人，杰夫·尼利试图用前景打动潜在合作伙伴，他强调："田先生，你要是做了反倾销，美国有反倾销年度复审制度，你只要拿到一个原审案子，以后每年就会不断有复审的案源。"

美国反倾销税及反补贴税的征收采取非常特殊的追溯征税体系。在原始调查初裁后，相关税率结果成为反倾销和/或反补贴税的保证金。税令每执行一周年，经请求，美国商务部将对特定出口商在过去12个月（如是第一次行政复审，则为过去18个月左右，这一期间被称为年度行政复审调查期）内对美国的出口情况进行复审。

经过年度行政复审，对于复审调查期核定的最终的反倾销和/或反补贴税，该复审税率同之前的保证金率进行比较，基本原则是多退少补。也就是说，如果复审的税率低于保证金率，美国海关将会把差额部分返还给美国进口商；反之，则会向美国进口商额外征收差额。

在这之后，复审核定的税率会成为新的保证金率。美国政府认为这样的追溯征税制度能够矫正外国出口商的不公平贸易行为。

杰夫·尼利的一番陈述，以及对中国发展的信心让田予很快做出决定：律所要生存，必须抓住市场变化给律师业务带来的新机遇，不断开拓新业务，虽然现在团队对反倾销只有一些模糊的认知，但一切都可以学习，应该与杰夫·尼利合作。

就这样，金诚律师事务所争取到了和美国律所联合参与反倾销案件的机会，来自中国律所的中国律师获得了坐到国际贸易救济牌桌上的资格。

没有发牌权，也要打好牌

中美两边的律所虽然达成了松散的联盟关系，但要实现从0到1的突破却并不容易。

就在杰夫·尼利和田予见面洽谈合作的同时，美国产业界正在酝酿针对中国原料药一水肌酸发起反倾销调查。

一水肌酸是一种医药原料及保健品添加剂，从20世纪90年代中期开始，跨国制药企业在全球进行产业链布局，我国大量制药企业成为跨国药业的上游供应商，附加值较低的原料药成为我国出口的主要产品，带动了我国原料药行业的快速发展。[1] 我国出口的原料药是以

---

[1] 李慧君.我国原料药出口的现状、挑战及策略[J].对外经贸实务，2020,(11):53-56.

大宗原料药为主，出口量大且价格较低，因此很容易成为进口方发动反倾销调查的对象。

曾有美国国际贸易委员会任职经历的杰夫·尼利听到风声，针对案件准备了一些资料交给田予，希望他能回国拿到案子。于是，带着杰夫·尼利提供的材料，田予提前回国。

要拿到案子，找到一水肌酸生产企业是当务之急。由于此前从未接触过反倾销领域，相关的人脉、经验几乎一片空白，只能多方打听。一番努力后，田予了解到这个案子由中国医药保健品进出口商会（以下简称"医保商会"）负责组织企业应诉。顺藤摸瓜，田予来到上海参加了医保商会组织的应诉会。

由商会组织企业应诉是一个颇具中国特色的制度产物。

在2004年之前的中国，并非任何公司都有经营国际贸易的资格。1978年确立改革开放的基本国策后，中央围绕对外贸易制度进行了一系列改革。1979年，我国可以经营外贸进出口的全国性企业只有14家。1980年年初，国家开始放松外贸管制，1984年之后进一步改革，中央部委成立了19个工贸公司和进出口公司。1988年，中国启动外贸经济体制改革，当年筹建粮油土畜、纺织服装、轻工工艺、五矿化工、机电等出口商会，下设各商品分会。有外贸出口经营权的企业必须参加有关出口商会及分会，否则不能经营该类商品的出口业务。[1]

---

[1] 蓝方，何春梅. 商会回归民间 [J]. 新世纪周刊，2013，(13)：51-53.

绝不妥协

1992年5月，国务院批转经贸部、国务院生产办《关于赋予生产企业进出口经营权有关意见的通知》，在"专营外贸"的传统规定上拉开口子，但门槛很高：只允许具有1亿元以上固定资产、有自己的外贸经营机构的国营生产企业申请进出口经营权。随后，相关要求不断降低：1999年1月1日开始施行《关于赋予私营生产企业和科研院所自营进出口权的暂行规定》，2001年7月颁布《关于进出口经营资格管理的有关规定》，2003年9月1日颁布《商务部关于调整进出口经营资格标准和核准程序的通知》，对生产企业注册资本（金）的要求从850万元，降到300万元，又降到50万元。加入WTO之后，根据相关承诺，我国自2004年7月1日起废止了外贸经营权的审批制度，至此，外贸专营权的时代正式终结。

随着对外贸易管理体制的改革开放，国内设立了许多享有对外贸易经营权但对国际贸易业务又不够熟悉的企业，为了维护对外贸易的有序发展，需要商会发挥行业组织的作用，组织企业应诉也就成为其重要工作内容之一。

一方面，商会能够代表产业为政府部门提供信息，争取政府与起诉国调查机关沟通获得更多支持；另一方面，商会也可以组织国际贸易领域律师为企业提供更专业的选择。因此，一旦行业出现了贸易救济调查案件，协调会员企业参加应诉会几乎成为商会工作的标配。而在应诉会上，不同的国际贸易律师团队会阐述其对案件的分析、提供应诉策略，因此应诉会既是律师为企业做培训的场合，也是律所争取客户的重要舞台。

参加应诉会对田予而言已经算迈出了重要一步，不过除了他，一同参会的还有几家美国律所的律师。对反倾销尚不熟悉的田予在根据杰夫·尼利提供的材料做了发言后，把陈述重点放在了对 Arter & Hadden 有五个前国会议员的强大合伙人阵容的介绍上，甚至回避了参加涉诉企业的提问环节。而经验丰富的美国律师除了发言、回答企业的问题，还在当天下午直接组织参会企业进行了模拟问卷的答卷工作（按照美国反倾销调查程序，立案后，中国应诉企业需要回答美国商务部发出的 A、C、D 三份问卷）。两相比较之下，美国律师轻松拿下案子。

虽然首次出师宣告失败，但田予据此开始建立与商会等中国外贸系统的联系，初步涉足了国际贸易救济调查的圈子，为之后开展相关业务打下了基础。

在中国主动扩大出口的大浪潮下，国际贸易救济的案子明显多了起来。1999 年 6 月，获悉美国商务部即将对中国的冷轧碳素钢板发起反倾销调查后，为了拿到案子，田予代表金诚律师事务所与已经跳槽到马纳特的杰夫·尼利签订了一个合作协议，三方约定（金诚律师事务所、马纳特律所以及 Arter & Hadden 律所）共同开拓中国的反倾销业务市场，由此，松散的同盟形成了稳定的合作关系，遗憾的是冷轧碳素钢板的案子最终还是没能拿到。

转机出现在几个月之后。1999 年，ADM 等三家美国大公司针对来自中国的柠檬酸产品向美国商务部发起了反倾销调查申请。这一次，田予和杰夫·尼利在中美同时行动，一边和中国的商会谈，一边和美国的进口商谈，终于拿下案子。基于此前在美国国际贸易委员会的工作经历，杰夫·尼利成功让柠檬酸反倾销案在美国国际贸易委员会初裁时便撤销了案件。局面终于打开了，金诚律师事务所也被列为功臣与马纳特一起出现在《侨报》上，看上去只是一条不起眼的消息，但对中国律师而言却是一个重要突破。

但是，此时的中国律师与合格的反倾销应诉团队依然相距甚远。事实上，中美律所虽达成了合作关系，但由于能力有限，在分工上中国律师只能处在边缘位置。

1999年6月签订的合同上这样约定了金诚律师事务所的职责：主要负责与中国当地政府、企业进行联系。直白一点说，中国律所承担的其实是市场拓展和获客的角色，参与案件实质性工作的程度有限，在这样的分工下，中国律师并没有多少话语权。以柠檬酸案子为例，能够取得理想结果主要得益于杰夫·尼利基于对美国国际贸易委员会的充分了解而进行的无损害抗辩，田予及团队的主要工作则是以中美联合团队的名义联系商会和应诉企业，并争取到受聘的机会，但对案件无损害抗辩的应诉工作本身参与不深。反映到实际的利益分配上，中国律师明显处于弱势——在与马纳特及 Arter & Hadden 律所的合作中，金诚只有17%的分成比例，只够成本，几乎没有盈利空间。

坐上了牌桌，却没有发牌的权利，这显然不是中国律师追求的结果。而要取得话语权，"没有条件创造条件也要上"，提升自身能力是唯一途径。

敢学善学的"小学生"

回忆起中国律师最初在国际贸易救济调查中的地位，已经在中国食品土畜进出口商会工作了近20年的商会副秘书长欧孟依然记忆深刻："反正如果请了外国律师到场的话，感觉在谈律师费的时候相对比较容易一些。"

类似的尴尬情形在柠檬酸案子中表现得更为明显：杰夫·尼利在美国与进口商谈妥的价格是25万美元，田予在国内与应诉企业、商会谈妥的价格却只有15万美元，最终案子只得以15万美元加小额奖金的报价落定。中国面孔与美国面孔含金量的差别之大可见一斑。

愿意为中国律师支付多少钱，直接反映了企业对其的信任程度。经历过国际贸易救济业务开拓初期的律师，都难免面对过来自中国企业及其美国进口商的怀疑和不信任。"如果反倾销是美国的案子或别的国家的案子，就找别的国家的律师。你是会讲英文，但国外律所的北京办公室也有中国律师，要你干什么呢，除了便宜？"类似这样的话，田予及团队听过不止一次。

企业对中国国际贸易律师的不信任，无法简单用"崇洋媚外"来解释，因为不得不承认，中国的国际贸易律师在涉足相关业务初期确实有其无法回避的短板。

一方面如前文所述，入市之前中国国际贸易的体量并不大，20世纪90年代末中国才开始发力出口，国内从上至下对国际贸易规则大多处于懵懂状态。

田予回忆，在2000年美国对中国发起的钢丝绳反倾销调查中，律所代理的企业的内部律师只懂国内诉讼法。到厂里开会介绍案情时，该企业律师表示非常不解："田律师你为什么不分析申请人的起诉状，人家起诉我们，首先要分析人家的起诉书，起诉告你的是什么。"而实际上在反倾销案件中，申请人提交的申请书与一般诉讼中的起诉书有很大的区别，分析申请书并非应对关键。

另一方面，由于不熟悉国际规则，在遇到国际贸易救济调查时，回避、主动放弃是不少企业家的选择，有勇气、能力和决心正面迎战的企业家并非总有，这使得中国律师缺少历练机会，而律师又是一个实战性极强的职业，掌握书本、法条上的知识只是基础，在实际案例中磨炼出的实操能力才是真正的制胜法宝。

由于基础薄弱、欠缺经验，企业不信任中国律师也就不难理解。与代表过不少国家应诉，已经身经百战、经验丰富且天然具有主场优势的欧美律师相比，中国律师几乎像"小学生"，不过好在这是一批非常敢于并善于学习的"小学生"。

21世纪初，在中国入世这一大事件的影响下，国内掀起了学习国际经贸规则的热潮。与WTO、国际贸易有关的讲座、论坛密集出现，无论政府、商会、企业、律所还是学术机构，都积极参与。团队成员不仅自己认真努力地学，有时还不得不当"教员"，担负起讲解和宣传工作。但与内部的讨论、学习相比，美国律师是中国律师更为直接的"取经"对象。

计算反倾销税率可以说是国际贸易律师的必备技能，但田予和团队是在钢丝绳厂的会上,从美国律师的口中才第一次真正得知这个税率怎么算,尤其是在替代国价格条件下怎么算。

根据美国《1930年关税法(修正)》第777A(c)(1)条的要求,美国商务部应当对调查期间内每个已知的被调查产品的出口商或生产商计算单独倾销幅度。但是《1930年关税法》第777A(c)(2)条又授予了美国商务部自由裁量权,在反倾销原审或复审程序中,如果遇到众多出口商或生产商因而可能无法调查所有公司时,美国商务部可以从外国应诉企业中抽样。抽样方式分为:(1)根据对美国出口涉案产品的数量,(2)统计上有效的抽样样本(采用某种科学的随机抽样方法)。在实践中,美国商务部通常选取第一种方法,即根据涉案产品出口数量大小选择强制调查企业。[①]

成为强制应诉企业意味着企业需要完整参与调查程序,同时也获得了美国商务部计算单独税率的机会。在反倾销调查中,如果企业能在裁定中获得比竞争对手更好的税率,将扩大其竞争优势。因此重要的行业玩家往往都会争取成为强制应诉企业。强制应诉企业如果能拿到好的税率,也有益于其他申请了分别税率从而获得平均税率的企业。

对律所而言,为强制应诉企业争取到最低的反倾销税率是其主要目标。在应诉过程中,律所必须模拟计算企业的税率,以进行更有效的抗辩。

反倾销税率的计算公式为:倾销幅度 = (正常价值 – 出口价格)/

[①] 叶晓明,王建宇. 美国反倾销法律与实务 [M]. 北京:法律出版社,2018:45–46.

出口价格。这些理论知识并不难从书本上获得，但出口价格怎么算、正常价值如何确定，尤其当许多国家不承认中国的市场经济地位时，中国产品的正常价值又要如何确定，这些细节的答案只有从实践中获得。

杰夫·尼利为中国律师们上了一堂生动的教学课。尽管已时隔近20年，田予对此依然记忆犹新："他讲什么是出口价，从出口怎么倒推到出厂价，怎么计算正常价值，怎么通过出厂价和正常价值的比较计算倾销幅度。这些书上都写过，但是杰夫讲得更清楚。我是第一次听杰夫·尼利讲非市场经济国家不能用国内销售价，只能用替代国价格，即针对涉诉产品的原材料、管理费用等在确定的替代国中找相关价格，然而二者乘起来，实际上是一个结构价，再算正常价值。用正常价值去减出厂价，如果低了那就是有倾销，如果高了就是没有倾销。"

每一个案子都是中国律师最好的老师。

2001年6月29日，美国焦炭贸易委员会和工人联合会向美国商务部和美国国际贸易委员会递交诉状，请求对原产地为中国和日本的冶金焦炭产品进行反倾销调查，49家中国企业被列为可能的调查对象，这些企业集中在山西省和天津市。

因为产量巨大且价格低廉，中国焦炭在2000年前后成为国外反倾销调查的焦点。自1997年印度对中国焦炭提起反倾销调查以来，欧盟和美国相继加入调查阵营。2001年对我国冶金焦炭发起的反倾销调查，已经是12个月内美国第二次对我国焦炭产品进行反倾销调查。就在上一年10月，美国对中国的铸造焦炭提起反倾销调查。

因为美国不承认中国的市场经济地位，因此在确定出口产品的正常价值时必须选择替代国价格,而山西焦煤质量上乘,其无法燃烧的灰分含量只有8%~9%,由于原料质优价廉,因此生产的焦炭价格也非常具有竞争力,然而产品上的竞争力却成了应诉时的大障碍:律师很难在国际上找到同等质量的煤炭,很难获得好的替代国价格。现实情况是,中国出口到美国的铸造焦炭价格是70多美元一吨,而替代国仅焦煤价格就已达到40多美元一吨,巨大的价差很难为中国焦炭企业争取到理想结果。最终,铸造焦炭案中的四家强制应诉企业除中信贸易公司获得51.43%的税率外,其他三家税率均在70%甚至100%以上,行业平均税率更是超过200%。

如此之高的税率意味着中国的铸造焦炭基本上告别了美国市场。铸造焦炭案失败了,冶金焦炭案紧随而来。与铸造焦炭相比,冶金焦炭是更为主要的出口产品,占到当时整体焦炭出口量的90%以上。根据中国五矿化工进出口商会的调查,1999年我国该产品的对美出口量为112万吨,2000年为180万吨,涉案金额超过1亿美元。因此,一旦败诉,国内焦炭行业将受到重创。[①]

有铸造焦炭的经验教训在前,冶金焦炭案想获得好的反倾销税率是不可能的,律师团队只能把重点放在无损害抗辩上,如柠檬酸案一样,只要美国国际贸易委员会裁决为否定,则调查随即终止。在两年前的柠檬酸案中,与杰夫·尼利搭档的金诚团队并未参与到案件的实质工作中,但在冶金焦炭案中,中国律师开始发挥重要作用。

---

① 吴金勇.反倾销胜案背后[J].新财经,2001,(10):18-20.

通常来说,向美国国际贸易委员会进行行业无损害抗辩要从两个方面着手,一是看美国生产厂商是否受到实质性损害或受到实质性损害威胁,二是看从中国进口的焦炭是否存在倾销行为,以及这二者之间是否有因果关系。

在冶金焦炭案中,证明中国冶金焦炭对美出口会逐步大量减少是中方能在美国国际贸易委员会初裁阶段便胜诉的关键因素之一。进行行业无损害抗辩时,中国律师团队参与了大量实质性工作,提供了大量照片、录像等现场信息,以及政府文件及相关的行业发展趋势数据,向美国国际贸易委员会展现了中国山西省政府为了保护环境和不可再生资源,实施关停并转小煤矿,以规范焦炭生产企业的事实。这些有力的证据为争取到美国国际贸易委员会初裁无损害结果提供了重要支持。

从只负责市场开拓,到参与案件的实质工作,再到为胜诉提供重要支撑,正是通过在一个个案子中实战磨炼,中国律师逐渐点亮了自己的"技能树",掌握了话语权。

开局虽不顺利,但凭借一股敢挑战、能学习的精神,以金诚国际贸易律师团队为代表的中国力量逐渐在牌桌上坐稳位置。

探路者的路,没有尽头

通过零星的案子摸到反倾销的门道后,团队对于国际贸易救济业务的态度开始转变。如果说最初的参与更多的是基于对市场大势的模糊认知以及杰夫·尼利的鼓动,那么随着案子越做越多,团队对国际贸易救济业务的认知越来越明晰。

反倾销业务的前景毫无疑问是可观的。1999年11月10日,美国谈判代表巴尔舍夫斯基一行抵达北京,翌日正式开始外交谈判,复关谈判进入最后的冲刺阶段,中国已经站在了进一步开放发展、拥抱世界的关口,中国的国际贸易将在未来成为影响中国乃至世界经济的重要力量,与中国有关的国际贸易救济调查将不可避免地涌起。

而在中国企业不断发展壮大、在世界舞台上扮演愈加重要的角色时,中国的企业也需要一个能力水平与国际接轨的本土律师群体作为后盾,保驾护航。

从实操层面来看,尽管中国律师对反倾销只有模糊的认知,但已经做过的案子足以证明,反倾销看上去陌生、不好做,然而凭借聪明才智和努力勤奋,中国律师习得相应知识和能力只是时间问题。

度过最初的观望和试探期后,金诚正式将反倾销业务列为开拓重点。从2000年开始,原先做外商投资的律师逐渐参与到反倾销的案子中,随着中国对外贸易的迅速发展、贸易摩擦数量和方式的逐步增多,团队实质性地提升了从事国际贸易救济业务的整体能力和水平,进入业务不断开拓、全面发展阶段。

与团队整体能力和水平提升同步进行的,是有意识地按行业开拓市场,拓展行业客户,以稳定案源。农产品行业成为最初的突破口。

长期以来,农产品一直是中国对外出口的重要产品。从新中国成立到20世纪七八十年代,土畜产品一直是中国出口的绝对主力,占中国对外出口额的一半以上。因此，食品土畜产业一度成为中国遭遇贸易救济调查最为频繁的领域。1980年美国对中国发起的第一起反倾销诉讼便是针对中国的加工农产品薄荷醇，90年代中国的农产品迎来了贸易救济调查的高峰期。

1999年7月，美国商务部立案对中国苹果汁展开反倾销调查。之后，中国的大蒜、蜂蜜、蘑菇罐头、暖水虾等农产品都陆续成为美国商务部的反倾销对象。深度参与了苹果汁案的中国律师团队，也参与了后续的主要农产品案。

行业开拓初见成效，中国进出口贸易的快速变化也对律师们提出了更多要求。

随着中国工业体系逐步完善，出口产品结构开始调整。进入21世纪后，由农产品占主导的出口状况已经发生改变，钢铁、化工等工业制品，以及各类机电产品逐渐在中国出口产品中占据主导地位。要把反倾销业务做起来，律所必须开拓更多行业。随着产能迅速提升、出口量快速增长而遭遇愈加频繁的贸易救济调查的钢铁行业成为律所的下一个突破对象。

开拓从来不是一件容易的事情。田予回忆，最初到钢协讲经验，团队讲的大多是农产品案子的经验。在一次钢协组织的办案经验交流会上，对方回应："钢铁和农产品是不一样的，你们农产品的经验不一定适用于钢铁产品。"农产品和钢铁产品在生产流程、成本结构等方面确实存在巨大差异，这意味着行业反倾销应诉需要谙熟相关行业知识，匹配更多样化的能力。困难客观存在，但这是不得不做的事情：

只有进入大的产业，业务才有希望发展起来。

2002年3月，在中国加入WTO仅3个月后，美国总统布什宣布对10种进口钢材采取保障措施，在为期3年的时间里，加征最高达30%的关税，多个国家都对此表示抗议和不满。美国国际贸易委员会正式决定立案对钢铁产品进口进行调查后，中国政府即发表声明，表示中国政府对此严重关切，将全力维护中国钢铁行业的正当权益并密切关注事态的进展，同时开始选聘律师团队。

对律师而言，这是一个充满吸引力的案子。然而，与田予搭档多次的杰夫·尼利却提前被墨西哥政府聘请，而杰夫·尼利向田予推荐的可以合作的美国律所最终也未能拿下案子。

2002年3月23日，原国家经济贸易委员会、原对外贸易经济合作部发布公告，决定对原产于俄罗斯、韩国、乌克兰、哈萨克斯坦等四国和中国台湾地区的进口冷轧板卷进行反倾销调查。在这个进口案件中，金诚律师事务所成功代理了统一集团等三家台湾钢铁企业，从而也带动了进口案件业务的发展。

通过冷轧板卷进口案件切入钢铁行业，又通过后续的案子积累了行业经验后，在实际案件中操练出的能力和敏感性，帮助金诚打开了钢铁行业的大门。类似这样的行业开拓，在此后的发展中从未停止。

不仅进出口产品在进行结构调整，国际贸易救济调查的形式也在变得愈加复杂，团队随之不断开拓国际贸易救济业务的新领域。

在2004年的美国木制卧室家具反倾销案中，美国商务部要求中国企业在原先的A、C、D三个问卷之前，还要再加一个单独的分别税率申请（Separate Rate Application，简称 SRA），进一步增加了中国企业的应诉成本，提高了中国企业拿到分别税率的门槛。更为重要的是，分别税率申请在实践中主要针对中国国有企业和国有经济，是美国企图在国际经贸规则体系中加入专门针对中国、越南等被其视为非市场经济国家的规则体系的一个主要步骤。

2005年1月1日纺织品配额全部取消，实施纺织品自由贸易不久后，欧美等就以《中国加入世贸组织工作组报告书》第242段的内容为据，对中国的纺织品出口提出磋商，并实施相关数量限制措施。

同样是在2005年，美国得州的一家动物饲料生产商和新泽西州的一家维生素C分销商代表等指控6家中国企业（石药集团旗下的维生药业、华北制药集团旗下的维尔康公司、东北制药、华源集团旗下的江山制药、中国制药集团，以及石家庄制药集团有限公司）自2001年12月起联合操纵出口到美国及世界其他地区的维生素C价格与数量，触犯了美国反垄断法规。这是中国企业第一次遭遇反垄断指控——而中国国内的《反垄断法》2007年8月30日才获得通过，2008年8月1日起才开始施行。

在2006年美国发起的对中国铜版纸贸易救济调查中，美国政府打破此前不向非市场经济国家发起反补贴调查申请的惯例，在反倾销调查的同时又提起了反补贴调查，继续加大中国企业面对美国贸易救济的复杂性。这是美国又一次针对中国的所谓"非市场经济"修改相关国家经贸规则的里程碑式事件。

在中国国际贸易不断发展的同时，各个国家对中国企业、产品的围追堵截不断升级，国际贸易救济调查的案件越来越复杂，从最初只有反倾销到后来有了反补贴，从一般保障措施到特殊保障措施，从传统的"两反一保"到反垄断，等等。各国政府用以发动贸易救济调查的工具愈加丰富，这对中国国际贸易律师也提出了更高的要求。

在持续升级的国际贸易攻防战中，金诚同达国际贸易团队参与了前述美国木制卧室家具反倾销案、铜版纸"双反"案、对中国纺织品数量限制案、维生素C反垄断案等众多案件，从一开始只负责获客，到负责填答A卷、C卷，直至D卷（生产成本卷）也能自己做，再到替代国价格自己找、税率自己算，逐渐实现全方位介入进口、出口、反倾销、反补贴、反垄断、保障措施、政府贸易规则谈判、海关等各项业务领域，不断开拓，全面发展。

在这个从无意到有意，从不清晰到清晰，从不懂到懂，从懂得少到懂得多的过程中，以金诚同达国际贸易团队为代表的中国国际贸易救济业务探路者，和其他中国律师一起走上了国际贸易救济调查的舞台中央，成为这个舞台上重要的中国力量。

路开始向远方延伸，新的故事由此拉开帷幕。

第三章　市场经济？这是一个问题

背水一战

"企业的名称是不是由政府定的？""企业的经营年限是不是政府规定的？"

2002年5月，坐在5名加拿大核查官员面前的年轻的东莞市工商局登记注册科副科长张勤，面对连番抛出的问题，忽然明白了"国家"两个字的含义。

在接受这场长达4小时的问答前，张勤仅接受了中国对外贸易经济合作部（以下简称"外经贸部"）聘请的律师15分钟的培训。她要做的是向前来进行实地核查的加拿大官员说明，中国汽车挡风玻璃企业没有受到政府控制，而律师对其的提醒是：回答时不能偏向政府，也不能偏向企业，要真实地陈述。①

张勤是此次加拿大核查官员中国之行中众多访谈对象之一，中国官员们的表现，一定程度上将决定中国汽车挡风玻璃企业能否保留住加拿大市场。

半年之前的 2001 年 12 月 18 日，中国加入 WTO 仅仅一周，加拿大政府决定对来自中国的汽车挡风玻璃产品立案启动反倾销调查。这是中国入世后的第一案，也是短时间内中国汽车挡风玻璃行业遭遇的第二起反倾销调查，在此之前，美国已于 2001 年 3 月 27 日对中国汽车挡风玻璃发起反倾销调查。

在美国和加拿大首先对中国汽车挡风玻璃提起反倾销调查申请的都是美国 PPG 公司。创办于 1883 年、自 1955 年至今连续位居美国财富 500 强的 PPG 公司，彼时是美国挡风玻璃市场绝对的龙头企业，占据美国汽修玻璃市场近三分之一的份额。然而，中国汽车挡风玻璃大规模进入北美市场，让这家老牌工业巨头感觉受到了一丝威胁：于二战之后重建浪潮下发展起来的 PPG 公司，在技术水平相差不大但成本更具优势的中国产品进入市场后，在竞争中节节败退。为了保住市场，PPG 公司用起了贸易救济调查的工具。

由于美国不承认中国的市场经济地位，企业在进行反倾销应诉时面临着极为不利的局面。

在美国挡风玻璃案中，美国商务部在最后的裁决中否定了中国

---

① 胡海卿."挡风玻璃案"胜诉的背后[J].大经贸，2002，(9)：36-38.

绝不妥协

汽车挡风玻璃行业市场经济地位，这导致除了6家强制应诉企业获得3.71%~11.8%的较低税率，行业普遍税率高达124.5%。而即便强制应诉企业的税率看上去不高，但对薄利多销的中国汽车挡风玻璃而言，其利润空间也被大幅挤压。

有美国的判决结果在前，加拿大案的裁决就显得尤为重要。一方面，美国商务部的相关裁决可能会影响加拿大调查机构。另一方面，如果加拿大市场也失守，中国汽车挡风玻璃将彻底失去最有价值的北美市场，未来发展必将受到严重阻碍。

汽车挡风玻璃行业的发展与汽车工业息息相关。

与发达国家相比，新中国成立之初的中国汽车工业状况决定了国内汽车玻璃工业起步晚、发展慢的现实，在品种、规格、质量和数量等方面存在许多不足。1952年我国开始研究钢化玻璃，1955年第一台吊挂式平钢化玻璃电炉在上海耀华玻璃厂投产。

真正让国产汽车挡风玻璃打开局面的是改革开放后涌现的一批企业。改革开放以来，中国汽车工业飞速发展，加上合资建厂并大量引进国外车型，快速发展的汽车市场给我国汽车玻璃行业带来了千载难逢的机遇。

1986年，福耀公司研制出我国第一片汽车挡风玻璃，打破了国外汽车挡风玻璃的垄断局面，结束了中国汽车玻璃市场完全依赖进口的历史，也开启了我国汽车玻璃行业的发展进程。1987年，国家颁布了《汽车用安全玻璃》国家标准，汽车玻璃从此有了国家标准。

从1992年到1999年，我国私人汽车保有量从100万辆增至800万辆，汽车玻璃企业也如雨后春笋般涌现。然而，受技术、资金、人才短缺制约，国内大部分汽车玻璃企业的规模经营水平不高，同发达国家相比有较大差距。当时进入中国汽车玻璃协调委员会的21家企业只有两家合资企业生产能力超过60万套/年，绝大部分都低于20万套/年。而在北美、欧洲的大多数企业，往往一个普通工厂产能就能达到50万套/年以上。

面对现实瓶颈，国内一些生产企业主动求变，通过引进、合资合作、技术改造等手段和方式，不断缩小与国外巨头在制造技术和质量上的差距，并将目光投向国际市场，特别是修配玻璃市场，因为发达国家如美国的消费者对于配件市场的汽车挡风玻璃，更看重价格而非品牌。

在中国入世进程加速及行业主动求变等因素作用下，中国汽车挡风玻璃逐渐在国际市场打开了局面。1998年，美国从中国进口了64.988万平方米修配用汽车挡风玻璃，到2001年中国加入WTO之前，进口量已达240万平方米。[①] 其中，根据福耀玻璃对外披露的信息，2001年前后其出口业务占集团总业务的60%，2001年福耀出口额达到5000多万美元，在中国出口美国的所有挡风玻璃制品中占70%的份额，并占有全北美12%的市场份额。[②]

中国汽车挡风玻璃逐渐在北美市场站稳脚跟引发了本土竞争对手的注意。与此同时，受"9·11"事件影响，北美汽车市场陷入低迷，连带影响了修配玻璃市场。因此，以PPG公司为首的北美本土企业

---

① 万华.中国汽车玻璃行业发展策略研究［D］.上海：复旦大学，2001.
② 王万军.美加征反倾销税 中国汽车挡风玻璃进入非常时期［N］.21世纪经济报道，2002-04-05.

希望用贸易救济手段将中国企业排挤出去。

反倾销的杀伤力是巨大的。以福耀玻璃为例，在原有 5.32% 的关税基础上，再被加征 11.8% 的反倾销税，将导致其成本大幅提高，获利空间急剧压缩。而对未应诉企业加征高达 124.5% 的反倾销税，基本等于美国市场向它们关上了大门。

美国商务部的裁决已经将中国汽车挡风玻璃逼到墙角，如果加拿大继续做出不利裁决，行业必将面临生存危机。

因此，在各家强制应诉企业积极争取较低反倾销税率的同时，中国汽车挡风玻璃产业的市场经济地位能否被加拿大承认，成了入世第一案的焦点问题。在这个关键时刻，中国汽车挡风玻璃企业必须背水一战。

20 年的老问题

市场经济地位是否被承认之所以如此重要，与反倾销中对正常价值的认定标准有关。

反倾销调查对于企业倾销与否有一个计算公式：倾销幅度 =（正常价值 – 出口价格）/ 出口价格 ×100%。其中，正常价值是决定倾销幅度高低的关键变量，正常价值越高，倾销幅度越大。一般情况下，出口国（地区）国内市场销售价格是确定正常价值的最基本方法，只有在不存在出口国国内市场销售价格时，才能考虑其他方法。

根据西方理论界的传统观点，在非市场经济国家，企业没有自身经济利益，没有追求利润的动机和给产品自行定价的权力，一切经济活动都是由政府安排和操纵的，因此，非市场经济国家出口产品的成本和国内价格都不能用于计算出口产品的正常价值。对于非市场经济国家，正常价值的计算方法往往是采用替代国价格。

对非市场经济国家采用替代国价格计算产品正常价值，是美国在20世纪60年代肯尼迪回合谈判结束后首次实施的，后来为WTO多数成员方陆续使用，在西方国家的反倾销立法和实践中形成了一套专门针对非市场经济国家出口产品的特殊规定、判例和做法。

在计算中国被调查产品正常价值的过程中，美国并不采纳中国企业在中国市场的销售价格或生产成本。根据法律，美国商务部有两种替代国价格的确定方法：一是直接使用替代国国内相似产品的销售价格，即替代国价格法；二是用替代国的生产要素价格和出口企业各个生产要素的实际生产消耗来计算相似产品的结构价格，即替代国结构价格法。通常美国商务部采取第二种方法。而无论是替代国价格法还是替代国结构价格法，都存在很大的自由裁量空间，使企业难以预测可能被采用的替代国价格，进而处于极为不利的应诉地位。

反倾销调查的核心问题是正常价值的计算方法，"非市场经济"的直接作用就是为正常价值计算创造了被调查企业无法控制的弹性标准。

有关中国市场经济地位的争论，是一条贯穿中国入世谈判，乃至在中国入世后更长时间的主线和矛盾焦点。

中国入世谈判首席谈判代表龙永图曾说过：仅仅为"市场经济"这4个字，就谈了整整6年的时间。

原商务部贸易救济调查局副局长、现任中国五矿化工进出口商会副会长刘丹阳回忆，实际上非市场经济的问题在中国入世之前就存在，有很长一段时间，美国对中国反倾销调查裁定结果都是"一国一税"①。随着中国市场改革开放不断深入，外经贸部条约法律司与美国调查机关沟通，提出中国在向市场经济转变过程中已经发生了巨大变化，不应再沿用此前的"一国一税"来确定中国企业的倾销税率。

随着中国政府反复交涉，美国对华反倾销调查发生了变化，由"一国一税"逐渐过渡为给予企业"分别税率"②。刘丹阳介绍，实际上当时的分别税率不分国营民营，企业都可以申请，没有那么严格。

真正使非市场经济地位成为一个热点问题，源于1999年中美达成的双边协议。该年11月，中美就中国入世达成了双边协议。这个协议实际上成为中国与其他主要WTO成员方双边协议的模板，协议中的许多规定也最终在《中华人民共和国加入世界贸易组织议定书》（以下简称《议定书》）中得到体现。《议定书》第15条明确规定了

---

① "一国一税"相对于WTO规则要求自动赋予应诉企业"分别税率"而言，是指对所谓非市场经济国家的出口企业，调查机关不为应诉企业单独计算其反倾销税率，而是为该国的所有出口企业核定一个统一的反倾销税率。

② 在1988年的缝制布帽（Certain Headware）反倾销案中，美国商务部承认了中国经济体制改革的部分成果，认为中国不再是典型的计划经济国家，而是转型经济国家，在某些方面具有与发展中国家的市场经济相似的特征。但是，美国商务部仍要根据中国企业出口行为的独立性来确定是否给予每个应诉企业分别税率。此后，通过1991年的烟花（Sparklers）案、1992年的弹簧垫圈（Certain Helical Spring Lockwashers）案、1993年的碳化硅（Silicon Carbide）案，美国商务部逐步确立和完善了分别税率认定理论和实践。

第三章　市场经济？这是一个问题

中国和中国出口企业的证明责任：

如受调查的生产者不能明确证明生产该同类产品的产业在制造、生产和销售该产品方面具备市场经济条件，则该WTO进口成员可使用不依据与中国国内价格或成本进行严格比较的方法。

一旦中国根据该WTO进口成员的国内法证实其是一个市场经济体，则15（a）项的规定终止……此外，如中国根据该WTO进口成员的国内法证实一特定产业或部门具备市场经济条件，则（a）项中的非市场经济条款不得再对该产业或部门适用。[1]

根据该条规定，中国企业在反倾销应诉中面临着两个问题：第一，需按照WTO进口成员的国内法中有关市场经济的标准争取市场经济待遇；第二，正常价值的计算方法依赖于WTO进口成员的国内法规定。

事实上，WTO及其前身GATT（关税与贸易总协定）从未对"非市场经济"有过直接的定义。1955年，在GATT缔约方全体大会对关贸总协定条款进行审议时，考虑到当时确实有一些国家实行计划经济，国家管制生产并直接干预经济，价格和成本可能会背离经济规律。[2]

---

[1] 对外贸易经济合作部世界贸易组织司.中国加入世界贸易组织法律文件[M].北京：法律出版社，2002.

[2] 在这一情况下，GATT 1947 第 6 条做出了解释："如果出口国国家完全或实质性垄断贸易，并由国家制定国内价格，则在按照第一款进行价格比较时将会出现困难，此时进口国会发现与这样的一个国家的国内售价进行比较可能是不合适的。"

而《议定书》第 15 条带来的影响是使非市场经济地位问题公开化、多边化，让各个国家都开始基于这个条款确立非市场经济地位的标准。① 刘丹阳认为："真要按照美国的标准，美国等西方国家也不是完全的市场经济。所以，在反倾销中对中国采取非市场经济的做法是非常不公平的。"

在刚刚入世的 2002 年，中国要取得国家层面上市场经济地位的突破可能性不大。因而在加拿大汽车挡风玻璃案中，中方将突破点集中在行业市场经济地位上。②

金诚同达合伙人沈姿英解释，获得美国、欧盟等高收入国家及以印度为代表的发展中国家对中国完全市场经济地位的承认，是一个艰难的攻坚过程。即便获得了国家市场经济地位的承认，也不能保证在个案中涉案行业或企业均被承认市场经济地位。③ 但申请行业层面和

---

① 《议定书》第 15 条并没有规定非市场经济的认定标准，甚至没有非市场经济的概念，但普遍认为该条是非市场经济条款，因为其确定了在反倾销调查中，如果市场经济条件不具备，调查国可以不基于中国出口企业的国内销售价格和成本计算正常价值，其他 WTO 成员方可依照其国内立法判断什么是非市场经济、设定判断标准并在裁判过程中拥有很大的自由裁量权。

② 就市场经济地位而言，在反倾销调查实践中，通常可分为国家、行业和企业市场经济地位。在国家被认为是非市场经济国家的前提下，有些国家允许生产被调查产品的行业申请行业市场经济地位，比如美国和加拿大，有些国家则允许企业单独申请市场经济地位，比如欧盟和印度。

③ 在中国入世后的几年内，尽管中国争取到 100 多个国家承认了中国的市场经济地位，但中国主要的贸易伙伴，大部分都不承认中国的国家市场经济地位；有些承认了中国市场经济地位的国家，也认为这只是"政治上"承认，但"法律上"并没有承认，因此在反倾销调查中继续对中国企业沿用非市场经济的做法。比如 2005 年秘鲁公开承认了中国市场经济地位，但在反倾销调查中，以及此后很长一段时间里，秘鲁并没有修改法律以承认中国的市场经济地位，实践上也未给予中国企业市场经济待遇。

第三章　市场经济？这是一个问题

企业层面的市场经济地位有很大的争取空间。

所谓行业市场经济地位是根据《议定书》第 15 条（d）段规定，即如果在调查国国内法范畴内能够证明行业具备市场经济条件，便不再适用对非市场经济国家的调查方法。

企业市场经济地位则是欧盟、印度等国对非市场经济国家正常价值的确定方法的重要例外。欧盟将中国确定为"市场转型国家"，即在总体上不承认中国是"市场经济国家"的同时，也不给予行业市场经济地位，但对符合条件的部分公司在反倾销调查中给予"市场经济地位"。

对涉案企业来说，争取市场经济地位，也更符合其经济利益和竞争利益。①

加拿大并没有给予企业市场经济地位的法律规定，因此，争取让加拿大调查机构认定中国汽车挡风玻璃行业的市场经济地位，成为案件应诉中的重心。

完美一击

2002 年元旦，后来被享有"法律界奥斯卡"盛誉的国际著名评

---

① 企业一旦在反倾销调查中获得市场经济地位，往往可以获得相对较好的应诉结果，这也就意味着相比其他中国竞争对手，这些企业获得了更大的出口竞争优势。在很长一段时间里，欧盟对于欧盟国家的在华独资企业，在反倾销调查中往往都给予了市场经济地位，并最终使得这些企业在对欧出口方面获得了巨大优势。

级机构钱伯斯（Chambers & Partners）评为国际贸易领域全球"业界贤达"，但彼时刚刚从公务员转行不久的年轻律师杨晨，正百无聊赖地坐在空无一人的办公室里打发假期，却意外接到了东莞港湾汽车玻璃有限公司（以下简称"港湾玻璃"）的电话。

几天前，获悉加拿大对中国汽车挡风玻璃进行反倾销调查立案的消息后，杨晨收集了一批国内挡风玻璃生产厂商的联系方式，挨个儿发传真、打电话，毛遂自荐，希望能够争取到一个客户。没想到，这个笨办法真的为自己带来了生意，收到传真的港湾玻璃主动来电联系，告知公司即将到北京参加中国轻工工艺品进出口商会（以下简称"轻工商会"）组织的应诉协调会，希望约杨晨面聊。时年还不满24岁的杨晨对此极为重视。为了让对方觉得自己是个有经验的成熟律师，他还专门找律所其他合伙人借了辆"桑塔纳"轿车，到机场为港湾玻璃参会人员接机。

港湾玻璃自己对反倾销的认知也不多，对该怎么做、要花多少钱都很模糊。而且，港湾玻璃知道杨晨经验有限，毕竟当时国内能做反倾销案的中国律师极少，杨晨虽然有理论研究，但没有代理经验。然而，被杨晨的诚意和踏实打动，港湾玻璃还是决定聘请他担任代理律师。由于对胜诉并没有信心，为了节约费用，港湾玻璃也没有聘请加拿大律师。如此一来，所有的担子都压在了杨晨这个新手身上。

当时，加拿大的反倾销调查主要由以下两个机构进行：加拿大海关税务署①和加拿大国际贸易法庭。

加拿大海关税务署是调查有关倾销和补贴的机构,其职责包括受理反倾销(反补贴)申诉,对被控产品进行调查,计算并确定倾销幅度或补贴数额。国际贸易法庭的主要职责是确定损害及倾销(补贴)与损害之间是否有因果关系。

加拿大海关税务署在发出立案通知的同时,会向各涉案企业发出调查问卷,涉案企业必须在 37 日内交卷。调查问卷的内容繁多,而涉案企业通常是在问卷发出一段时间后才得到消息或收到问卷,加拿大海关税务署很少给企业延期,因此,企业填答调查问卷的时间十分紧张。

完成问卷是杨晨成为港湾玻璃代理律师之后的当务之急。带着一箱关于法律、会计、外贸的参考书,杨晨和一名对反倾销也是一知半解的同事一起来到东莞,一面翻书学习,一面准备答卷,现学现用。遇到不懂的问题,杨晨就整理出清单,到了晚上算好时差掐准时间给加拿大官员打电话请教。杨晨后来开玩笑说:"那个时期的加拿大官员还是非常友好的,可能也是很少遇到这么不专业但又死缠烂打的律师,对一堆 ABC 的问题还是很耐心地给了解答。"后来有加拿大调查官员转行当贸易救济律师,还成了杨晨的合作伙伴。最终,杨晨用 16 天每天只睡两三个小时、瘦了十多斤的代价,终于帮助港湾玻璃

---

① 2003 年 12 月 12 日,加拿大政府成立了加拿大边境服务署(Canadian Border Service Agency),取代原来的加拿大海关税务署,负责处理反倾销和反补贴调查事务。

完成了几千页的答卷。

尽管完成了答卷，但对于答卷中提交的诸多数据究竟有多少会被加拿大调查机关采纳或如何应用，刚刚出道的杨晨并不知道。

在企业积极应诉的同时，中国政府也在行动。

2002年5月2日，加拿大海关税务署做出肯定性初裁，裁定征收的中国汽车挡风玻璃出口企业的临时反倾销税税率分别为福耀57%，深圳奔迅51%，信义36%，东莞港湾40%，其他中国企业（未应诉企业）194%。初裁结果不妙，与加拿大不承认中国的市场经济地位而采取了不合理的计算方式有关。因此，争取行业市场经济地位愈加迫切。

根据加拿大反倾销相关规定，对于那些被视为非市场经济的国家，在涉及反倾销案件时，加拿大海关税务署会同时向该涉案国政府发送调查问卷，以确定加拿大《特别进口措施法》中有关"国家控制经济条款"的规定是否适用于该国。根据程序，加拿大海关税务署调查官员会亲自到提交答卷的中国政府部门及涉案企业进行现场核查，以确定答卷中提交的数据和信息是否真实、准确和完整。

2002年5月8日至17日，加拿大海关税务署反倾销和反补贴局局长亲自率队来到中国进行实地核查。加拿大海关税务署一行12人，其中8人在北京进行政府核查，核查涉及的中国政府部门包括外经贸部、国家经贸委、国家工商总局、国家计委等10多个部委。5月20日至30日，加拿大海关税务署另外4人又深入企业，对这些涉案企业是否按照市场经济运作、政企是否分开等问题进行全面现场调查。

第三章　市场经济？这是一个问题

这是中国入世之后经历的第一次实地核查，外经贸部非常重视，专门聘请了加拿大和中国律师。当时，在美国刚取得律师执业资格一年的侯江笑律师正在北京帮助美国一家大型诉讼律师事务所拓展业务。机缘巧合下，侯江笑被外经贸部聘请的加拿大律师彼得·马格努斯（Peter Magnus）"借用"，成为本案的代理律师之一。中国政府聘请的中国律所是北京正见永申律师事务所，领衔律师是时任北京市律师协会WTO专业委员会主任李静冰律师，后来加入金诚同达的沈姿英律师当时就在正见永申律师事务所担任专职律师。

从北京到深圳、东莞，再到福建，侯江笑作为外经贸部的代理律师，全程参与了加拿大海关税务署对中国中央和地方政府部门的核查，帮助各地政府部门工作人员准备核查访谈并进行模拟培训。

侯江笑回忆："培训内容包括大概讲一下核查的程序是什么样的，核查的关注要点会是哪些，要注意什么地方，哪些词语比较敏感，表达要尽量真实准确，避免用可能引起歧义的词语，等等。"在这个过程中，侯江笑与福耀玻璃管理层结识，十多年后侯江笑受邀加入福耀玻璃并担任北美地区总法律顾问，双方为福耀玻璃在北美的成功投资再次携手。

回忆起核查情景，侯江笑感觉颇为自豪："这是中国入世后第一起实地核查，很有挑战性。国内大多数人，包括政府官员，对国外的反倾销程序并不了解，但在实际接触相关政府部门官员后，我发现他们的学习能力很强，思路非常清晰。这些官员年龄都不大，差不多二三十岁，你能感觉到他们的朝气和专业性。那时确实感觉一个新的时代来临了。"

精心、真诚的准备收获了良好的效果，中国政府部门在实地核查中的表现说服了加拿大海关税务署。2002 年 7 月 31 日，加拿大海关税务署做出肯定性终裁，认为中国汽车挡风玻璃产业是在市场经济条件下运行的。由此应诉企业的倾销幅度大幅降低，分别为福耀 24.09%，深圳奔迅 0%，信义 0%，东莞港湾 0%，其他未应诉中国企业 114.32%。

这是中国入世之后，外国政府第一次在反倾销调查中承认中国应诉企业的行业市场经济地位。这是一个标志性的胜利。

不过中国汽车挡风玻璃行业的企业家们并未满足于此结果。

针对当时三家申请企业中的一家市场份额已经比较高的情况，中方向其暗示，如果中国企业败诉，其可能会因具有较高的市场份额而承担反垄断诉讼风险。经过权衡，在 2002 年 5 月底，这家公司决定撤诉退出。这家公司的撤出，对 PPG 公司打造的加拿大国内产业联盟造成了较大冲击，也为后面无损害抗辩的胜利埋下了伏笔。

在行业无损害抗辩上，以福耀玻璃为主导的中国产业在加拿大争取到下游产业和国内消费者的支持。由于加拿大车险理赔实行的是修理原则，中国的汽车挡风玻璃品质与其他品牌相差不大，因此物美价廉的中国汽车挡风玻璃更受欢迎。通过争取加拿大的同盟军，中国政府和企业得以在加拿大海关税务署听证会上展示大量事实，证明中国产品在加拿大的销售没有对加拿大国内产业造成损害或损害威胁。

2002 年 8 月 30 日，加拿大海关税务署就损害方面做出了否定性终裁，中国企业胜诉。中国汽车挡风玻璃的背水一战终迎完美结局。

加拿大汽车挡风玻璃案是中国企业第一次在外国反倾销调查中获得行业市场经济地位，也是迄今为止唯一一个全行业的市场经济地位。虽然中国企业在入世后就市场经济地位的问题取得了重要突破，但在此后的20年里，"非市场经济地位"如同幽灵一般，与中国产品的出口之路如影随行。

成败替代国

1999年，在印度新德里的一个农贸市场，一位律师正在调查市场上苹果的价格。这位律师需要确定市场上在售的苹果是否为浓缩苹果汁的生产原料，这个结论将决定中国的苹果汁产业能否继续留住美国市场。

1999年6月7日，美国苹果汁产业向美国商务部和美国国际贸易委员会提交申请，要求对原产自中国的非冷冻浓缩苹果汁产品进行反倾销调查。申请人指控的倾销幅度为51.74%。同年6月27日，美国商务部内部签署文件，决定对本案正式立案调查。

这是美国对中国反倾销调查历史上最艰难也是最有戏剧性的胜诉案例之一，抗辩的核心之一就是替代国的选择是否合理。

替代国的选择通常参考世界银行发布的《世界发展报告》排名，选择经济上同中国具有可比性的国家作为替代国。根据报告，中国入世10多年后，与中国排名接近的国家有马来西亚、土耳其、巴西、墨西哥、俄罗斯和保加利亚；而在过去很长一段时间，印度是美国商务部最喜欢选取的替代国。

此外，替代国的选择还需满足两个条件：一是替代国有重要的同类产品生产商，可生产完全一样的产品或可比产品；二是替代国数据的可获得性。

以上规则看上去似乎公正合理，但在实际操作中存在着极大的不公平。

中国充沛的人力资源、完整的产业链和广阔市场，意味着中国企业在许多生产要素上具有成本优势，而替代国往往并不具备这方面的优势，并且由于替代国产业品类有限，一些原料或配件纯靠进口，与中国自产的原料或配件相比价格高出许多，这为中国企业应诉带来了极大挑战。因此，在应对美国的反倾销调查时，如何减少生产要素的消耗数量，如何找到合适的替代国价格，成为能否胜诉的关键。

美国商务部在替代国选择上的自由裁量权非常大，替代国的最终选择权由其掌控。

对于生产要素替代国价格的选择，美国商务部有相关标准，但也有自由裁量权。

我们来看一个实例。在2001年美国对华汽车挡风玻璃反倾销案中，中国应诉企业出口产品正常价值的计算就采用了替代国结构价格法。该案首选替代国是印度。

原材料成本：福耀公司和信义公司提供证明，它们有部分种类的原材料，比如浮华玻璃、PVB胶片等，是从市场经济国家进口的。

因此，在计算这些原材料成本时，美国商务部采用了它们的实际购买成本。

运输成本：采用印度相应生产商的成本。

能源：电力成本采用的是根据国际能源机构1991年公告的印度国内价格并做相应的调整，水力成本使用亚洲发展银行第二次水能利用统计数据，煤炭使用印度进口数据。

劳动力成本：根据国际劳工机构1999年劳动统计年度报告公布数据。

企业一般管理费用：根据印度生产商2000年度财务审计报告做调整。

利润：根据印度ASAHI公司1999年4月至2000年3月的利润进行调整。

包装材料：2001年4月至2001年12月印度进口统计数据。

替代国价格法导致中国企业出口产品的正常价值往往被高估，抹杀了中国在劳动力与其他生产成本上的比较优势。而美国商务部选择怎样的替代国数据，很大程度上决定了企业的倾销幅度。

在苹果汁案中，美国商务部最初也是选取印度作为替代国，对此，中方代理律师金诚同达律师事务所及美国律师事务所Grunfeli, Desiderio, Lebowitz, Silverman & Klestadt LLP（即美国德凯律师事务所，以下简称"德凯"）向美国商务部提交抗辩意见，主张应该选择土耳其作为替代国。在美国商务部举行终裁听证会前，美国申请人继续施压，提交了印度新的更高的榨汁苹果价格，如果美国商务部接受此价格，中国应诉企业将面临被大幅提高税率的不利局面。

为了扭转局面，中方律师立即通过其在印度的合伙人到德里市场进行实地考察，拍摄了大量照片，并在美国商务部随后举行的听证会上作为证据出示。照片上包装精致、品种优良、等级很高的苹果是美国申请人主张的替代国价格所对应的苹果，但这些可以直接食用的高档苹果显然不会被用来榨汁，否则苹果汁生产企业的原材料成本就太高了。中方律师还提交证据证明，无论在美国还是中国，这种高档苹果都不会被用来作为浓缩苹果汁的原材料，其酸度或糖分比例也不满足榨汁的要求。美国商务部没有完全采纳中方的主张，但表示会对替代国价格进行调整。

2000年4月，美国商务部做出终裁，中国应诉企业税率为0~28.54%，应诉企业加权平均税率为14.88%，未应诉企业仍为51.74%。终裁税率相比初裁税率大幅度下降，但中方企业和律师认为，计算过程和结果仍有不公。

为此，律师团队向中国苹果汁产业提议在美国国际贸易法院起诉美国商务部，替代国价格仍是争论核心。具体诉请包括：（1）反对采用印度作为替代国（理由：印度不是浓缩苹果汁的主要生产商）；（2）反对采用印度的苹果价格作为中国苹果的替代价值（理由：印度的苹果价格受控于政府的价格干预计划及补贴政策）；（3）反对采用印度储备银行（RBI）的数据计算管理费用及利润的比率（理由：该数据不具有代表性）；（4）质疑美国商务部关于海陆运费的计算；（5）质疑美国商务部关于动力煤的替代国价格以及关于铁路运费的替代国价格。

虽然更换替代国在美国商务部过往调查中没有先例，美国国际贸易法院也从未全面否定过美国商务部的裁决，但在中方代理律师看来，"中国企业只有反抗，才能赢得公正待遇，否则就会被欺负"。

对21世纪初的中国企业而言，在美国起诉美国政府部门似乎是天方夜谭。为此，中国食品土畜进出口商会专门召开行业会议征求意见。与会企业整整争论了一天，最终做出了充满勇气的决定：接受商会和律师的分析和建议，同意起诉，讨回公道。

经过卓有成效的抗辩，2003年11月20日，美国国际贸易法院做出最终裁决，中国苹果汁产业胜诉。2004年2月13日，按照国际贸易法院的终裁裁决，美国商务部公布了修改后的反倾销税令：强制应诉企业的税率均为0%，其他应诉企业的分别税率为3.83%。

历经坎坷，中国的苹果汁产业最终获胜。

苹果汁案的胜利是中国企业面对不合理替代国价格进行有效抗辩的典型案例，但并非每一个案件都能找到取胜之道，很多时候，中国企业不得不吞下替代国价格酿就的苦果。

2000年10月，美国对中国铸造焦炭发起反倾销调查，由于山西焦煤燃烧率高且储量巨大，因此中国企业铸造焦炭的成本明显低于全球所有国家。但美国商务部不认可这套自然逻辑，国内企业的代理律师尝试各种办法，依然无法找到接近中国原料成本的替代国价格，企业最终不得不接受非常高的倾销税率。

无论是苹果汁案还是铸造焦炭案都足以说明，反倾销调查案件能否取得理想效果，替代国价格是关键。在"非市场经济国家"这个幽灵散去之前，中国企业都将面临替代国大考。但也正是在这样一次次的挑战、围堵中，中国企业、中国律师的能力不断升级。

金诚同达合伙人徐铮介绍，从最早不会寻找并用替代国价格进行测算，到现在能为企业争取到相对合理的替代国价格，中国律师一路都在进步成长。为了获得有效的替代国数据，金诚同达每年花费数十万元订阅国际权威机构发布的各国进出口商品详细数据库，也培养了能够看懂并编辑美国商务部倾销幅度计算程序SAS的律师，"装备"的硬件和软件都已经是国际一流水平。

当下，伴随中国经济飞速发展，美国商务部已经不再频繁采用印度作为中国的替代国，日本、欧盟甚至美国市场都会被用来当作中国的替代国，替代国抗辩和替代国价格寻找的难度在不断提升。但替代国方法，还只是美国实施贸易保护主义的工具箱中的一个工具。

不断更新的工具箱

中国在重重关卡中打怪升级，而美国对中国的围堵也从未停止演进。

2004年，正在浙江参加交流活动的金诚同达创始合伙人田予接到了黄河家具厂出口经理的电话："田律师，我都快'死'了！"

让这位经理如此绝望的，是刚刚出来的分别税率申请结果。

与替代国价格一样，分别税率申请也是非市场经济幽灵笼罩下的一个老问题。企业如果不能证明其在事实上和法律上都没有受到中国政府控制,将不能获得分别税率。没有分别税率,企业就会被适用全国的统一税率,而全国的统一税率动辄超过100%,这意味着出口国市场对该企业关上了大门。

分别税率申请的标准并非一成不变,而是随着实践动态调整。

在2000年的钢丝绳案中,美国商务部选择了两家最大的企业作为强制应诉企业参加全程调查,对于其他6家按照要求部分参加调查程序的企业,第一次基于强制应诉企业的税率给予这些企业加权平均分别税率。此后,美国商务部开始沿用该项方法确定应诉企业是否可以获得分别税率。

随着美国对中国反倾销案件越来越多,有美国利害关系方提出,原先的分别税率申请程序越来越趋向于程式化和标准化,非市场经济国家的应诉企业只需提供事先准备好的标准答案就可以轻松获得分别税率。这种漏洞大大削弱了分别税率规则对于非市场经济国家应诉企业的适用和限制,使企业能轻易通过原本应当十分严格的分别税率审查而获得较低的税率。因此,他们建议美国商务部在新修订的分别裁决调查问卷中增加问卷的难度,以确认应诉企业的出口行为符合"事实上和法律上"都不受政府控制的七条标准。

2004年5月3日、9月20日、12月28日,美国商务部三次发布公告,就现行分别税率规则的修改向利害关系方征集意见。2005年4月5日,美国商务部公告在审查形式和审查程序上对分别税率制度进行改革,特别设置了分别税率申请程序,要求出口国申请分别税率待遇的所有应诉企业均须事先填报分别税率申请表。

根据新规定，所有应诉企业如果要申请分别税率，需在立案公告发布之日后60天内回答并提交分别税率答卷。新的分别税率答卷比以往的调查问卷更加复杂，变相加大了应诉企业获得分别税率的难度。

2003年12月立案的美国对中国木制卧室家具反倾销案，就撞到了为分别税率申请铺路而进行试验的枪口上。

2003年10月31日，美国家具制造商合法贸易委员会及其成员单位和一些劳工组织等代表美国的家具产业提起反倾销调查申请。同年12月17日，美国商务部决定正式立案调查。

由于在美国申请方起诉之前，国内相关协会和企业已经得到预警信息，因此在2003年8月，中国家具协会和地方协会召开了多次会议，动员企业积极应诉，加入中国家具业反倾销应诉委员会的企业募捐了150万美元以应对案件。

彼时，美国商务部尚未完全确立新的分别税率申请调查方法，但在2003年12月30日向位于中国境内的共计211家家具生产商发放了迷你调查问卷，要求证明企业不受政府控制，以判断是否给予分别税率。金诚同达代理了其中40余家企业，帮助其填答了迷你调查问卷。然而，提交了分别税率申请的这40多家企业有18家被拒，黄河家具厂正是其中之一。

如果应诉企业无法获得分别税率，企业极大概率会被征收惩罚性税率，只得退出美国市场，这对出口导向型的企业来说是毁灭性的打击。残酷的现实是，接近一半的企业分别税率申请失败了，因此中方将希望寄托在争取行业市场经济地位上。

美国在反倾销调查中允许非市场经济国家出口企业提出市场导向产业（Market Oriented Industry，简称 MOI）测试申请。如果一个产业被美国商务部认定为市场导向产业，那么就可以运用出口国的数据来确定正常价值。市场导向产业测试要符合三个标准：（1）对于被调查的产品，在决定价格或产量方面基本不应有政府的涉入；（2）生产该产品的产业应以私有或集体所有为特征；（3）所有重要投入，不论是物质的还是非物质的（如劳动力和管理费用），都必须以市场决定的价格购入。

进行市场导向产业测试申请并不是一件容易的事。

一方面，与替代国一样，市场导向产业测试的立法和实践是美国商务部行使自由裁量权的充分体现。从 1996 年镀铬螺母行政复审、1996 年小龙虾尾肉反倾销案、1998 年腌制蘑菇反倾销案、1999 年人造靛青反倾销案，直至 2003 年彩电反倾销案，美国对启动市场导向产业测试的门槛限制日益抬高。

另一方面，国内对家具种类的划分并没有细分到木制卧室家具品类，因此不存在单纯的木制卧室家具产量和产值方面的数据，这在客观上为撰写市场经济地位分析的申请报告设置了困难。

这是一条难走但又别无选择的道路。2004 年 4 月，由中国家具协会、轻工商会家具分会牵头，决定向美国提出市场导向行业测试申请。

"自由"的裁量

进行市场导向产业测试申请，律师们的首要任务是确定数据范围，根据市场经济地位审查标准，收集数据和相关资料。

木制卧室家具在中国并不是一个单独的行业，生产商多且分散，而且产品多是非标产品。通过查找和阅读网上公开信息、家具行业公开出版物、咨询公司研究报告，走访国家统计局、轻工业联合会信息中心、中国家具协会和轻工商会家具分会等有关部门，考察家具行业状况并分析美国申请方对调查产品的描述，律师团队做出决策，把提供数据的行业范围扩大到木制家具。

杨晨介绍，时任中国商务部主管处长刘丹阳，与轻工商会、家具协会以及美国律师花了很多时间来讨论如何应诉，需要哪些数据，如何寻找和组织这些数据。"我们当时找到一个准政府机构，他们刚刚协助统计局完成第二次全国数据普查，有关于企业规模、性质、产能、销售等方面的数据，我们希望从他们那里拿到数据，但他们的报价是15元钱一条，而我们至少需要10万条以上数据，也就是需要150万元预算。"这笔支出当时是没有着落的，在相关政府部门多次协调无果后，律师团队不得不另想办法，最终还是通过私人交情拿到了本来可以通过正规渠道获得的数据。

通过种种办法拿到行业数据后，律师初期的想法是证明产业的所有制性质。基于普查数据，徐铮对数据库进行了分类统计，按照木质家具企业在各地的性质（个体、私营、集体、国企）归类，用数据说话，证明集体、私营的企业占行业大多数。

一个月后，5月28日，300多页的《中国轻工工艺品进出口商会家具分会及中国家具协会申请给予中国木制卧室家具产业市场导向产业待遇的报告》（以下简称"《528报告》"）提交给了美国商务部。报告从宏观经济、商协会的代表性和市场导向产业测试三个标准等方面论述了中国木制卧室家具行业的现状，要求美国商务部给予中国木制卧室家具产业市场经济地位，或是启动对中国木制卧室家具产业的市场导向产业测试。

由于《528报告》包含了很有分量的证明木制卧室家具行业是在市场经济条件下运营的实质证据，美国申请方不能在实体上快速提出反驳意见，但为了阻止美国商务部启动相关市场导向行业的调查，6月8号，美国申请方在程序上提出反对意见，认为《528报告》的提交不符合美国商务部反倾销调查时间的有关规定，请美国商务部不予以考虑。美国申请方的意见只有3页纸。申请方的无力反击让中方律师团队信心满满。杨晨回忆，代表中国家具产业市场经济地位测试的美国合作律所是Arnold Porter LLP，一向温文尔雅的牵头律师劳伦斯·施奈德（Lawrence Schneider）在答辩中用了"nonsense"（一派胡言）这个词，这非常少见。

没有经历中国新旧经济转型、新旧法律交替，是很难说清楚中国如何是一个市场经济国家，一个行业如何在市场经济条件下运行，一个企业如何独立于国家和政府控制而自主经营的。只有中国自己的律师才能承担起这个重任。

绝不妥协

杨晨回忆："这个案子完全是摸着石头过河，规则上只有三条很笼统的标准，没有判决先例可以去遵循。最核心的工作是数据收集和分析，主要由中方负责。我记得当时整理分析数据的时候，徐铮和美国律师还发生了争执，因为美国律师对数据口径和含义的理解不准确，数据归类出现了错误，和徐铮算的结果不一样，导致分析出来的结果差异很大。徐铮还开玩笑说，美国律师数学太差了。"这位美国律师后来也加入了金诚同达。

然而，尽管只用3页纸对抗中国应诉企业的300页纸，美国申请方还是得到了美国商务部的支持。

面对中国企业的市场导向产业测试申请，美国商务部指出，收到该申请的时间已接近初裁日期，没有足够时间予以考虑。在没有拒绝但也没有承认中国木制卧室家具行业是市场导向产业的情况下，6月24日，美国商务部在《联邦公报》上公布了初裁结果，认定中国木制卧室家具在美国市场存在倾销，反倾销幅度为4.9%~198.08%。

对此，7月12日，律师代表中国家具协会及轻工商会家具分会向美国商务部递交了针对申请方抗辩的反驳意见，就美国商务部的裁决和申请方的抗辩一一予以反驳。置中国企业的申请于不顾，7月中旬，美国商务部家具案反倾销核查组抵达东莞和深圳，对东莞和深圳的家具企业进行实地核查。在核查过程中，美国商务部与中国商务部也进行了会谈。美国商务部承认他们的确收到了要求启动市场导向行业测试的申请，这是他们在这个问题上迄今为止收到的最有分量的抗辩，但是由于本案的时间关系，他们来不及考虑，中国家具产业可以在未来的复审程序中继续提出申请。

8月5日，美国商务部宣布对原产于中国的木制卧室家具的反倾销初裁结果进行修正，裁定在6月24日的初裁中被征收普遍税率的部分中国企业符合获得"分别税率"的条件。这可以视为美国商务部对中国企业关于市场导向产业测试申请的局部让步。

在中方多次提交抗辩意见的压力下，10月19日，美国商务部举行了听证会，就市场导向产业测试问题听取了有关利害关系方的意见，但最后依然以时间不够拒绝了市场导向产业测试申请。11月17日，美国商务部做出终裁，认定中国木制卧室家具存在倾销，反倾销幅度为0.79%~198.08%。12月28日，美国国际贸易委员会就本案的损害问题发布终裁结果，认定进口自中国的木制卧室家具对美国的相关国内产业造成了实质性损害。

虽然案件没有取得胜利，但中国木制卧室家具行业在市场导向测试问题上坚持不懈的态度，还是把这一反倾销应诉策略积极并富有建设性地向前推动了一步。此后，在美国对中国的多个反倾销案件中，中国企业就行业市场经济地位问题发起了一轮又一轮冲击。

为中国定制"篮筐"

"你们参加的是一场国际篮球比赛，篮筐不会为你们而降低。"1999年，在入世前的中美双边谈判中，当中方提出某些世贸规则过于严苛，中国难以做到时，美方给出了如上回复。

虽然困难重重，但中国选择尊重规则，同时凭借智慧、勇气与坚韧让自己离"篮筐"越来越近。在这个过程中，眼见已有的种种贸易保护措施已经无法压制住生气勃勃的中国出口企业，美国转而把主意打到了"篮筐"上面——为中国定制"篮筐"。无论是分别税率申请的出现，还是不断升级的替代国选择，都是美国堵截中国的工具升级，而这些只是开始，很快，一个新工具——"反补贴"出现了。

2006年11月，从美国传来一个令人震惊的消息：美国商务部发布立案公告，决定对中国出口的铜版纸发起反倾销和反补贴调查，打破了美国不对非市场经济国家进行反补贴调查的先例。

所谓补贴，是指国家实施激励和支持措施支持自己的出口，以占领更多海外市场。反补贴则是指进口国反击出口补贴国家的行为。将反倾销和反补贴合并调查，事实上与美国国内法相违背。

美国的反补贴法最早可以追溯至《1897年关税法》。由《1897年关税法》修订而来的《1930年关税法》对非补贴协议国和补贴协议国做出了相关规定。在著名的1986年"乔治城钢铁案"中，美国联邦巡回上诉法院判定，"非市场经济国家"的政府全面干预市场，不存在市场经济国家意义上的补贴。由于美国是判例法国家，该判例对同类案件有同等的约束力。在此后的近20年时间里，不对非市场经济国家发起反补贴调查成为一种惯例。1998年，美国商务部在部门规章的前言中确认了以上规定，并在2002年匈牙利磺胺酸案中进行了重申。

由于美国一直不承认中国的市场经济国家地位，因此，美国反补贴调查不应当适用于中国，即美国不能对中国采取反补贴措施。因此，当美国2006年对中国发起反倾销和反补贴调查后，引发了中国的极大不满。时任中国商务部副部长高虎城公开指出，在当前美国不承认中国市场经济地位的情况下，对倾销的计算采用的是替代国做法，开启"双反"调查和采取措施必然会导致重复征税，针对美国在反补贴调查当中的严重失误，中国将保留作为WTO成员的所有权利。

刘丹阳回忆，中国遭遇的第一起反补贴调查是加拿大2004年对原产于中国的烧烤架发起的反补贴调查，但该起反补贴调查是在承认了中国相关行业的市场经济地位之后才发起的。而美国于2006年发起的铜版纸反倾销和反补贴调查，是在没有承认中国市场经济地位的情况下发起的，这使国外对华反补贴调查的方向发生了根本性转变。

与反倾销不同，反补贴调查实际瞄准的是一国政府，调查国通过各种方式摸查被调查国政府的补贴政策以及企业获得的补贴收入。当时，关于究竟要不要应诉美国发起的反补贴调查，在中国政府层面是有争议的。但最终，中国商务部决定，在尊重WTO规则的前提下，选择应诉。

中国政府对规则的坚守令美国商务部陷入了尴尬境地：在对中国政府进行反补贴调查的过程中，美国商务部发现中国确实存在着很多市场化的因素，因此裁决时面临需要承认中国部分要素市场经济地位的情况。同时美国又不想承认中国的市场经济地位，这与其在反倾销调查中沿袭的非市场经济理论产生了矛盾。

绝不妥协

面对美国的无理做法，中国也多管齐下进行反制。

除了在规则框架内应诉，中国还积极利用 WTO 争端解决机制合理维护自身权益。2007 年 9 月 14 日，中国在 WTO 正式就铜版纸案的初裁向美国提出磋商请求，这是中国政府首次单独启动 WTO 争端解决程序。美国商务部的两难处境以及中国在 WTO 的诉讼，迫使美国在 2007 年 11 月以美国国际贸易委员会终裁无损害终结了美国对华的首起铜版纸反补贴案。

铜版纸案试水告负，但美国利用反补贴围堵中国出口产品的决心却丝毫未减。

铜版纸反补贴案开了美国试水反补贴的先河，改变了美国坚持了 23 年的由美国联邦巡回上诉法院确立的不对非市场经济国家实施反补贴法的判例法，这是美国在中国加入 WTO 后的过渡期对中国贸易政策的重大战略调整，反补贴措施成为之后美国对中国贸易保护的新形式。

更深远的影响不局限于美国。刘丹阳解释说："很多国家开始效仿，采取跟美国一样的做法，比如加拿大、澳大利亚，本来已经在反倾销调查中承认了中国的行业市场经济地位或者国家市场经济地位，但在它们的对华反补贴调查中，受美国影响都发生了改变。因此，美国第一案的影响巨大，这是一个转折点，中国目前面临的诸多问题都来自美国对中国的这第一个反补贴案件。"

针对美国不合理的做法，中国也在 WTO 进行了长期抗争。在 2007 年发起的 DS318 案因美国国际贸易委员会无损害结案而休眠后，2008

年、2012年，中国针对美国对中国进行反补贴调查的行为，陆续发起了DS379、DS437、DS449案。缠斗多年，美国商务部针对WTO上诉机构的相关裁决并未以中国满意的方式执行，对中国的反补贴调查仍在继续。①

中国究竟是不是"市场经济国家"，这个问题可以从两个角度来回答：一是中国市场经济改革与发展的程度，二是反倾销调查。前者是从经济学的角度，而后者更多的是立足于法律甚至是政治。在俄罗斯的经济改革进行了10余年之后且尚未加入WTO之前，美国与欧盟就先后承认了俄罗斯的市场经济地位；与此形成鲜明对比的是，中国已经进行了20多年改革开放，也已经加入了WTO，却仍被视为非市场经济国家。

自1996年以来，美国和加拿大几个经济研究机构一直在编制《全球经济自由指数》。②《全球经济自由指数》中的"经济自由指数"根据五项指标来确定：政府的规模、法律结构与财产权保障、健全的货币、外贸自由，以及对信贷、劳动力和企业的管制。这里所说的"经济自由"，大体上可以表示一国的市场化水平。在2000年的《全

---

① 在2007年美国对华非公路用轮胎案件中——这也是美国对华第五起反补贴调查，应诉企业将美国政府滥用反补贴调查的行为一直上诉到美国联邦巡回上诉法院并获得了支持。美国联邦巡回上诉法院认为对非市场经济国家发起反补贴调查是违法行为，这迫使美国政府求助国会，通过国会立法的方式明确了美国政府可以启动反补贴调查，并追溯适用，从而在国内法律层面解决了美国政府对中国发动反补贴调查违法的尴尬局面。
② 北京师范大学经济与资源管理研究所.2003中国市场经济发展报告［M］.北京：中国对外经济贸易出版社，2003.

球经济自由指数》中,中国的得分为5.3分,在123个被测评的国家中列第101位;而俄罗斯仅得4.7分,列第116位。

欧盟和美国积极承认俄罗斯为市场经济国家,固然是对俄罗斯多年来进行的激进改革(或者说"休克疗法")的肯定,但如果从当年国际战略背景角度观察可以发现,给予俄罗斯市场经济地位更多的是受政治因素的影响。自20世纪90年代以来,俄罗斯基本上按照西方开出的药方进行了痛苦的制度变革。在国际战略方面,俄罗斯也做出了深刻的调整。俄罗斯与北约之间正变得"有话好好说",尤其是自"9·11"事件以来,俄罗斯大幅度调整了与美国的关系,选择融入西方的策略。正是由于这些战略调整,俄罗斯换来了西方在经济上给予的宽容待遇。

中国是否可以改变非市场经济地位,市场经济的发展程度并不是决定性因素。市场经济地位的获得取决于许多方面,比如,中国经济实力的增强,中美关系的发展,国际政治经济力量的分化组合、谈判和妥协,以及新的贸易保护措施的出现,等等。是否可以给予中国市场经济地位,各国是从政治经济关系的整体利益去考量的,而不仅仅是考虑中国市场经济改革的实际状况。

第四章　在挫败中成长：中美反垄断第一案

反垄断第一案

2021年盛夏时分，一则让华北制药集团等待了近17年的消息终于从大洋彼岸传来：美国当地时间8月10日，在美国对华发起的维生素C（以下简称"维C"）反垄断诉讼案中，华北制药集团重审胜诉。

判决显示，美国联邦第二巡回上诉法院再次以违反国际礼让原则为由，撤销了地区联邦法院在2013年做出的责令河北维尔康制药有限公司及其母公司华北制药集团对直接购买者原告进行三倍损失赔偿、赔偿金额达1.533亿美元的一审判决，将案件发回地区法院并指令地区法院驳回原告起诉且原告不得再次起诉。

这意味着历时近17年的维C反垄断案终告落定。得知消息后，曾任中国医保进出口商会西药部主任的乔海利迫不及待地向参与过案件的各方分享喜悦。

17年前，美国动物科学产品公司（Animal Science Products）、兰尼斯公司（Ranis Company）和4位个人代表美国直接购买者和间接购买者陆续向法院提起集体诉讼，称中国4家维生素制造商于2001年12月开始串谋操控出口至美国的维C价格及数量，联合违反美国反垄断法（《谢尔曼法》第一条，《克莱顿法》第四条和第十六条），操纵了中国维C对美国的出口价格，限产抬价，导致美国购买者遭受严重损失。

此案号称"美国对华反垄断第一案"，当时，反垄断对绝大多数国人而言是一个比较陌生的概念。2005年时，国内还没有反垄断相关立法，各方对反垄断的关注不多；另一方面，在当时的中国企业眼中，中国企业在世界市场上的体量和地位还处于追赶阶段，垄断似乎离中国尚且遥远。

与中国相比，美国在反垄断方面的立法和实践已经相当成熟完备。1890年通过的《谢尔曼法》是美国联邦第一部反托拉斯法，该法与1914年颁布的《克莱顿法》和《联邦贸易委员会法》构成美国反托拉斯法的基本法规。此后陆续有反托拉斯法颁布，如1936年的《鲁宾逊–帕特曼法》《1974年贸易法》中的某些条款，以及部分州法律对《谢尔曼法》《克莱顿法》的补充规定。美国司法部、美国联邦贸易委员会是美国反垄断法的执行机构。

《谢尔曼法》集经济制裁与刑事处罚于一体，禁止为了限制贸易而为的契约、联合、通谋、垄断或者试图垄断，违者将被处以罚款或者监禁。法院还可以判决对违法者的未来行为进行监控。《克莱顿法》主要针对一些特殊的限制贸易的行为，包括排他性交易安排、捆绑销售、价格歧视、合并与兼并、连锁董事会等，违反者将被处以罚款。

也就是说，美国反垄断法不仅禁止企业用其市场把持和垄断地位限制竞争，竞争者之间联合操控供应和价格也是法律打击的对象。而中国维C产业不幸进入了美国反垄断法的射程之内。

当时的中国维C产业在世界上的地位已经举足轻重。

维C又名L-抗坏血酸，是世界卫生组织及联合国工业发展组织共同确定的人类26种基本药物之一。15世纪末开始的大航海时代让人类见识到了败血症的可怕。在探索攻克败血症的过程中，人类逐渐发现了维生素的秘密。

1912年，波兰生物化学家卡西米尔·冯克明确阐述了维生素的概念。1928年，匈牙利裔美籍生物化学家圣捷尔吉·阿尔伯特（Szent-Gyorgyi Albert）从实验室中提取到1克维C，因此在1937年获得了诺贝尔生理学或医学奖。1933年，在波兰出生的瑞士化学家塔德乌什·赖希斯泰因（Tadeusz Reichstein）以葡萄糖为原料，利用微生物发酵产生山梨糖，然后通过一系列化学反应将山梨糖转化成维C，从而实现了维C的工业化生产。这种方法被称为莱氏化学法，于1934年卖给了当时默默无闻的瑞士制药公司罗氏，使得罗氏成为全球第一家大规模生产合成维生素C的公司，统治维C市场多年，赚取了巨额利润。

罗氏在维C领域的霸主地位，从20世纪80年代开始被撕开缝隙。

1969年2月，中科院微生物研究所科研人员用生物氧化代替化学氧化的全新二步法工艺路线成功制造出维C。1976年，上海第二制药厂首先使用全新的生产工艺开始试验性生产维C。1980年4月，二步发酵法生产维C中间体-2-酮基-L-古龙酸的方法被当时的国家科委发明评选委员会评为发明二等奖。

与传统的莱氏化学法相比，二步发酵法能够节约原料、减少污染、缩短周期、降低成本，具有显著的技术优势，因此很快吸引了罗氏的注意。1985—1986年，东方科学仪器进出口公司和中国医药对外经济技术合作总公司出面，将维C二步发酵新技术以550万美元的价格转让给了著名的瑞士罗氏公司。[①] 但精明的罗氏并未将二步发酵法用于自身生产，而是束之高阁，通过买断专利的方式阻止竞争对手利用新技术与之竞争。

然而，罗氏并没有买断二步发酵法在中国国内的使用权，这为中国维C产业的崛起创造了条件。随着20世纪90年代国内各种维生素及中间体的生产技术相继取得突破性进展，中国维生素产业迅速发展，成为世界上最大的维C生产国和出口国。1995年，东北制药总厂万吨维C生产装置建成投产，使得东北制药总厂成为仅次于罗氏公司的世界第二大维C生产基地。中国维C年生产能力达到4万吨，居世界首位。面对中国维C产业的快速崛起以及全球生产能力过剩

---

① 严自正.二步发酵法生产维生素C：为国争光 造福人民 | 朝花夕拾.中国科学院微生物所公众号，2018-11-27.

的态势，罗氏开始向中国宣战。①

1995年10月，罗氏祭出降价大法，使得维C的国际市场价格从13美元/千克最低降到了4.5美元/千克，全球的生产商都陷入亏损。这场价格战使中国的维C生产商由26家骤降至4家：东北制药、维尔康制药（华北制药子公司）、维生药业（石家庄制药子公司）和江山制药，也就是后来的维C"四大家族"（东北制药、华药、石药和江山制药）。

成也萧何败也萧何，罗氏用价格战清理了一批竞争对手，但也招致了监管部门的调查。1999年11月3日，罗氏因维C"价格操纵"被美国司法部罚款8.99亿美元；2001年11月，欧盟开出高达7.6亿瑞士法郎的罚单。罗氏因此被迫退出全球维C市场，中国维C产业开始趁机制霸全球。公开信息显示，全球80%左右的维C来自中国，80%多的国产维C用于出口，美国市场上超90%的维C依赖中国出口。

国际市场的刚性需求与中国维C产业的竞争优势，使得维C在国内成了一个充满诱惑力的行业。也正因为如此，国内维C产业陷入了价格上升、企业扩产、供需平衡打破、价格快速回落、企业被迫退出、供需重新平衡的怪圈。从2000年5月到2001年年底，中国维C经历了自1995年以来的第二次"价格大战"，出口价格由5美元/千克一路狂跌到2.8美元/千克，造成直接经济损失约2亿美元。

---

① 邬时民.维生素C出口看好须防隐忧［J］.大经贸，2008，（5）：84-85.

为了维护价格稳定，保障国家利益，从20世纪90年代末开始，维C成为中国重点管理的出口产品之一，国家为之采取了一系列纠正市场缺陷的动作，而这却为之后的反垄断诉讼埋下了隐患。

进退维谷

使中国维C产业深陷反垄断泥潭的导火索，是2001年举行的一次行业会议。

2001年11月16日，医保商会维生素C分会在收到国外反倾销预警后，牵头组织了一次行业会议，包括"四大家族"在内的国内6家维C企业参加了会议，达成了维C出口方面的协议，决定限制产量，统一上调价格。此后，医保商会组织的协调会议定期化，一年一次。

根据2001年行业会议的会议记录，参会企业一致通过维C出口的最低定价为3.35美元/千克，并约定限制出口数量。

医保商会对维C企业产量和出口价格的监管措施被称为预核签章制度。预核签章制度是中国加入WTO后，顺应政府为履行入世承诺对原出口管理方式所进行的调整而推出的新管理制度，目的之一是避免日益增多的国外反倾销调查。

改革开放之初，中国出口贸易由指定的国有进出口贸易企业控制，根据中央政府基于经济目标而制订的国家贸易计划进行。从20世纪80年代开始，中国决定向各种所有制企业开放外贸经营权，从事出口贸易活动的公司数量剧增，企业之间出现侵略性竞争，导致众多企业盲目扩大产能、不断削低价格，危及了中国国内产业的整体利润率和可持续增长。为了规范国内企业的出口贸易行为，80年代末，中国政府设立了多个进出口商会，对国内企业的出口行为进行监督和管理，避免国内企业在与外国企业竞争时出现恶性内部竞争。

由于维C在中国出口产品中的重要地位，其曾在原外经贸部1992年颁布的《出口商品管理暂行办法》中被列为38种受限于出口配额管理的产品之一，由外经贸部及其下属地方管理机关进行管理。根据该暂行办法第四部分，医保商会被赋予管理职能。

1997年，原外经贸部和原国家医药管理局联合下发了《关于加强维生素C生产、出口管理有关事项的通知》，规定了维C出口企业的资格要求，将维C出口权限集中于30家企业，还具体规定了出口配额分配的标准。

该文件第六条要求商会成立一个"维C出口协调小组"，1998年3月，经外经贸部批准，医保商会维生素C分会正式成立。分会被授予协调维C出口的职责，只有分会会员才有维C出口经营权，有资格获得维C出口配额；同时会员被要求严格执行分会确定的出口协调价格和协调方案，如果会员违反相关章程、决议和规定，不承担会员义务，将受到相应处罚，甚至可能被暂停直至取消其维C出口经营权。"四大家族"均为分会会员。

分会通过定期召开会议的方式确定需由行业协调解决的出口问

题,并要求会员在会上讨论并就适当的解决方案达成一致。

也就是说,在此阶段,要获得维C出口许可,出口商必须遵守由外经贸部制定的限额,以及由分会授权、指导和管理的行业协调设定的最低价限制。外经贸部的中央和地方出口发证机关只有在企业的出口价格和数量均符合要求后才会签发出口许可,中国政府通过海关直接参与维C出口的管理。

由政府直接管理维C出口的方式在中国加入WTO后被调整。

2001年12月,中国正式加入WTO。为了履行相应承诺,原外经贸部和原国家医药管理局在1997年联合下发的《关于加强维生素C生产、出口管理有关事项的通知》在2002年3月被废止,一个新的机制取而代之。新机制的最大不同在于,政府不再直接参与维C出口管理,相关权力被移交给了商会。

具体而言,所有维C出口合同,无论是否由分会会员签订,在报关之前都会由商会实施管理。出口企业在申请出口报关前,须将标明价格和数量的合同送达商会,由商会确认其价格是否低于参会企业一致通过的出口最低定价,只有符合规定的合同才能被加盖印章,然后继续出口运输。中国海关不审查合同,只查验是否盖有商会的印章,如果合同上没有商会的印章,海关将不会接受出口申请,货物就不能出口。

2001年11月的行业会议,就是在这种新旧制度交替的背景下举行的。

虽然加入WTO后我国对进出口贸易的管理方式发生了很大转变,

商会职能也从管理转向服务,但是由于政府从来没有免除商会的行业协调职责,因此维生素C分会一直按照此前的方法继续进行强制性协调。

2001年下半年,外经贸部收到中国驻布鲁塞尔及柏林大使馆发来的预警信息,提示欧洲可能将对中国的维C提起反倾销调查。2001年11月举行的行业协调会,目的就是统一提升中国维C出口的价格,化解可能存在的反倾销调查。

该次会议记录显示,参会企业一致通过维生素C出口的最低定价为3.35美元,并约定限制出口数量。2002年7月,维尔康公司、维生公司等同意定价为3.8美元。2003年4月,参会企业同意,最低出口定价是11美元。2004年3月15日,参会企业签署协议,最低定价9美元,约定关停生产线,限制供货。只是这次联合行动并不成功,2004年12月,中国维生素C的出口报价又跌到4美元/千克以下。[1]

由于在政府对进出口业务的行政管理职能向商会移交的过渡期,维C分会是第一个吃螃蟹的人,成功地将新制度落实并获得了实质性成果,因此维C分会一度被当作范例进行了公开报道。

得益于行业统一行动,国外对中国维C发起反倾销的风险被化解了,却又落入了反垄断的禁区内。

从本质上讲,反倾销保护的客体是生产企业,即防止一些生产

---

[1] 罗洁琪,何春梅,倪伟峰.谁为维C垄断负责[J].新世纪周刊,2013,(13):44-50.

企业以低于成本的不公平价格销售产品、损害另一些生产企业的合法利益，维护的是生产企业之间的公平竞争秩序，通常表现为防止低价销售。反垄断保护的客体则是消费者，即防止具有垄断地位的企业形成"卡特尔协议"、操纵价格、损害消费者利益，维护的是消费者的合法权益，通常表现为防止垄断企业获得高额"垄断利润"。

因此，维 C 四大家族协商一致达成最低价格的做法虽然降低了反倾销调查的风险，却可能在实际上形成了"卡特尔协议"，触犯了美国的反垄断法。然而在那个时候，国内对国际经贸规则的了解还处于学习阶段，对反倾销和反垄断的关系和界限并不清楚，导致行业出于防止反倾销的初衷限价限产，却成了落入反垄断的故意，这让人始料不及。

2001 年的行业会议记录被美国原告方律师掌握后，成为这场反垄断诉讼中的关键证据。要争取反垄断案胜诉，中国企业只有一条路可以走，就是向美国法院解释清楚，在中国改革开放的复杂历史背景下，由行业协会发起的预核签章制度仍是由政府主导的，四大维 C 生产商协商定价非自发行为。

但是，彼时的中国加入 WTO 不到 5 年，需遵守各项规则，履行承诺，全面放开进出口贸易就是其中的重要承诺之一。如果要向美国法院证明预核签章制度是源自带有行政机构色彩的商会，势必对中国履行入世承诺、建设市场经济的形象产生负面影响。

局面因此陷入两难境地。

第四章　在挫败中成长：中美反垄断第一案

双管齐下

向中国维 C 企业发难的原告代理律所之一 Boise, Schiller& Flexner LLP（以下简称"弗莱纳"）在行业内大名鼎鼎。罗氏制药正是败在它发起的维生素反垄断诉讼下，被罚数亿美元，最终转手了维生素业务，退出维生素市场。弗莱纳经此一役声名鹊起，而这一次，中国维 C 产业成了它的新目标。

有罗氏制药的前车之鉴，无论企业、商会还是政府都深知败诉后果。在医保商会的组织下，共有 20 多家知名跨国律师事务所参加了应诉会。

在美国反垄断、集体诉讼领域颇有名气的 Zelle Hofmann Voelbel & Mason LLP（以下简称"梅瑞所"）原本有机会进入原告阵营，但是出于对中国市场未来增长潜力的看好，此前在维生素垄断诉讼中代理原告的梅瑞所这次选择站到被告中国企业的阵营中——维 C 反垄断案显示出国际反垄断诉讼在中国出现商业机会的迹象，对律所而言，成为第一案的被告代理律师并留下好的印象，对于以后的业务履历和拓宽中国市场意义重大。

在金诚同达创始合伙人田予的努力下，金诚同达联手梅瑞所赢得了一次向四大维 C 企业进行案情分析的机会。梅瑞所合伙人丹尼尔·梅森（Daniel Mason）发挥了自己在集体诉讼领域经验丰富的优势，介绍了集体诉讼案件的特点和应对方法。沟通结束后没几天，石家庄制药便邀请田予面谈。田予带着两位同事从北京开车赶到石家庄后，见到了石药集团董事长蔡冬晨。蔡冬晨是石家庄制药针对这场关键诉讼选聘律师的最终面试官。

聊完案件特点、应诉策略后，面试进入尾声，蔡冬晨提出最后一个问题："田律师，如果官司打不赢，你有什么策略保证我们不失去美国市场？"这个问题令田予印象深刻，它不仅体现了蔡冬晨作为企业家面对挑战必须先人一步谋划的胆略，也道出了石家庄制药保住美国市场的强烈愿望。

一番沟通后，石家庄制药敲定金诚同达和梅瑞所为代理律所，另外三家被诉企业也聘请了规格相当的国内外顶级律所。各自敲定代理律所后，律所间签订了共同抗辩协议，正式开启了应诉的漫漫征程。

维C反垄断案的特点在于，这是一起集体诉讼案件。

美国现代集体诉讼制度起源于英国衡平法法院规则，是美国民事诉讼中的一项重要制度。目前，美国联邦集体诉讼制度的法律渊源主要是1996年的《联邦民事诉讼规则》第23条和2005年《集体诉讼公平法》。集体诉讼能够提高效率，降低诉讼成本，避免"同案不同判"，维护司法公平。更重要的是，集体诉讼为大众提供了一个遏制大公司违法行为的途径，因此从理论上来说能够遏制社会不法行为。

根据美国国内法，集体诉讼律师可以通过风险代理的方式收取费用。在集体诉讼中，由于涉案金额巨大，往往能为律师带来巨大的收益，因此律师会寻找各种机会提起大规模的诉讼以获取高额律师费。但是在判决结果出来之前，律师需要承担的前期成本、风险也较大。

基于集体诉讼的上述特点，针对维C反垄断案的特殊情况，中方律师团队决定从两方面着手准备。

首先，在程序上尽量拖延，以增加原告律师的成本投入。

在诉讼程序中，有一个必备程序为送达程序，即司法机关按照法定程序和方法将诉讼文书或法律文书送交收件人的程序。中国民事诉讼法将送达视为国家司法行为，不允许个人送达。除《海牙送达公约》规定的送达方式外，中国要求对来自域外的送达文书需通过外交方式送达，未经中华人民共和国主管机关准许，任何外国机关或者个人不得在中华人民共和国领域内送达文书。因可能损害中国的国家主权、安全、社会和公共利益，现行法律规定拒绝认可其他的送达方式。

维C反垄断案是在美国发起的，由于中美之间没有签署过送达协议，因此双方适用两国都加入的专门规定诉讼中送达规则的《海牙送达公约》。抓住这一点，被告律师死磕送达程序，有任何不符合《海牙送达公约》规定之处都要求打回去重新来，从而使送达程序持续了好几年。

参与了维C反垄断案前期工作的金诚同达合伙人彭俊解释，对于集体诉讼案，原告律师的前期工作往往是不收费的，就靠最后的赔偿分成获得报酬，所以，裁决结果出来前需要持续免费付出时间和精力。对律师而言，时间是最昂贵的成本，拖延的时间越长成本越高。因此，被告律师在合法规则内拖延程序，能够增加原告律师的压力；而且在诉讼结果出来前，企业的实际业务也不会受到影响。"这是策略的一部分，我方要耗，让对方耗不起。这个策略，有经验的律师会首先考虑，也符合常识。"

绝不妥协

其次，争取国家主权豁免。拖延程序是战术，而争取国家主权豁免则是核心战略，也是中方律师团队着手准备的另一方面。

在实体层面，鉴于2001年11月的行业会议有公开报道，且相关会议记录被原告律师掌握成为关键证据，四大维C生产商共同协定价格和产量的行为确实存在。向法庭陈述商会在中国对外贸易中的地位和特殊性，使法庭理解预核签章制度仍有政府意志的体现，将维C企业协同定价的行为纳入政府行为，再争取国家主权豁免，是胜率更高的选择。

国家主权豁免是一个专门的法律概念，指国家的行为和财产不受（或免受）他国立法、司法及行政的管辖。根据复旦大学法学院教授高凌云的研究，在美国，处理有关外国主权豁免的纠纷始于1812年的麦克法顿案。该案的首席大法官马歇尔认为，在美国法院提起的诉讼中，外国主权并没有固有的豁免权："一国在其领域内必然拥有排他和绝对的管辖权，不受任何非其自身施加的限制的影响。"然而，很多国家都在涉及外国官员和军队的案件中拒绝对外国主权行使管辖权。因此，美国联邦最高法院接受行政机关的建议，同意在麦克法顿案中作为礼让赋予外国主权以豁免权。1976年，美国国会出台了《外国主权豁免法》，试图解决该问题。该法把外国国家及其机构在联邦和州法院享受管辖权豁免规定为一项基本原则，同时也规定了诸多例外规则。①

---

① 高凌云. 2019/20美国联邦最高法院判例译述（36）——主权豁免：没有礼让，何来风度［EB/OL］.（2020-05-20）. https://mp.weixin.qq.com/s/07jVdEgp-ZRHrs5SziQxUQ.

虽然争取国家主权豁免同样存在不确定性，但对被诉"四大家族"而言，自古华山一条路，再艰险也得走。

争取主权豁免

国家主权豁免并不是随意就能获得的，有一个前提必须满足，即能够启动"法庭之友"程序。田予回忆，在最开始酝酿应诉策略时，能否启动"法庭之友"程序成为律师们考虑的重点。

"法庭之友"的历史非常悠久，最早可以追溯到罗马法，是指在诉讼案件中，没有直接法律利益的私人或团体，为了向法院说明其对该案件相关法律争议上的意见、澄清立法意旨、理清模糊的法律规定、通知法院关于案件事实的真实情况等目的，主动向法院提出书面报告，以协助法院更公正地做出裁决。

在维C反垄断案中，能否说服中国商务部出面成为"法庭之友"以争取美国法院适用"国际礼让"原则，是案件能否胜诉的关键。这也成为应诉初期律师团队、商会会商中国商务部条法司所做的最重要的工作。由于上文提及的两难境地，说服商务部出面当"法庭之友"并不是一件容易的事。经过反复争取，商务部最终同意启动"法庭之友"程序。

接下来的工作就是选择一个适合参与作证的证人提供"法庭之友"的证词。对于谁适合作证，有许多考虑。一位合适的证人要有公信力和说服力，要是研究中国外贸法和整个外贸体制演变过程的专家，需要讲清楚中国从计划经济向市场经济转型的过程中某些商协会具有一定行政职能这个复杂问题，并且上述证词与该证人此前的观点不能相左。

金诚同达合伙人杨晨回忆，一开始想请已经退休的中国商务部条法司前司长张玉卿。但是经过综合考量，律师团队意识到张玉卿曾在很多场合，如在美国商务部的案件中，发表过"中国已经是市场经济地位国家，政府从来不干涉企业的生产经营活动，企业都是独立自主的、自主经营，政府在出口环节、生产环节都不参与"等言论，再让其作证说明商协会在中国转型过程中的特殊性，容易被对方抓到攻击的薄弱点。

为了找到合适人选，中方律师做了大量背景调查，最后找到了对外经济贸易大学法学院前院长沈四宝作为证人，提供"法庭之友"的证词。对于这位关键证人，在进行证人排演的时候，代理了本案四家企业的美国律所合伙人悉数到场，重视程度不言而喻。

无论政府、商会还是企业，都为案件付出了大量精力。然而，在经历了美国多起反垄断诉讼、代理经验丰富的美国律所律师眼中，中国企业在维C反垄断案中的胜算并不大。

彼时仍在梅瑞所做合伙人并代理石家庄制药的侯江笑解释，在美国本土的反垄断诉讼中，大多数被告会选择和解。"因为被告即使愿意投入大量人力财力走到陪审团庭审阶段，仍然面临着巨大的不可预测的风险。陪审员都是随机抽选的普通公众，大多对反垄断和市场经济学没有任何概念，如果陪审团判定被告违法，赔偿的损失按照法律规定将自动乘三，这个数字通常是巨大的。"而且反垄断诉讼取证环节工作量非常大，通常要由专业公司进行电子采集文件，审阅、出具和整理文件需要一年以上的时间，还要准备十几位甚至二十几位证人做证人问询，这意味着就算付出了巨大的人力和财力，结果还是不可预测。

一般美国企业在案件进行到一定阶段都会进行测算，比如：案子进入庭审环节可能会花多少钱；对正常的商业运作会带来多大冲击；上市公司如何应对投资者的询问；如果庭审输了，陪审团在双方经济学家提供的损害推算之间认定赔付的数字有多大。把这些林林总总的因素考虑进来，基本上能够推算出诉讼过程中的支出成本，所以在案件进行过程中提前和解，彻底化解风险，通常是更为现实的选择。

经历了诸多反垄断洗礼的美国律师在面对诉讼时，能够基于现实考量做出及时止损的决定。但对中国企业而言，做出同样的决定却要艰难得多。

从事实层面看，四大维C生产商确实是在中国外贸体制改革的过渡期从事了协商定价的行为，但并非企业有意操控价格、损害消费者利益，而是遵从政府的要求和领导，因此未打先认输、走和解程序，企业从情感上很难接受。另外，从应诉层面看，为了帮助中国企业取得胜利，中国商务部、商会都在努力。在漫长的8年审理过程中，中国商务部曾三次以"法庭之友"身份出具正式书面声明以说明维C出口统一定价为政府行为，中国医保商会前官员、医保商会维生素C分会会长乔海利也曾出庭作证，争取国家主权豁免并非没有可能。在

绝不妥协

大家都往前冲的时候，企业更不能随意退缩。

因此，尽管律师团队每到案件关键节点都会建议客户考虑是否和解，但客户的态度一直都是坚决不和解。侯江笑回忆："客户的想法是原告就是没有理由，我们是按照国家制度行事的，而且还有政府的支持，所以一定要打。"

然而现实总是冰冷无情的，在经历了初期的团结一致、共同对外后，四家应诉企业陆续来到了选择的路口。

教训惨痛，亦有所得

经历了对程序的战术性拖延后，2007年前后，案件进入证据开示环节。

"证据开示"程序是美国诉讼中一个非常重要（通常耗资巨大、旷日持久）的环节，在这一程序阶段，诉讼双方和外部专家以及一些非诉讼方，都会主动或被要求向对手方披露与诉讼标的相关的文件和其他资料（例如证词）。如未能履行适用的证据开示要求，将会对其应诉带来严重的后果。一方如准备不足或缺乏经验，往往会为此耗费巨大人力物力，且招致美国法院的惩罚，包括丧失某些辩护权、被判支付相关开支，在极端情况下还会直接被判败诉。[①]

---

① John C.Tang Michael W.Vella Bart Green. "证据开示"程序——中国公司在美诉讼教训（二）[EB/OL]（2013-07-10）.https://opinion.caixin.com/m/2013-07-10/100554013.html.

维 C 反垄断案的证据开示十分激烈。金诚同达合伙人沈姿英回忆，其在 2007 年 12 月底陪同石家庄制药的证人进行过证据保全，专门的证据保全公司将石家庄制药共 18 位证人的电脑文件全部拷贝，对部分证人如生产计划部员工的电脑进行了部分拷贝，对公司邮箱和数据库信息进行了留存。而这仅是石家庄制药一家公司的证据开示工作中的一部分。

侯江笑介绍："关于取证的程序，最后在原告的要求下，在香港还专门补了一次问询，要求每个公司派一位证人到场，原告仔细地查问了各公司的取证程序企图找到漏洞。当时诉讼是非常激烈的。"

在激烈对抗的同时，原告也在探求和解的可能，对其而言，突破一家企业达成和解拿到赔偿金，能够充实原告律师团的"弹药库"。

2008 年，原告方主动找到石家庄制药提出和解，这是原告沟通的第一个和解对象。负责与客户沟通的杨晨回忆："我们猜测客户肯定不会同意的，在当时的情况下，政府商会都这么努力，企业怎么能往后退？"事实是，对于和解的提议，石家庄制药确实断然拒绝了。

从律师角度来看，杨晨认为，中国律师一开始对于反垄断诉讼的认识并没有那么深入和全面，随着在多个案件中与美国律师进行沟通合作，才逐渐知道影响案件胜诉的不确定因素太多了。但是在 2008 年，谁也不知道案件会往哪个方向走。

应诉同盟分裂的第一个节点是东北制药。由于东北制药所有的合同都有一个仲裁条款，据此被告律师团队提出动议，要把诉讼从法院移交到仲裁庭处理。根据东北制药仲裁条款的约定，负责仲裁的机构为中国国际经济贸易仲裁委员会，对此原告极力反对，双方在仲裁这个点上交手许久。最后，由于其他三家企业未能证明所有合同都有仲裁条款，律师团队预料原告会与东北制药在某一时间点达成和解，因为在仲裁条款的保护下，其损害数字会非常小。

应诉同盟分裂的第二个节点是江山制药。2011年，出于对美国市场商业布局的考虑，江山制药以1050万美元的代价与原告达成了和解。至此，被告阵营中只剩石家庄制药和河北维尔康及其母公司华北制药集团。2013年11月，诉讼进入决战——庭审环节。

在候江笑的记忆里，在开庭前几天双方开案陈词、证人作证的环节，中方局势尚可。但是到经济学专家作证时，情势似乎有些变化。

候江笑说：“我们都会盯着陪审团的脸看他们的反应。我们这边请的经济学专家是一位资深的经济学家，亚裔华人，沟通能力很强。原告找的是一个非常老牌的斯坦福大学兼职教授，他在早年的维生素诉讼案里就是原告的经济学专家。那个人给我们的第一感觉是非常傲慢，但不知道为什么，当时在现场看陪审团的表现，感觉他们比较信服原告的经济学家。陪审团没有什么经济学背景，搞不好就跟着自己的印象走，挑自己信服的经济学家，直接用他提供的数字，那个数字就会是一个天价的赔偿数字。”

专家证人作证环节结束后，第二天将进行结案陈词环节，在陪审团内部讨论达成一致后由法官宣布陪审团裁决结果。留给石家庄制药做决定的时间只剩一个晚上。对石家庄制药的管理层而言，此时接受和解虽然心有不甘，但不可预计的风险巨大，这已经是不得不做的选择。

经过多轮沟通，当天晚上，石家庄制药决定与原告协商。在案件庭审即将结束的几个小时前，双方达成了和解，和解金额为2250万美元。

而撑到最后的华北制药接受了一个最坏的结局：河北维尔康及其母公司华北制药集团，连带赔偿1.533亿美元。如此天价的赔偿金额足以将企业拖入万劫不复的深渊，华北制药唯有继续上诉才能逃出生天。

一审败诉后，华北制药向美国法院提起上诉。2016年9月，华北制药和维尔康公司二审胜诉，美国原告不服，向美国最高法院申请再审。2018年6月，美国最高法院再审裁决将案件发回原二审法院重审。2021年3月17日，原被告双方向法院提交法律控辩文书和意见建议，二审法院组织重新开庭。2021年8月10日，二审法院发布重审判决，撤销一审判决，退回案件并指令地区法院驳回原告起诉，且原告不得再次起诉。

至此，这场历时近17年的反垄断诉讼终于可以画上句号。侯江笑介绍，维C反垄断诉讼耗时之长，在美国反垄断案中可以排进前几位。

近17年时间、高额的诉讼费用、上千万美元的和解金、华北制药数年来奔波于美国法院之间的艰辛，在美国对中国发起的第一起反垄断诉讼中，中国企业付出的代价可谓惨重。这一切本可以避免，却由于各方相关国际法规意识的分歧，埋下了一颗定时炸弹。

教训虽然惨痛，但中方也并非一无所获。

绝不妥协

在长期供职于美国律所的侯江笑看来，维C反垄断案对于提高各方反垄断意识和能力的作用非常明显。梅瑞所刚刚加入案件的时候，中国还没有出台反垄断法，中国律师基本上不清楚这项业务。到2013年进行庭审时，中国已经有了自己的反垄断法，中方律师也已经有了比较成熟的反垄断专业知识和经验。

对于中国同行的飞速进步，侯江笑表示十分认同："2001年前后，跟国际接轨这一领域的业务，表现活跃的律所基本上是国外律所在中国的办公室，我后来再回国，看到中国律所能力已经非常强了，如果是国外的案子，基本上可以与国外律所的团队一起组队了。国内律师学习能力非常强，进步也非常快。杨律师（指杨晨）告诉我，现在在其他国家的反倾销案件中，基本上都是中国律师牵头负责案件策略和管理，外国律师提供必要的技术支持。在一些法律服务市场相对不成熟的国家，外国律师主要负责与调查机关的沟通。"中国律师与外国律师的地位已经发生质的变化。

更深的影响还潜藏在其他地方。

在深度参与该案的杨晨看来，维C反垄断案带来的启示是非常深刻的，如果想要融入国际社会，就要熟悉各种国际规则，不能为了规避一个可能的风险而踏入另一个泥潭中。这需要各方，包括政府、行业协会、企业以及专业人士，都学习国际规则、熟悉国际规则。

杨晨感叹："当时是为了支持企业走出来才实行预核签章制度，结果事与愿违，在实操中陷入这样进退两难的境地。相信参与这个案件的每个人，包括政府官员、行业专家、律师、学者，对这个案件都会有一定的感触。也就是说,我们现在融入了国际社会,对于我们的出口管理,要给别人讲一个怎样的故事,该扮演一个怎样的角色,是值得大家思考的。这个案件中有不少参与者在中国企业进出口管理工作中扮演着重要角色,我个人觉得,他们参与本案的所见所思,对后续中国产品在进出口管理方式上的变化,会有潜移默化的影响。"

2007 年 8 月 30 日,《中华人民共和国反垄断法》颁布,并于 2008 年 8 月 1 日正式实施。当年连反垄断法都没有的中国,如今已经成为与美国、欧盟并列的全球三大反垄断司法辖区之一。

中国国际化的历史进程,就这样在一次次挫败中实现了不断演进。

中篇

崛起之路

第五章　打不"死"的中国轮胎

美国挥舞大棒

2009年9月11日,经过近3个月的拉锯战,有关是否对中国轮胎采取特保措施的靴子终于落地。上任一年的美国总统奥巴马决定就美国对中国轮胎特殊保障措施案(以下简称"轮胎特保案")实施限制关税,为期3年。白宫在一份声明中表示,第一年对从中国进口的轮胎加征35%关税,第二年加征30%,第三年加征25%。

此时距离美国对中国非公路用轮胎征收反倾销、反补贴税只过去一年零一个月。这是在不到两年时间里中国轮胎产业遭遇的来自美国方面的第二记重击,而且打击对象已经从斜交轮胎向子午线轮胎扩展。美国对中国轮胎的防备和敌意已经毫不掩饰。

美国第一次对中国轮胎挥舞贸易救济大棒,是在2007年的对华非公路用轮胎反倾销反补贴案中。

2007年6月18日，美国帝坦公司（Titan Tire Corporation）和美国钢铁工人联合会向美国商务部和美国国际贸易委员会递交了申请书，要求对原产于中国的非公路用轮胎启动反倾销和反补贴调查。

时值美国通过铜版纸案打破对非市场经济国家不进行反补贴调查惯例的敏感时刻，非公路用轮胎"双反"案也陷入了反补贴调查的旋涡中。而美国在反补贴调查实地核查阶段的一项举动，更是引发了之后的一场诉讼大战。

2008年3月，美国商务部官员对贵州省政府和贵阳市政府的实地核查刚刚结束。在电梯里，一位年轻美国核查官员异常兴奋的状态引起了金诚同达合伙人、中国商务部代理律师徐铮的好奇。询问之后，这位官员告诉徐铮，因为马上可以回家了，所以开心。

这个回答令徐铮非常震惊，因为按照计划，结束对贵州的政府实地核查后，一行人将转至河北，对河北省政府及邢台市政府进行下一阶段的实地核查。而现在美国官员却表示要提前回国，此后的核查该如何进行？经过交涉，中方得到了美方的确定回复：因为对本案另外一家强制应诉企业河北兴茂轮胎有限公司（以下简称"河北兴茂"）提供的答卷数据存疑，所以美国商务部取消了对河北兴茂及相关政府的实地核查。

消息很快传到了河北兴茂。已经就核查做好全部准备、严阵以待的河北兴茂感到十分愤怒和不解。取消核查，意味着河北兴茂有极大可能被征收高额的反补贴税，对一家以出口美国市场为主的轮胎公司而言，这无异于灭顶之灾。

绝不妥协

尽管经过争取，美国商务部于3月底恢复了对河北兴茂的实地核查，但在该年7月发布的反补贴终裁中，河北兴茂被征收的反补贴税税率依然高达14%，为本案中税率最高的企业（其他中国公司的税率分别为：贵州轮胎股份有限公司2.45%，天津国际联合轮胎橡胶有限公司6.85%；其他企业5.62%）。

有趣的是，此时的河北兴茂其实是一家美国独资公司。河北兴茂前身是河北省最大的轮胎生产厂商河北轮胎有限责任公司，2003年其所生产的鲸鱼牌轮胎经国家质量监督检验检疫总局核准使用"原产地标记"证书，产品远销北美、南美、非洲、中东等的40多个国家和地区，年出口额在1500万美元以上。

2006年，美国老牌工业/特种轮胎企业GPX国际轮胎有限公司为了提高自身对产业上游的控制，收购了河北轮胎有限责任公司资产，改名为河北兴茂。在收购之前，河北轮胎已经为GPX供应了5年轮胎。GPX对河北兴茂寄予厚望，在收购之后的一年多里，其陆续投入2000万美元用于改造和升级工厂，同时将下属公司加拿大ITL实心胎厂的设备、模具和技术逐步投入河北兴茂，并在2008年关闭了ITL，将全部产能转移到河北兴茂。[①]

正准备借河北兴茂大展拳脚，却遭遇"双反"的当头一棒，GPX的不甘可想而知。而且，基于收购过程中的各项尽职调查，GPX十

---

① 司宁博.一个轮胎改变了美国对华反倾销反补贴态度［J］.工程机械与维修，2012，（1）：94.

分清楚河北兴茂并不存在补贴情况，美国商务部对非市场经济国家发起反补贴调查、粗暴地临时取消实地核查、不合理裁决高额反补贴税的做法引发了 GPX 的强烈不满。在 GPX 的支持下，河北兴茂瞄准此案中非市场经济国家是否可以发起反补贴调查的焦点问题，于 2008 年 9 月将美国商务部诉至美国国际贸易法院，中国商务部以"法庭之友"身份参与诉讼。

经过漫长的诉讼大战，2010 年 10 月 1 日，美国国际贸易法院做出最终判决，要求美国商务部在该判决最终生效后，停止对中国原告企业（即河北兴茂）的反补贴税令。这意味着河北兴茂在与美国商务部的拉锯战中大获全胜。然而遗憾的是，此时的胜利对于 GPX 和河北兴茂已经毫无意义：2009 年，GPX 由于无法负担高额的进口成本而申请破产。其后来被转售给瑞典特瑞堡集团有限公司，河北兴茂也被更名为特瑞堡轮胎工业（河北）有限公司。

河北兴茂及 GPX 的遭遇，是美国对华发起不公正"双反"调查，并对中国产业造成巨大打击的典型代表。

根据中国橡胶工业协会（以下简称"中橡协"）的数据统计，2007 年，我国工程轮胎主要生产企业产量约为 540 万条，全国产量约 600 万条。其中，主要轮胎企业出口约 256 万条，全国出口约 300 万条，而出口到美国的工程轮胎有 149 万条，约占出口轮胎总量的 50%。

彼时，中国出口到美国的非公路用轮胎利润并不高，天然橡胶等各种原辅材料及海运费的大幅增长则加重了企业成本负担，而加征的

"双反"税更是使轮胎出口的额外成本增加了30%，导致中国产品的竞争力大幅度下降，有些产品的价格甚至已超过申请方美国帝坦公司。

就在美国对华非公路用轮胎"双反"案的阴影尚未散去之时，对中国轮胎产生重大影响的轮胎特保案又登场了。

特保案雪上加霜

"特保"是"特定产品过渡性保障机制"和"特殊保障措施"的简称。

保障措施是指WTO成员在某一产品进口量激增并对其国内产业造成严重损害或严重损害威胁时，依据《1994年关税与贸易总协定》（GATT 1994）所采取的进口限制措施（例如进口数量限制或加征额外关税）。

而特殊保障措施是针对中国产品的一种歧视性的保障措施，来自1999年11月15日中美签署的关于中国加入WTO的双边协议。协议第13条规定：在中国加入WTO后的12年内，美国对中国产品可以使用特殊保障措施机制。此后，这一条款成为《中华人民共和国加入世界贸易组织议定书》第16条"特定产品过渡性保障机制"（即"特保条款"，据此采取的措施为"特保措施"）的内容。按照规定，特保措施于2013年12月11日自行终止。与一般保障措施适用于一国进口的所有被调查产品相比，特殊保障措施仅针对来自中国的被调查产品，其实施门槛较低。

2009年的轮胎特保案,源起于该年4月20日美国钢铁工人联合会向美国国际贸易委员会提出对中国产乘用车与轻型卡车轮胎展开特保调查的申请,其在诉状中指控进口数量快速增长的中国轮胎损害了当地轮胎工业的利益,若不对中国轮胎采取措施,到2009年年底还会有3000名美国工人失去工作。

在美国钢铁工人联合会提起申请两个月后,6月18日,美国国际贸易委员会发布委员投票结果新闻稿,认定产自中国的乘用车和轻型货车轮胎进口数量急剧增加,给美国国内同类产品或直接竞争产品的生产商造成市场扰乱或市场扰乱威胁。

根据相关程序,美国国际贸易委员会应在6月底向美国总统奥巴马提出贸易救济建议,奥巴马将在同年9月做出最后决定。

由于该案是奥巴马上任以后进行的第一起针对中国的特别保障措施调查(小布什政府时期的特保案件最后全部被小布什总统否决),奥巴马的最终裁决被普遍认为具有风向标意义,可能影响中美贸易关系未来几年的走向。①

6月29日,美国国际贸易委员会正式提出建议,对中国输美乘用车与轻型卡车轮胎连续3年分别加征55%、45%和35%的从价特别关税。消息传回中国,立即引发轩然大波——相关建议如果落地,中国轮胎产业将遭遇严峻挑战。

---

① 钱学锋.奥巴马不会轻易"扎破"中国轮胎[J].长三角,2009,(8):77.

根据公开数据，中国轮胎产量有 40% 以上用于出口，其中对美轮胎出口量约占中国轮胎出口总量的 1/4。如果特保措施生效，将直接导致中国出口至美国的轮胎数量削减一半以上。按照中国 2008 年的轮胎产量计算，将出现近 12% 的过剩产能，这意味着将有至少两万名中国轮胎工人面临下岗失业的困境。

金诚同达受中国商务部进出口公平贸易局委托，对美国国际贸易委员会的这一裁决及其救济措施初步建议开展了全面调研工作。调研结果显示，有 3 家企业表示可接受的最高特别关税加征幅度（即"容忍度"）为 0%，1 家企业的容忍度为 1%，4 家企业的容忍度为 4%~5%，只有 1 家的容忍度为 10%。在 7 月 6 日中橡协主办的轮胎特保案研讨会上，部分厂商表示，"特保"的不良影响已经开始显现，美国进口商要求工厂尽快向美出货，并对后续采购订单采取观望态度。

危机当前，中国轮胎产业特别组织了一支代表团赴美，实地游说并争取美国产业支持。美国当地时间 2009 年 8 月 3 日晚 7 点多，由包括佳通、中策、风神在内的 6 家中国轮胎企业代表和五矿商会、中橡协组成的游说团抵达美国华盛顿。

8 月 5 日上午 9 时 30 分，代表团于华盛顿召开新闻发布会，向外界传达了一个重要事实：美国轮胎工人失业实质上是美国轮胎企业进行产业转移行动的结果。这只是这支代表团在美国诸多行程中的一个环节，他们需要在 4 天内密集拜访美国财政部、劳工部、国务院以及美国贸易代表办公室，并参加 8 月 7 日的听证会，试图影响 9 月 4 日美国贸易代表办公室向奥巴马提供的建议。除代表团外，中国政府也与美国政府进行了多个层面的磋商，希望为中国轮胎产业争取最好的结果。

虽然中国政府、产业、协会出动了多方力量试图为中国轮胎产业正名，却并未改变结局。9月11日，奥巴马决定对中国轮胎特保案实施为期3年的限制关税，成为中国遭遇的第一个被征税的特保措施案。

美国政府之所以对中国轮胎挥舞贸易救济调查的大棒，源于美国正遭遇2008年次贷危机，金融危机的影响似推倒多米诺骨牌般扩展和散布，美国汽车产业受到严重冲击，相关产业工人大批失业，这批工人大多属于美国钢铁工人联合会。

由于接连对中国轮胎提起贸易救济调查的美国钢铁工人联合会在政治上支持美国民主党，是民主党参政当选的重要票仓，而美国攀升的失业率对刚上台的奥巴马形成的压力越来越大，为了安抚身后的支持者，中国轮胎成为这场美国国内政治交换的筹码。

与2007年的非公路用轮胎不同，轮胎特保案瞄准的是乘用车与轻型卡车轮胎，此类轮胎在中国的生产多数已经子午线化。

根据胎体帘线的角度不同，轮胎可大体分为子午线轮胎和斜交轮胎两大类。子午线轮胎帘布层像子午线一样垂直交叉排列，斜交轮胎相邻两层的帘布经线相互倾斜交叉。与斜交轮胎相比，子午线轮胎有使用寿命长、滚动阻力小、附着性能好、胎温低散热快等优势。

子午线轮胎由法国轮胎巨头米其林于20世纪40年代末发明并实现工业化生产。子午线轮胎的出现，被视作轮胎工业中的一场革命，成为汽车轮胎发展的新方向。而在新中国成立后很长一段时间内，国内轮胎产业并不掌握子午线轮胎的生产技术和工艺,斜交轮胎成为我国轮胎产业的主角。

中国攻克子午线轮胎生产工业化的过程,也是国内轮胎产业做大做强的过程。美国对子午线轮胎的打压,不仅意味着打击面继续扩大,还给正处于上升通道的中国轮胎带来额外压力。

能否度过此次危机,将决定中国轮胎是凤凰涅槃,还是一蹶不振。

后来居上的中国轮胎

轮胎看上去是个不起眼儿的汽车配件,实际上有很高的技术含量。

耐磨性、抗湿滑性、滚动阻力被称为轮胎的魔鬼三角,配方、结构、工艺共同决定了一款轮胎的性能高低。

在橡胶行业有近30年从业经历的中国橡胶工业协会会长徐文英介绍:"轮胎产业属于非常复杂的制造业,是资金密集型、技术密集型产业,它的工序不比生产汽车少。轮胎是高分子弹性体,是几十种原料调出的配方在一起经过化学反应生产出来的。不同的轮胎有不同的配方,光配方就有上千种。除了配方,轮胎结构也千变万化。不懂轮胎的人感觉生产轮胎就像蒸馒头一样,一压、一蒸,熟了就出来了,其实轮胎生产过程技术含量非常高。有位轮胎企业的老总是从汽车行业调来的,刚接手工作时他就感慨'真不知道做轮胎这么复杂',要有非常多的技术研发人员,还要有非常多的资金投入。"

轮胎涉及的产业链也非常长：上游包括天然胶、合成胶、炭黑、橡胶助剂、钢帘线等原料；生产过程的各环节涉及不同的轮胎制造装备；下游为市场应用环节，主要分为原配轮胎（车辆原厂配备的轮胎）和替换轮胎两大市场。

轮胎产业的发展与汽车行业休戚相关，对一个国家而言也有战略意义，因为航空、军事等领域都离不开橡胶产业。因此，发展轮胎产业不仅有重要的社会经济价值，也有重要的政治战略意义。

让美国产生危机的中国轮胎，几乎是在一穷二白的基础上发展起来的。

中国橡胶工业始于1915年，最早的一家橡胶厂出现在广州，主要生产胶鞋底。中国第一条轮胎于1934年在上海试制，1949年全国轮胎产量为2.6万条，仅能生产有限的10个规格。在新中国成立的最初15年中，中国轮胎工业发展缓慢。

20世纪60年代初，上海大中华橡胶厂开始研制全钢丝载重子午线轮胎；桦林橡胶厂开始研制全钢丝活胎面载重子午线轮胎，后转入研制全钢丝载重子午线轮胎；青岛第二橡胶厂开始研制半钢丝子午线轮胎。从时间上看，我国研制子午线轮胎起步早于美国和日本，但由于技术不完善、装备水平低，致使我国子午线轮胎技术徘徊了20多年，发展迟缓。

尽管如此，这一阶段我国轮胎产业在子午线轮胎的研制、生产和使用等方面还是积累了不少经验，为今后发展我国的子午线轮胎事业奠定了基础。

改革开放后，国家十分重视子午线轮胎的发展。1984年首先批准了桦林橡胶厂和辽宁轮胎厂分别从意大利倍耐力和英国邓录普引进两条子午线轮胎生产线和关键设备，两条生产线于1989年相继投产。"七五"期间，国家批准了上海大中华橡胶厂、青岛第二橡胶厂、北京轮胎厂等7个子午线轮胎引进项目。"八五"期间，又批准了山东轮胎厂等12个子午线轮胎建设和技改项目。随着国家经济的腾飞，我国子午线轮胎工业飞速发展，从而大大加快了我国以子午线轮胎取代斜交轮胎的步伐。

2000年以后，子午线轮胎的优越性普遍被大众所认知，一批轮胎制造商开始投入巨资兴建子午线轮胎厂，特别是山东，在短短6年内，新增子午线轮胎生产企业十几家，到2007年生产规模均超过了100万套。

我国轮胎市场具有鲜明的特色。从企业构成看，国有控股（含混合所有制）企业约占20%，民营企业约占45%，外资企业约占35%；从产品结构看，2020年内资企业全钢、半钢子午线轮胎两部分占比分别约为54%和46%。生产的轮胎品种有载重轮胎、轻型载重轮胎、乘用车轮胎、农用轮胎、工程轮胎和工业轮胎等，规格有2500种以上，可基本满足国内外用户的需要。

经过多年发展，如今中国已是轮胎生产大国，轮胎产量约占世界轮胎总产量的1/3。同时中国也是轮胎消费和出口大国、世界最大的轮胎产销和集散中心，以及世界橡胶材料消费大国。

山东、江苏、浙江和贵州逐渐成长为全球重要的轮胎生产基地。

以山东为例，山东省政府对轮胎产业倾力扶持，发达的工程机械和载重汽车制造业为山东轮胎企业输送了大量订单，青岛科技大学也为行业输送了大量人才。产品线从最初的非公路用斜交轮胎，拓展到乘用车轻卡车子午线轮胎、卡客车轮胎，产品线愈加丰富，行业子午线化率不断提升，技术水平也水涨船高。

同时，轮胎产业结构持续优化，建立了橡胶、炭黑、骨架等新材料和新装备相互衔接配套的轮胎工业体系。① 例如，20 世纪 90 年代，中国不能生产的子午线轮胎所需关键原材料钢帘线，需依赖国外公司如贝卡尔特，价格高昂，每吨 15 万元。随着 1992 年进入钢帘线行业的江苏兴达等本土公司的崛起，国内钢帘线产业的空白很快被填补，钢帘线的价格也降到了每吨 3 万元。

近 10 年来，中国轮胎行业的发展历程大致分为三个阶段。第一阶段是 1999—2000 年，由于产能过剩，中国轮胎产业呈现出全行业亏损局面；第二阶段是 2001—2005 年，随着国家宏观经济持续向好，特别是国内汽车工业产量大幅增长以及轮胎出口强劲增加，中国轮胎行业快速复苏，营业收入和利润总额都保持了较快的增长速度；第三阶段是 2006 年至今，中国轮胎产业规模继续壮大。

美国在全球轮胎产业中一直处于领先地位，但在"十一五"和"十二五"期间，中国轮胎行业随着整个中国经济的高速发展而迅速

---

① 中国橡胶工业协会轮胎分会秘书处. 面对市场严峻考验轮胎行业怎么办？[J]. 中国橡胶，2018,（11）：13-17.

壮大，尤其汽车工业的高速发展对轮胎行业起了重要的带动作用。2005年我国轮胎产量达到2.5亿条，超过美国的2.28亿条，此后14年一直保持着全球轮胎产量第一的优势。从2011年到2019年，中国轮胎产量从4.56亿条增长至6.52亿条。

从一条二手生产线开始，历经几十年的发展，到21世纪头10年，中国已经呈现出成为轮胎大国、强国的发展势头。

在特保案发生的2009年，中国轮胎产业已经在世界上占有举足轻重的地位。原化工部橡胶司副司长、教授级高工于清溪曾介绍，2009年前后，橡胶工业GDP（国内生产总值）已占到全国的1.5%，成为38个制造业中的重要一员。全国有大小600余家轮胎企业，产能达到6亿~7亿条，占世界的40%。作为单一工厂的生产，已有10家以上达到世界级工厂规模。轮胎出口大幅增长，已占到国内生产量的45%，国际轮胎市场的1/5。出口量达2亿条以上，金额超过70亿美元，远销世界200个国家和地区，成为全球第一大生产和出口国。[①]

国外轮胎企业原本只是想将废旧过时的生产线卖给中国赚取利润，未曾想中国人却用自己的聪明才智和汗水，慢慢发展壮大，形成了领先全球的产能。逐渐崛起的中国轮胎刺痛了一些既得利益者的神经，于是选择挥舞贸易救济大棒，试图压制正在慢慢崛起的中国轮胎产业。

---

① 于清溪.腾飞的新中国轮胎工业60年（下）[J].橡塑技术与装备，2009，35（12）：10-20.

第五章 打不"死"的中国轮胎

2005年,土耳其、南非、印度陆续对中国轮胎发起贸易救济调查。2007年,美国对中国非公路用轮胎发起反补贴调查,此时,遭遇贸易壁垒的中国轮胎还主要集中在斜交轮胎上。2009年的轮胎特保案将打击对象扩大到乘用车与轻型卡车轮胎,这意味着刚刚实现子午线轮胎工业化的中国轮胎,遭遇了来自最大海外市场的强力压制。

参与了轮胎特保案听证会的徐文英回忆,在特保案结果出来后,有人安慰自己:"你不要太伤心,一般对行业'双反'的时候,就说明这个行业快强大起来了。因为如果行业太弱小,根本不是对手,都不用'双反'。"

正在向上走之时却遭遇如此重挫,中国轮胎能否突出重围?

除了向前,别无选择

轮胎特保案落定的消息传来后,金诚同达合伙人符欣情绪十分低落。作为参与过中国轮胎产业贸易救济调查案件的律师,符欣深知美国市场对中国轮胎产业的重要性。此次美国对中国轮胎连续加征3年关税,可能会把中国轮胎产业逼上绝路,"我担心中国轮胎会完蛋"。

轮胎特保案对中国轮胎产业的影响确实是巨大的。

公开信息显示,2009年美国从中国进口乘用车子午线轮胎共4300万条,而在实施特保措施之后,输美乘用车子午线轮胎数量在2010年和2011年分别降至3100万条和2730万条,平均降幅高达

18%。① 以轮胎出口大省、年均出口量在全国排名第二的浙江为例，海关统计显示，2008年特保实施前，浙江对美出口轮胎货值2.5亿美元，此后3年出口货值分别为2.0亿美元、1.4亿美元和1.3亿美元。②

山东永泰橡胶有限公司总经理尤晓明反映，特保案落地后，公司的美国订单急剧下降，利润空间也非常小。山东三角轮胎股份有限公司国际市场服务处处长孙树民则表示，特保案后，三角轮胎公司对美国的轮胎出口量已经从此前的月均30多万条降到了10多万条。③

美国轮胎特保案还引发了连锁反应，陆续有印度、阿根廷对我国轮胎发起特保调查，导致我国轮胎出口市场面临有史以来最危险的局面。

面对特保带来的压力，中国轮胎除了不断提升自身的竞争水平，没有别的路可走。

由于中国汽车工业发展相对滞后，全球原配轮胎市场仍主要被米其林、固特异、普利司通等国外巨头占据。彼时的中国轮胎产业大而不强，轮胎产品品牌影响力弱，产品主要瞄准对品牌要求不高、价格敏感的替换轮胎市场，利润微薄。

根据2005年全球轮胎市场调研结果，以金额计算，全球轮胎市场约75%的消费来自替换轮胎，特别是美国市场，其非公路用轮胎替换需求占比高达77.6%。中国的卡客车轮胎凭着实打实的质量和更

---

① 刘方池，吴亚.美国对中国轮胎出口实施四次"双反"措施的影响与出路［J］.对外经贸实务，2016，（7）：43-46.
② 黄霞.美国对华轮胎特保案［J］.汽车纵横，2013，（3）：98.
③ 宦璐.特保案转机渺茫 轮胎业结构调整迫在眉睫［N］.上海证券报，2010-01-22.

低的价格占据了美国中低档替换轮胎市场。2004—2007年，中国对美国轮胎的出口量增长了3倍。

但国内轮胎行业小企业偏多，低端产能过剩，产品同质化问题普遍存在，企业各自为战，开拓市场惯用降价手段，恶性竞争从国内延伸到国外。

对于这些问题，业内人士并非没有意识到。

轮胎特保案落定后，时任中橡协会长范仁德曾多次呼吁行业应尽快调整产业结构，包括调整增长方式、产品结构、市场结构等，从过分依赖出口，调整为以国内市场为主。国外市场要多元化，从稳定美、欧、日等传统市场，到扩大非洲、南美、东欧、中东、东盟等新兴市场。[①]

面对问题，轮胎企业、地方政府等都采取了实际行动。

提升内部管理能力、降低成本，是中国轮胎企业面对危机的第一选择。在外部压力的推动下，中国轮胎企业开始投入巨大资金和精力发展自动化解决方案、智能化生产，诸如橡胶轮胎搬运机器人及智能化输送系统等应用，提高了国内轮胎产业的自动化、智能化水平。双星集团副总经理李勇在介绍该公司新项目时称："通过工业机器人自动运作，新建生产线将节省1/3的人力。"[②] 虽是为应对外部危机，但这些投入促使中国轮胎缩小了与国外轮胎巨头在管理和智能化生产方

---

① 范仁德.关于危机过后中国橡胶工业发展的思考[J].中国橡胶，2009,(19)：10-13.
② 机器人助推国内橡胶轮胎行业逐渐走向智能化[EB/OL].(2014-09-16)[2021-09-15].http://www.21rubber.com/news/5406.html.

绝不妥协

面的差距，奠定了中国轮胎做大做强的基础。

徐文英认为，"特保案把我们的士气给逼出来了"，因为"加征35%的税，如果一点都不能出口，企业怎么办？中国轮胎企业当时的内部管理跟现在有较大差距，只要管理稍微精细一点儿，就能降低10%的成本，如果进口商再承担一点儿，出口还是有希望的。所以面对'双反'，企业挖潜的决心和动力非常大，大家就扩产、改产，多生产一些高附加值的产品出口，力保美国市场不要全部丢掉"。

与改产同步进行的是扩产。此时的扩产不是如以前一样的盲目扩张，而是通过集团化发展道路，淘汰小型或落后产能。

彼时的数据显示，截至2009年年底，国内有一定生产规模的轮胎厂有500多家，其中年产量超过150万条的企业约40家。而美国有46家轮胎厂，平均生产规模440万条；日本有25家厂，平均生产规模450万条；德国有15家厂，平均生产规模310万条，并且基本都是子午线轮胎，产业集中度高。[①]

与发达国家相比，规模小、效益差的生产商占据国内产业主流，这导致国内轮胎行业对科研开发、品牌建设的投入和动力都不足，进一步限制了产业发展。行业整合、升级势在必行。

为了推动行业升级，中国政府和行业进行了大刀阔斧的改革。以山东省政府为例，2016年，山东关闭、转产了558家不合格化工企业，

---

① 张琛. 中国轮胎工业面临的困难及国有轮胎企业应对初探［J］. 经济视角，2009，（23）：70-71.

第五章　打不"死"的中国轮胎

全省通过整顿仅保留不超过75家综合性园区和10家专业性园区，未入园的企业将在扩建、新建和环评等方面处处受限。山东省在文件中明确表示，轮胎行业要进一步提高子午化率和产业集中度，逐步减少斜交轮胎产量。同时还指出，省政府将重点关注销售收入过100亿元的企业集团，扶持重点企业进入世界轮胎企业前10强。

据中橡协轮胎分会统计数据，2017年全国共淘汰落后产能斜交轮胎730万条，普通型子午线轮胎1800万条，其中全钢胎1000万条，半钢胎800万条。

在特保案之前，国内轮胎行业以横向并购、扩大规模为主。在特保案之后，国内轮胎企业掀起了一股纵向并购潮，在扩大规模的同时完善产业链布局。

2012年，赛轮股份收购沈阳和平轮胎，拉开行业洗牌序幕。第二年，双钱集团通过股权合作项目增资和收购方式获得并持有新疆昆仑轮胎有限公司51%的股权，规模持续扩大。

行业的纵向布局也在推进。例如，赛轮分别于2012收购英国经销商Kings Road Tires Group Limited，2014年收购山东金宇轮胎有限公司半钢轮胎资产以及福锐特橡胶、国马集团股权、泰华罗勇橡胶加工厂；双钱集团于2011年收购华泰橡胶有限公司；中化集团与海南农垦于2012年11月签署协议实施产业重组，海南农垦将为中化集团橡胶轮胎产业年需求20万吨天然橡胶提供重要保障。

收购、重组、兼并、整合此后成为中国轮胎行业的关键词。2015年，中国化工集团收购了世界轮胎排名第5位、年产8000万条轮胎的意大利倍耐力公司，提高了产品附加值，推动了相关技术转移落地；2018年，青岛双星集团收购世界轮胎排名第14位、年产轮胎6000万条的韩国锦湖轮胎后，总规模触及世界前10的门槛。

直至现在，行业整合浪潮仍在继续。这一系列动作让中国轮胎产业的头部集聚效应进一步显现。取得规模优势后，头部企业有了更大的自由度和决心为长期发展做更大投入。

伴随整合进行的是资本化运作。2016年，轮胎企业迎来上市潮，玲珑轮胎、三角轮胎、通用股份在上海证券交易所上市，南京宁轮轮胎股份有限公司成为首家登陆新三板的轮胎代理商。上市轮胎企业募集的资金均投向行业高端产品项目，橡胶企业借助资本平台做大做强的决心已经显露。

练内功、整合、上市，一系列组合拳提升了中国轮胎产业的竞争力。而在愈演愈烈的国际贸易救济调查带来的巨大压力下，中国轮胎还是迈出了走出去的步伐。

赛轮是我国第一个在国外建厂的轮胎企业，其越南工厂在2013年建成投产。第二年，玲珑轮胎泰国子公司第一条高性能半钢子午线轮胎成功下线；2015年5月全钢子午线轮胎项目投产，成为中国第一个在泰国建设轮胎生产厂的企业。之后，中国轮胎企业走出去的步伐不断加速，在全球遍地开花。

国内汽车市场的持续发展也为轮胎产业提供了保障。2012—2019年，我国汽车保有量逐年增长，年复合增长率接近12%；2020年国内汽车保有量达到2.81亿辆，同比增长8.1%，单以量估算，国内轮胎市场空间在 2000 亿元以上。①

经历了轮胎特保案带来的沮丧之后，中国轮胎越挫越勇，不仅渡过了危机，甚至更上一层楼，开始向中高端市场发起冲锋。

据统计，全球 75 强轮胎企业中，中国大陆企业销售额占全球的比例由 2002 年的不足 5%，提升至 2019 年的超 14%。与此同时，全球前八轮胎巨头市场占有率不断下降，其中，普利司通、米其林、固特异三大巨头市场占有率下降最为明显。②

曾经担忧中国轮胎会完蛋的符欣由衷赞叹："经过这几年的发展，中国轮胎越打越坚强。"

中国轮胎没有被美国的贸易壁垒打倒，反倒越挫越勇，这显然不是海外玩家乐见的。面对此情此景，美国产业选择了继续挥舞贸易救济的大棒。

突破封锁

"3∶2，我们胜利了！"

2017 年 2 月 23 日凌晨，金诚同达合伙人杨晨在轮胎行业企业微信群里发出了这条消息。看到这个令人振奋的消息，一直在微信群里

---

① 乐晴智库. 轮胎产业：全球万亿级大赛道［EB/OL］.［2021-05-26］. https://baijiahao.baidu.com/s?id=1700784912102763568&wfr=spider&for=pc.
② 李永磊，董伯骏. 化工行业轮胎深度之十三：中国轮胎行业的投资机会［R/OL］.（2021-06-08）. http://www.huitouyan.com/doc-5569b4dad7759133e44a697b6c8f152b.html.

等待裁决结果并不时聊上两句的轮胎企业突然间有些不可思议地沉默了,第一个打破沉默的企业代表的回复是"消息可靠吗?"。

轮胎企业之所以有如此反应,实在是因为胜利来得太不容易。

杨晨回忆:"投票的过程类似射点球,第一名委员把票投给了美国原告,第二名委员把票投给了中国产业,第三票又投给了美国原告,第四票给了中国产业,直到第五票才分出胜负。当我把投票结果发到轮胎企业的微信群里时,得到的第一个反应是'消息可靠吗?',当我用100%确定的语气给予肯定性回复后,整个微信群沸腾了。"

如此激动人心的场面,源自2016年的卡客车轮胎"双反"案。

2016年2月18日,美国商务部应美国钢铁工人联合会申请,对中国卡客车轮胎发起"双反"调查。3月11日,美国国际贸易委员会发布公告,对中国卡客车轮胎做出反倾销和反补贴产业损害肯定性初裁,裁定中国卡客车轮胎对美国国内产业造成实质性损害,形势非常不乐观。

卡客车轮胎是中国轮胎企业的拳头产品,而美国又是其最为重要的出口市场。2015年中国出口美国卡客车轮胎有59万条,占中国该类轮胎总出口量的19%。若最终对我国卡客车轮胎征收高额的"双反"惩罚性关税,无疑会彻底关上中国轮胎进入美国市场的大门,加剧恶化我国轮胎产业生存环境。同时,由于卡客车轮胎对天然橡胶需求庞大,美国发起"双反"必将影响天然橡胶价格,阻碍天然橡胶市场的发展。[1]

---

[1] 刘方池,吴亚.美国对中国轮胎出口实施四次"双反"措施的影响与出路[J].对外经贸实务,2016,(7):43-46.

2016年的卡客车轮胎"双反"案是美国自2007年对中国非公路用轮胎发起"双反"案后，对中国轮胎发起的第四起贸易救济调查案件。在层出不穷的调查下，美国对中国轮胎的贸易壁垒已经由最初的斜交卡车胎，扩展到轿车子午线轮胎、子午线卡车胎、轻卡子午线轮胎等，涵盖中国轮胎对美出口的全部品类。

一旦卡客车轮胎也被畸高的反倾销和反补贴税率挡在美国市场之外，中国轮胎的出口将遭遇严峻挑战。

有2009年轮胎特保案的教训在前，此时的中国轮胎产业对国际贸易救济调查的概念、程序已经十分明晰。

负责美国反倾销调查的两个主管机构美国商务部和美国国际贸易委员会相互制衡，如果美国国际贸易委员会就行业损害做出否定性裁决，将无措施结案。美国国际贸易委员会是美国国内独立的、非党派性质的、准司法的联邦机构，其前身为1916年创建的美国关税委员会。作为案件调查的重要环节，美国国际贸易委员会听证会上各利害关系方的陈述将成为委员裁决的重要依据。

基于此前经验，在充满歧视的规则之下，中国企业很难争取到理想的反倾销和反补贴税率，争取美国国际贸易委员会做出无损害裁决是赢得胜利的更有效途径。而要让美国国际贸易委员会做出有利裁决，美国本土产业和消费者的支持至关重要。经历过轮胎特保案的徐文英深知这一点，为应对卡客车轮胎"双反"案，中橡协在短时间内准备了上千页的英文材料，两次组团赴美寻求行业同盟的支持。

徐文英回忆："我们到了美国，一家又一家地去拜访中国在美国的独立进口经销商，希望他们出庭作证。记得见的第一家美国进口经销商因为河北兴茂的原因，说中国不可能赢，我说赢不赢由美国国际贸易委员会来裁决，但是我们协会的任务是要尽全力。经过不断的努力和拜访，最终有几家美国进口经销商答应出庭发言。看到我们这样辛勤努力地工作，美国的律师也备受鼓舞，感觉我们的工作效果突出，而且也非常尊重我们，他们感觉我们是一个努力拼搏、为行业谋福利的协会组织。在召开听证会之前，每个人都试着演练，拿秒表掐时间，因为证人发言有时间限制。原来我们都不知道这些，现在我们知道了，就要让听证会的发言申诉尽善尽美。事实上，经过反复的沟通和演习，听证会上的发言效果大不一样。"

除了尽最大努力争取美国产业支持，在2016年的卡客车轮胎"双反"案中，协调和组织企业应诉的中橡协还听取了代理律所金诚同达的建议，花大价钱聘请了经济学家参与美国国际贸易委员会的听证会。

"花上百万请的独立经济学家做调研、出报告、做经济模型，为我们作证中国轮胎没有对美国产业造成损害，讲得有理有据。那时候我们的工资一年也才几万元，花这么多钱请经济学家需要有充分的胆识才能舍得，而这些决策意识都是在一个个案子中磨炼出来的。"徐文英介绍。

2017年1月24日，美国国际贸易委员会关于卡客车轮胎"双反"案的听证会正式举行，山东和浙江的商务部门、东营市政府、五矿商会、中橡协等相关政府和行业组织悉数派员到现场参会，中国企业代表也坐满了会场。上午的时间属于美国起诉方，在律师进行基本的观点陈述后，案件申请方美国钢铁工人联合会请了一些参议员、众议员入场作证，之后组织工人代表发言，最后是经济学家对产业损害问题的分析阐述。

到了下午，听证会进入中国应诉方的反击时间。在美国律师、中国律师发言完毕后，中国方面组织了轮胎产业代表、经济学家、美国当地进口商、在当地轮胎厂工作过的销售人员和管理人员出庭作证，力证中国出口卡客车轮胎没有对美国产业造成损害或损害威胁。

听证会整整开了一天，听证会结束后，美国国际贸易委员会将在一个月后做出最终裁决。美国国际贸易委员会的最高领导机构是由6名委员组成的执行委员会，委员均由总统任命，经过参议院审议通过，任期为9年。6名委员以投票方式决定案件结果，3∶3视为有损害的肯定性裁决，中国企业要获得胜诉，通常需要获得4票的支持。当时，美国国际贸易委员会仅有5名委员在任，中国企业要获得胜诉，需要获得3票支持。

投票在华盛顿时间2月22日上午11点、北京时间深夜举行。当最后一名委员将票投给中国产业时，涉案各方悬着的心终于放下，胜利的喜悦在沸腾的微信群里传递。

2016年卡客车轮胎"双反"案的胜利，是中国轮胎产业在正面战场第一次突破了美国的贸易救济封锁。这来之不易的胜利，是各方努力的结果。

在正面迎战美国贸易壁垒的同时，为了维护发展成果，中国轮胎产业也同步进行了二次跋涉。

绝不妥协

成长的烦恼

国外产业对中国轮胎愈演愈烈的围追堵截,迫使中国企业加速走出去。

自 2013 年赛轮第一个吃螃蟹,在越南建厂投产后,中国轮胎企业的海外布局愈加广泛。2015 年,行业掀起出海小高潮,这一年,中策橡胶泰国工厂第一条乘用车子午线轮胎下线,到 2018 年 9 月 24 日,第一条全钢工程胎成功下线,3 年时间,中策橡胶泰国工厂已经发展成为大规模现代化工厂。同样是在 2015 年,森麒麟轮胎首个海外轮胎厂于泰国立盛工业园建成投产,双星拟在哈萨克斯坦建生产基地。

此后,赛轮在越南的投入持续加大,其与固铂公司成立的合资公司 ACTR 轮胎公司在越南西宁省开业,越南工厂 300 万条乘用车子午线轮胎扩产项目首条半钢胎正式下线。玲珑除泰国工厂外,还于 2018 年公布 9.9 亿美元投资计划,以智能化生产线标准在塞尔维亚建设年产 1362 万条高性能子午线轮胎工厂,并于 2019 年 3 月正式开工;此外还与乌兹别克斯坦橡胶制品厂签约,继续为该厂二期项目提供技术支持。

除了"一带一路"沿线国家,中国轮胎企业还把目光投向了美国和欧盟。三角轮胎拟在美国北卡罗来纳州建设年产 600 万条子午线轮胎的"智慧工厂"。森麒麟正加快推进在欧洲建设轮胎智能制造基地的计划。

此外,兴达、圣奥化学等产业链上游原料供应商也在海外落地开花,与中国轮胎出海相辅相成,在海外打造中国轮胎产业集群。

然而,美国的贸易救济大棒也紧接着中国轮胎走出去而来。

2020年6月23日,美国宣布对来自韩国、泰国、越南、中国台湾的乘用车和轻型卡车轮胎产品发起反倾销调查(针对越南还有反补贴调查)。美国此举看似未针对中国轮胎产业,但鉴于中国轮胎企业在海外开设大量工厂,对泰国和越南的贸易救济调查涉及赛轮、浦林成山、玲珑等多家中国轮胎企业在当地的工厂,所以实际打击对象依然是中国轮胎产业。

以赛轮为例,根据其公开披露的信息,2017年至2020年9月末,赛轮越南工厂生产乘用车和轻卡车轮胎出口至美国的销售收入,占赛轮越南销往美国全部轮胎产品收入的比例为81.20%、77.74%、69.50%和63.25%,占赛轮公司当期轮胎产品总收入的比例为18.28%、16.96%、17.64%和18.03%。赛轮在2020年12月回复证监会问询时表示:"若美国最终决定对越南乘用车和轻卡车轮胎额外征税,公司未来的生产经营和业绩将受到不利影响。"

中橡协将此次案件视为贸易摩擦影响由国内扩大到国外的标志性事件,充分揭示了中国轮胎企业走出去潜藏的风险。新的风险露出水面,意味着中国轮胎产业需要再次进化。

在此次案件中,赛轮积极投入,并获得了理想结果。2021年5月24日,美国商务部公布最终裁定反倾销税率分别为:泰国14.62%~21.09%,韩国14.72%~27.05%,越南0%~22.27%,中国台湾地区20.04%~101.84%;反补贴税率为:越南6.23%~7.89%。其中赛轮反倾销税率为0%，反补贴税率为6.23%，是四个地区中综合税率最低的企业。根据上述裁定结果，赛轮越南公司税率与其他涉案国家和地区轮胎企业相比具有明显优势。

但即便取得了理想结果的赛轮，依然在2021年半年度董事会经营评述中表示，"后期若公司产品的其他主要进口国也设置贸易壁垒，则仍会对公司产品出口产生不利影响。为更有效地应对国际贸易壁垒，公司报告期内启动了柬埔寨生产工厂的建设"。

赛轮的担忧并非杞人忧天，随着中国企业的国际化程度越来越高，其所遭遇的贸易救济调查也愈加复杂。

除了传统反倾销和反补贴调查，近年来，针对中国企业的反规避和反欺诈调查也逐渐增多。所谓反规避调查，是指实施反倾销措施的国家针对反倾销中的规避行为所采取的反规避调查，欧盟称之为反欺诈调查。

对于何为规避，美国制定了一套非常复杂的规则，针对四大类规避产品发起调查，包括在美国装配或完成的产品、在第三国组装的产品、被细微改变的产品和后期开发的产品。此外，依据美国《1930年关税法》第304条，美国海关应对所有进口货物的原产地进行判定。海关必须根据原产地规则来确定进口货物的原产国，给货物以相应的关税待遇。

在美国，2015年以前，依据《1930年关税法》第781节和美国联邦法规19 CFR 351.225条关于Scope rulings（被调查产品范围裁定）的程序性规定，反规避调查的主要负责机构为美国商务部。

2015年，美国引入海关反规避调查规则《2015年执行和保护法案》(Enforce and Protect Act of 2015，简称"EAPA")，该法案赋予了美国海关启动规避反倾销和反补贴税调查的权力，以规制在报关过程中规避反倾销和反补贴税的行为。欧盟则设置了欧盟反欺诈办公室进行相应调查。

符欣介绍，在过去五六年中，美国和欧洲对中国产品的反规避调查明显增多，尽管反规避调查也是国际贸易救济措施的一种，但在过去很少用。"之所以有越来越多的反规避调查，是因为调查机关发现越来越多来自非中国的进口产品有可能是中国投资的企业生产的。这说明来自非中国的产品越来越多了，这是中国产能外迁的一个信号或者一个反映。"

以美国为例，在《2015年执行和保护法案》于2016年8月生效后的两年时间里，美国海关共发起了16起反规避调查，其中除一起是针对来自越南的石油套管外，其他15起均针对来自中国的产品。[①]

反规避、反欺诈调查的兴起，意味着中国企业在走出去的过程中需额外关注新的风险。徐铮认为，除一般境外投资的合规和风险外，企业还需考察以下几点：第一，第三国原产地当地采购及配套生产的能力；第二，美国海关对原产地的要求是否会触发一般的海关原产地调查或EAPA调查；第三，美国商务部对原产地的要求是否会触发反规避调查；第四，美国是否会对被投资国新发起贸易救济案件。

---

① 汤莉.海外设厂谨防反规避调查[N].国际商报，2020-11-22(3).

绝不妥协

符欣建议，中国企业应当认识到在海外布局并不能一劳永逸地解决反倾销、反补贴措施问题，不能将海外布局仅视为规避反倾销、反补贴措施的手段。在进行销售和产能安排时考虑相关反规避风险，需注意原材料采购比例、增值部分等问题，避免引发规避风险。如遇调查应当积极应对，客观陈述事实并做好法律抗辩。随着反规避调查成为趋势，投资东道国的主管部门也可能会配合相关调查，因此在应对调查时隐瞒事实的风险极大。

"与以往相比，欧美的调查方向出现了很大变化。他们已经开始了解企业的长期股权投资、股票、可转债等内容。这是在从资产和长期投资等角度掌握企业资金运作，以及补贴情况。"符欣介绍。

可喜的是，在外部压力持续升高的时候，中国轮胎产业应对贸易摩擦的能力、决心和勇气的提升，也成为保卫自己的重要武器。

全方位进步

中国入世 20 年，也是中国轮胎产业发展壮大、走进国际市场的 20 年。

2001 年以来，随着我国轮胎产业不断发展壮大、出口比重不断提升，埃及、印度、委内瑞拉、秘鲁等国相继对中国出口的轮胎提起反倾销调查。同时，美国和欧盟等部分国家和地区开始设置更为严格的轮胎进口技术标准。

在这个过程中，对中国轮胎围追堵截的国家从以发展中国家为主演变为以欧美发达国家为主，打击的品类也逐渐覆盖中国轮胎所有品种。中国轮胎产业面临的压力不断升高，同时也逼着行业应对贸易摩擦的能力不断进化。

2019年5月7日，美国商务部正式公告，因截至非公路用轮胎第10次日落复审日，没有收到美国国内产业参与日落复审的意向通知，美国商务部决定撤销对中国非公路用轮胎的"双反"税令，对2019年2月4日之后自中国进口的非公路用轮胎不再征收反倾销和反补贴税。

消息一出，贵州轮胎连续两日涨停。

多次代理贵州轮胎应对美国"双反"调查的徐铮对此感触非常深。近年来，因为国有企业身份，贵州轮胎一直被美国商务部拒绝给予分别税率资格。在撤销非公路用轮胎"双反"令公布前，贵州轮胎适用的反倾销税率为105.31%，反补贴税率为31.49%。然而，自2007年开始到2019年，12年间，贵州轮胎从未放弃努力。

在美国商务部对中国非公路轮胎进行反倾销第五次复审时，贵州轮胎通过美国国内法院诉讼，就美国商务部在反倾销税率问题上的错误做法取得了胜诉，其倾销税率降低至4.59%，企业得以保住美国市场，挽回经济损失。之后，贵州轮胎乘胜追击，在反补贴第七次复审时再次提起诉讼，取得出口买信项目首胜。

虽然承受双重救济带来的巨大成本压力，但贵州轮胎一面坚持在美国市场与申请人进行商业竞争，一面积极通过法律手段维护自身权益。在贵州轮胎的努力下，美国申请人市场逐步萎缩。最终，因为申请人放弃而未发起 OTR 日落复审，贵州轮胎终迎美国商务部撤销非公路用轮胎"双反"令的结果。

贵州轮胎的坚持和胜利是中国轮胎产业在长期发展中磨炼的成果。

早期，面对贸易救济调查，中国的轮胎企业很少积极应诉和抗辩。一是因为成本。反倾销的诉讼从最初调查到最终判决一般需要 15~18 个月，诉讼费用加相关费用为 20 万 ~40 万美元。二是因为意识。企业一开始没有认识到问题的严重性，再加上出口金额较小，影响不大，基本上企业没有进行任何抗辩，就被裁定为反倾销成立，被征收高额的反倾销税，相当于丧失了这些国家的市场。

情况直至 2005 年才有所改变。那一年，中橡协组织中国企业积极应对南非的反倾销诉讼，最终使南非国际贸易管理委员会做出终裁，对出口到南非的整个中国轮胎行业不征收任何反倾销税。此后，经过一次次案件的洗礼，中国轮胎企业逐渐认识到抗争的重要性。见证了中国轮胎产业与美国贸易救济缠斗全程的徐铮认为，对于涉及自身利益的案件，企业要积极应诉、临危不退。贵州轮胎的做法足以证明这么做的价值。

在之后的发展中，中国轮胎企业应对国际贸易救济调查的意识和能力都愈加成熟。

在 2020 年美国对越南轮胎"双反"案中，赛轮为应诉投入了大量人力、物力。徐铮介绍，为应对调查，律师团队需要理清越南工厂、青岛工厂、海外关联公司的各项数据，数据复杂、分散，涉及大量的内部协调工作。

同时，受新冠肺炎疫情影响，律师团队无法亲身前往越南工厂，只能通过电话、视频会议沟通，以远程访问数据的形式开展工作。所有这些没有企业的支持是很难顺利完成的，也正是因为企业极力配合，才为自己赢得了可喜的结果。

对于赛轮应对的成功经验，徐铮总结道："中国企业在海外布局时，需要将贸易救济的情况考虑在内，预先进行反规避、反倾销及反补贴预审计，在规避对中国'双反'税率的同时，对未来在投资地进行'双反'应诉做好准备。"

作为企业的组织者、协调者和服务者，行业协会也在实践中不断成长。

在 2009 年的轮胎特保案中，中国产业虽然组织了规模不小的代表团去美国，但彼时中国应对贸易救济调查的能力仍显稚嫩，没有做好充分准备，导致在该年 8 月 7 日于华盛顿举行的听证会未收到理想效果。身为美国贸易代表办公室听证会中方代表的徐文英对此感慨万千，由于对听证会流程不熟悉，自己只有 24 小时准备发言稿，而这只是中方仓促上阵的一个切面。

法律层面上的应对不充分，源自行业对国际贸易救济调查领域很陌生。"我们那个时候不知道企业应该干什么，协会应该干什么，政府应该干什么，而且对在应对过程中我们应该怎么支持律所，形成中央政府、地方政府、协会和企业的四体联动也没有概念。"

轮胎特保案形成了强大的外在刺激，逼着行业各方必须提升意识和能力。作为行业组织，中橡协在应对贸易摩擦方面投入了大量精力。

首先是提升自身能力，加强与律师的合作。

围绕贸易救济调查，中橡协建立了广泛的信息渠道进行预警，在案子没立起来之前，争取在第一时间拿到证明材料、起诉书、申请书，做分析研究，争取和平解决。一旦有案子立起来，则尽快确认出口编码下的出口金额、涉案企业、影响大小，之后逐家通知、四体联动、积极应对。

中橡协公共关系部刘芳介绍："在前期，协会就会与律所沟通案子有无胜诉可能，基于申诉方提出的信息，在替代国、市场经济地位等方面是否有可争取的点，并在前期做好工作，为后面打好基础。"

其次，以彼之矛攻彼之盾。

在经历了轮胎特保案洗礼后，徐文英得出几个教训：第一，不打无准备之仗，双方的数据收集是关键；第二，在证人陈述阶段，尽量少让中国人在美国听证会上发言，应该多请美国本土人发言，这样才能取得更好的效果；第三，一定要争取全行业的支持，尤其是大企业的支持，通过不断地沟通和开会，反复向他们解释其中的利害关系，让企业多提供数据和论据支持协会组织无损害抗辩工作，这样协会收集的数据足够多，样本才够丰富，才有足够的数据跟美方抗衡。

刘芳介绍，2016年轮胎"双反"案期间，中橡协亲自带队去美国，"徐会长（指徐文英，时任中橡协副会长兼秘书长）和中国商务部的领导带着大家去美国挨家挨户拜访大的经销商、代理商，因为在美国国际贸易委员会的听证会上要证明我们对他们没有损害或损害威胁，这些东西光靠我们说不行，得让美国人来说。去了几次，争取出庭的人，后来再一步步把应诉出庭的人结构设计好，发言内容设计好，真是费了好大的心血"。

徐文英感慨："跟美国人打官司时在听证会上的那种无力感，那种有理也说不清的挫败感，会让你更加爱国，更加希望祖国强大。因为只有祖国足够强大，企业和个人在国外才能有地位。"

中国律师的实战能力也在一次次较量中不断提升。徐铮回忆，2007年非公路用轮胎"双反"案和2009年轮胎特保案，中国产业都未取得理想结果。到2014年乘用车轻卡车轮胎"双反"案时，律师团队在行业无损害抗辩上做了大量工作，最终美国国际贸易委员会终裁投票结果为3∶3，遗憾惜败。

有了之前的经验，在2016年的卡客车"双反"案中，律师把很多功课做在了前面。杨晨介绍："有一个委员在初裁时投的是'损害威胁'，如果他在终裁时还是投'损害威胁'，这个案子我们就输了。针对这个委员，我们做了大量细致的研究工作。比如，针对他的观点和分析思路，我们在证据的收集、展示上做了精心的设计和安排。针对'损害威胁'这个问题，我们交了1000多页纸的资料。"有了这些艰苦而细致的工作，才有了2016年卡客车轮胎"双反"案的完美结局。

接连不断的实战锻造了各方的成长，而各方的共同进步，又汇聚成为推动中国轮胎滚滚向前的不懈动力。

绝不妥协

从大到强

徐文英从青岛化工学院（现青岛科技大学）橡胶专业毕业之后就一直在行业里，见证了中国轮胎行业从小到大、由弱到强的过程。

徐文英说："1997年我去欧洲知名轮胎工厂参观的时候才25岁，参观完我觉得国外的工厂太先进了，工厂里没什么人，工人的劳动强度也不高，工作环境还那么好，工厂里居然还能听音乐，国外的轮胎可以做出那么漂亮的花纹。那个时候我们的工厂里黑压压全是人，炼胶车间里白衬衫进去，黑衬衫出来，炼胶工人的脸都是黑乎乎的。那个时候感觉我们的产业和欧洲的差距恨不得有30年、40年。但是等我2010年再去参观，就发现欧洲工厂变化不大，而我们的轮胎产业却发生了翻天覆地的变化。"

中国的产业链优势、中国人吃苦耐劳的精神共同铸就了中国轮胎后来居上的成绩。徐文英认为，中国企业家的学习劲头、吃苦耐劳的精神，在世界上没人可比。"中策董事长沈金荣，玲珑轮胎董事长王峰几乎都是常年无休，几十年如一日，每天就睡几个小时。每年七八月份给美国人、欧洲人发邮件，大多数回复都是'我正在休假，有急事可以找秘书'。而中国的企业家，随时找随时在。"

在外部挑战与内部升级的双重作用下，如今，中国轮胎已经逐渐走出靠低价抢市场的恶性循环。

根据《轮胎工业品牌强企之路》，全球轮胎品牌可分为四个序列，一线以法国米其林、美国固特异和日本普利司通国际三巨头为主，价格指数最高;二线主要是世界八大跨国集团和三巨头的部分副品牌,价格水平属于第二梯队;三线以巨头和跨国企业副品牌,以及部分国内优秀企业为主;四线则是主打廉价争取部分市场的中小企业,几乎无品牌影响力。[1]中国轮胎曾经在三、四线徘徊,而如今,中国轮胎正在向更高端市场进发,并已小有成就。

2021年6月,英国 *Tyre Press* 杂志依照企业轮胎业务销售额发布了2021年全球轮胎企业34强排行榜。米其林、普利司通、德国马牌、固特异、住友五家企业占据榜单前五位;中国本土的中策橡胶、正新橡胶进入榜单前十位,分列第9名和第10名,玲珑轮胎位列第12名;此外,包括台湾公司在内,还有9家国内知名轮胎厂商进入榜单,具体包括赛轮、双钱、三角、建大、贵轮、浦林成山、风神、双星和南港轮胎。

2021年8月30日,由美国《轮胎商业》组织的2021年度全球轮胎75强排行榜公布。世界轮胎企业排名变化不大,米其林继续领跑行业。在75强中,中国企业有35家,占46.67%,其中大陆企业30家,中国台湾企业5家。中国企业在前10强中占两席,在20强中占四席,构成全球轮胎行业亮丽风景线。[2]

中国轮胎企业在世界轮胎排行榜中的名次上升,体现的是行业整体竞争力的不断提高。

---

[1] 于清溪.轮胎工业品牌强企之路(一)[J].橡胶技术与装备,2017,43(5):11-17.
[2] 陈维芳,刘潇.2021年度全球轮胎75强排行榜析评[J].中国橡胶,2021,37(9):17-23.

绝不妥协

根据历年世界轮胎75强排名数据，国际一、二线巨头的份额呈下滑趋势，而国内企业份额持续提升，其中全球前3、前10企业份额分别从2000年的56.8%、81.4%下滑至2019年的37.7%和63.1%，而国内前3、前10企业份额分别从2000年的1.8%、3.1%提升至2019年的4.8%和9.5%。①

不过，在看到成绩的同时，也不可忽视中国轮胎产业仍旧存在的一些短板。徐文英认为，当前中国轮胎产业主要存在两大问题，第一是品牌建设，第二是基础研究。

徐文英说："欧美等国已经可以通过计算机动态模拟进行轮胎的设计研发，不合理的地方通过计算机进行修改，然后反复测试，跑通了再去试制，因此研发成功率非常高。而我们大多数企业还是沿用传统的做法，用实体轮胎在试验道路上进行测试。国外这些做基础研究的人很多是双博士，包括数学、流体力学、化学和计算机博士。与之相比，我们的基础研究还处在非常薄弱的阶段。科学家的待遇太低，而且公司管理层都更看重当前的生产效益，对于获益较慢的研发投入没有那么舍得和重视。"

中国要成为真正的轮胎强国，品牌和基础研发是必须要有的投入。轮胎产业的过往发展显示，只有坚持长期投入，才能收获长期回报。米其林轮胎之所以能够崛起，与其在1948年试制生产了全世界

---

① 乐晴智库. 轮胎产业：全球万亿级大赛道 [EB/OL]. [2021-05-26]. https://baijiahao.baidu.com/s?id=1700784912102763568&wfr=spider&for=pc.

第一条全钢丝子午线轮胎密不可分，子午线轮胎的出现成为轮胎工业史上的一场伟大革命，也奠定了米其林 70 多年长盛不衰的基础。

就像任正非所说的，"国家发展工业，过去的方针是砸钱，但是芯片砸钱不行，得砸数学家、物理学家、化学家"。同样，对轮胎发展来说，砸钱也是远远不够的，还需要有大量的科技人才。通过建立生产科研基地，聚拢国内外顶尖技术人才，既可以规避中国向美国输出所附带的额外负担，也可以推进中国轮胎企业全球化生产基地布局。

值得欣慰的是，随着中国轮胎企业的实力越来越强，产业已经意识到投入品牌和基础研发的重要性。

在中国轮胎从大到强的过程中，政府以及协会也在投入大量资源和精力推动。

例如在品牌建设上，汽车原配轮胎是梳理品牌非常重要的战场。过去，受限于汽车工业的发展，中国轮胎企业在原配市场的开拓非常艰难。如今，中国大力发展新能源汽车，这为中国轮胎提供了非常难得的发展机遇。

徐文英介绍："汽车原配轮胎通常要提前三年做配套开发，同步做动力实验、动评等。以前，汽车厂商进都不让你进去，你怎么发展，怎么给它做原配？奔驰、宝马配的永远都是米其林、固特异、普利司通的轮胎，永远没有中国轮胎什么事。但新能源汽车给中国轮胎带来了非常大的希望。现在在新能源汽车上，中国轮胎和外资轮胎的配比接近 1∶1，因为大家都没生产过新能源汽车专用轮胎，你总不

第六章　瓷砖出海：从四面楚歌到艰难求变

走，去巴西淘金

随处可见的足球与狂热的球迷，永不停歇的桑巴舞步与身姿曼妙的比基尼女郎，刺啦作响的烤肉与香浓的咖啡，贫民窟与富人区在一墙两侧割裂撕扯……这一切融合进炎热的空气中，构成了巴西的迷人景色。

然而这并不是张锦良大费周折抵达巴西的目的。身为一名瓷砖商人，张锦良于2009年在中国著名的瓷都——佛山创办了自己的瓷砖公司"纳来建材"。作为一名80后创业者，彼时的他对事业充满干劲。那几年，张锦良每年都会花三个月时间去巴西考察，寻找自己事业腾飞的商机，很快他就认定：巴西的瓷砖卫浴市场将会是一座明晃晃的金矿。

2010年前后，大量陶瓷企业纷纷将目光投向了南美市场。

能说我不行吧。所以，现在在新能源汽车上，中国轮胎和国外轮胎几乎处于同一起跑线上。"

2020年11月25日，中橡协正式发布了《橡胶行业"十四五"发展规划指导纲要》，规划涵盖橡胶产业链14个专业。"十四五"发展目标为，通过结构调整、科技创新、绿色发展，采取数字化、智能化、平台化和绿色化实现转型，争取在"十四五"末进入世界橡胶工业强国中级阶段。

中国轮胎的新征途，已经开始。

第五章 打不"死"的中国轮胎

比张锦良更早嗅到商机的是中国著名的陶瓷品牌蒙娜丽莎。2010年，蒙娜丽莎外贸出口负责人叶晓东意识到巴西将是一个蓝海市场，当机立断在巴西签下了3000多万美元的订单。此后，蒙娜丽莎不断加码，从2011年到2013年，出口巴西市场的出口额一度占据公司总出口额的近三分之一。①

同样来自佛山的东鹏陶瓷，在2011年的广交会上从南美获得的订单量比2010年增加了20%。过去三年，南美的销售量直线上升，2011年已经占到这个排名前十的陶瓷公司国际业务的70%。

据《南方周末》报道，2011年3月，在巴西圣保罗举行的国际建材、五金及厨具卫浴设备展览会上，英特利陶瓷有限公司的员工刘伟发现，参展的中国陶瓷企业数量从2010年的20家发展到了2011年的60家，其中百分之六七十都来自佛山。②

而南美市场的首要目标就是巴西，理由显而易见。

一方面，巴西市场广阔。巴西人口众多，仅次于中国、印度、美国与印度尼西亚，位居全球第五。同时，巴西大部分国土位于热带地区，爱吃烤肉的传统无形中影响着巴西人的消费选择，他们酷爱用瓷砖这种易于清洁的材料作为房屋的装饰材料。据统计，88.3%的巴西消费者会选择使用瓷砖，仅11.7%的消费者选择其他内墙装饰材料。

---

① 张驰，赵骝汀，李文波，沈开倩.佛山空调瓷砖远征世界杯[N].南方都市报，2014-07-23.
② 罗琼.出去"混"，凑合过——中国中低端陶瓷"走巴西"的背后[N].南方周末，2011-05-09.

第六章　瓷砖出海：从四面楚歌到艰难求变

另一方面,巴西的陶瓷市场有极大的挖掘潜力。张锦良在考察中发现,品质最好的水龙头通常用铜来做活塞,这样的产品在中国的销售价格高达两三百元一个,而在巴西,同样品质的产品一个能卖到两三百美元,也就是说,产品出口后利润可以实现十几倍甚至二十几倍的增长。

以上两点叠加巴西2010年前后的经济发展状况,市场想象力更加诱人。

作为"金砖国家"之一的巴西,其GDP持续多年位于拉丁美洲之首。2009年里约申办奥运会成功之时,巴西正处于新世纪之后的经济高速增长期,GDP位列全球第八,2012年甚至一度超越英国,成为全球第六大经济体。

那几年,巴西还在大兴基础设施建设,为即将到来的2014年巴西世界杯足球赛和2016年里约奥运会做准备。这意味着26%的奥运场馆需要新建,超过40000个客房需要按照国际奥委会规定的标准装修,地铁、快速公交线路、赛区重要景点以及地区之间的公交网络等都要在2015年前改造完成。

根据巴西瓷砖制造商协会当时的预测,2011年巴西瓷砖国内市场销售将达到7.39亿平方英尺,增长率达6%。而巴西当地的陶瓷企业受限于技术能力、当地原料品质等原因,主要生产小规格瓷砖,基建项目上随处可见的大规格瓷砖只能从国外进口。

这些商机都被中国的瓷砖企业算进了自己的账本里。

经过长期发展,中国逐渐成为全球最大的瓷砖生产国、消费国和

绝不妥协

出口国。2008年金融危机后，欧美经济持续低迷，开拓以巴西为代表的新兴市场成为中国瓷砖企业发展的重中之重。

来自佛山市商务局的数据显示，2010—2012年是当地陶瓷出口巴西最为"疯狂"的时期。2012年，佛山对巴西陶瓷出口增速曾排到世界第一位，同比增长16.45%。

到2013年，中国陶瓷产品已经占据巴西最大的瓷砖进口份额，巴西也随之成为中国瓷砖出口最主要的市场之一。据统计，截至2013年11月，巴西全球进口瓷砖约1.99亿美元，其中中国占比94.12%，约1.87亿美元。2011年、2012年、2013年，在我国瓷砖对外出口国中，巴西分别列第2、4、3位。

"金矿"诱惑力十足，且显然尚未开发完毕。但正当瓷砖企业准备继续在巴西大干一场时，危机却悄然而至。

大门即将关闭

2013年6月14日，巴西发展工业外贸部贸易保护局向中国驻巴西大使馆通报收到国内产业提交的申请书，要求对来自中国的瓷砖产品进行反倾销调查。

2013年7月8日，巴西发展工业外贸部贸易保护局正式立案，启动对原产于中国的瓷砖的反倾销调查。本次反倾销调查涉案产品为工艺瓷砖，包括用于地面或墙面、各种色彩的抛光或未抛光产品，硬度大于45MPa，尺寸不限，海关编码为6907.90.00项下。反倾销调查涉案企业超过100家，这无异于给刚刚起航且踌躇满志的中国瓷砖企业亮起了黄灯。

巴西对中国瓷砖发起反倾销调查并非一时兴起。

由于巴西本国对瓷砖需求旺盛，因此其自身也是瓷砖生产大国，但受制于土质等原材料的影响，巴西的瓷砖烧出来普遍发红，产品质量相对初级。以抛光砖为例，受原材料和生产工艺限制，巴西国内一直无法生产高质量的抛光砖，即便有少量企业能生产，生产成本也相对较高，且抛光砖表面光泽度难以和中国产品媲美，这使得中国产的抛光砖长期在巴西畅销不衰。

为了开拓市场，中国瓷砖企业用上了低价促销的老办法。在巴西人眼中，中国制造就是低价的代名词。巴西的贸易商甚至要求中国品牌瓷砖企业更换包装，磨去底标，为的是不让人看出来产品"Made in China"（"中国制造"），否则拿回国内就卖不上价了。[①]

中国瓷砖的产品和价格竞争力，使得巴西瓷砖生产企业一直对中国瓷砖产业保持着警惕。在巴西瓷砖企业看来，中国低价瓷砖大量出口巴西对其发展带来了巨大威胁。因此，巴西瓷砖企业抱团取暖，通过巴西瓷砖制造厂商协会（ANFACER）提出反倾销立案请求，试图通过反倾销调查，对自中国进口的瓷砖征收高额的反倾销关税，从而提升本土产品的竞争力。

这样的场景对中国瓷砖企业而言并不陌生。

---

① 罗琼.巴西生意难做［N］.南方周末，2011-05-05.

绝不妥协

2010年6月19日,应欧洲瓷砖生产商联合会(The European Ceramic Tile Manufacturers' Federation,简称CET)的申请,欧盟委员会对原产于中国的瓷砖进行反倾销立案调查。

据新华社报道,该案件的起因是欧洲的瓷砖企业声称,对比美国市场上的价格,中国瓷砖在欧洲市场上的售价过低,导致中国瓷砖在欧洲的市场份额大增,对欧洲同类厂商造成不利影响。2011年9月15日,欧盟对原产于中国的瓷砖做出反倾销终裁,除6家抽样企业获得26.3%~36.5%不等的单独税率,99家配合参与抽样调查的企业获得30.6%的加权平均税率外,其他中国企业均被征收69.7%的惩罚性关税,有效期长达5年。这一措施让欧盟的瓷砖市场几乎对"中国制造"关上了大门。

彼时,欧盟市场已经成为中国瓷砖的第三大出口市场,欧盟对中国瓷砖采取的反倾销调查对中国瓷砖行业带来了巨大打击。

中国瓷砖频频遭遇国外贸易救济调查,与产业自身发展特点相关。

以佛山为例,作为中国最重要的陶瓷生产基地之一,佛山早在20世纪80年代便从意大利引进了中国第一条国外建筑陶瓷生产线,从此带动佛山陶瓷产业一路腾飞。2006年,佛山的建筑陶瓷生产规模达到顶峰——有陶瓷企业500多家,生产线1200多条,年产能接近15亿平方米,几乎占据了当年全国产量的半壁江山。

伴随佛山瓷砖产能节节攀升,出口成了瓷砖企业的破局之路。出口海外,即便销售价格较低,陶瓷企业也能轻松获得高额利润。

对外贸易的繁荣使得主攻对外出口的贸易商如雨后春笋般兴盛起

来，成熟的产业链使得成为瓷砖贸易商的门槛不断降低，当时仅佛山一地就有两三千家贸易商。

凭借极有竞争力的价格，国内低价瓷砖产品被许多瓷砖企业推向国际市场，依托价格战策略，佛山瓷砖企业迅速在国际市场打开局面。但与此同时，危机也相伴而来。

2001年，菲律宾和印度率先对中国瓷砖发起保障措施和反倾销调查等贸易救济调查。随后，韩国、巴基斯坦、土耳其、泰国、欧盟、秘鲁、阿根廷等国家和地区的贸易救济调查也接踵而至。

一系列贸易救济调查本就使中国的瓷砖出海之路面临四面楚歌的困境，而巴西发起的反倾销调查意味着中国瓷砖企业艰难开辟的新兴市场可能不保。在出口已经受到诸多限制的背景下，保住巴西等拉美市场显得越发迫切。

然而对中国而言，在贸易救济调查中，拉美历来都是一块难啃的硬骨头。

不好打的仗

自中国加入WTO以来，大部分拉美国家从实践角度始终视中国为非市场经济国家，针对中国产品的反倾销调查通常采取一国一税的政策，即对中国应诉企业，并不会根据应诉企业自身的数据计算分别的反倾销税率，而仅仅计算一个全国统一税率。这就意味着，反倾销调查一旦开启，就算应诉企业花费大量的人力、财力参与应诉，也没有机会争取较低的分别税率,而是和不应诉企业的结果一样。一国一税大大降低了中国企业主动参与应诉的积极性。

据参与此次案件的金诚同达合伙人杨晨回忆,第一次与佛山的瓷砖企业开会进行巴西反倾销调查预警通报时,到场参会的企业仅有50家左右,会议室里一半座位是空的。

为了改变拉美贸易环境,中国政府商务部门做了大量努力。

2010年前后,为了改善市场经济地位及贸易救济调查中一国一税的问题,中国商务部进出口公平贸易局出口地区四处专门负责拉美国家的贸易救济摩擦应对工作。其中,巴西是重点攻克目标。

2006年,中巴双方成立了高层协调与合作委员会,将两国间政治磋商、经贸混委会、科技混委会、空间技术合作项目协调委员会、文化混委会和农业联委会等六个现有双边合作机制作为分委会,进一步提升两国间的经贸关系。其后几年间,中国商务部多次派代表访问巴西,加强与巴西的沟通和协调,以妥善化解贸易争端,促进双方贸易稳定发展。

在中国政府商务部门的多年努力下,巴西以及整个拉美市场的贸易环境逐步得到改善,应诉环境也不断松动,一国一税制度被打开了缺口,被抽中强制应诉的企业有机会得到单独税率,而其他未被抽中但是有出口记录的企业将获得强制应诉企业的平均税率。

随着政府不断创造更好的经贸环境,身为行业协会,中国五矿化工进出口商会(以下简称"五矿商会")也在努力为中国企业创造更好的落地条件,以逐步从实质上改善中国企业在拉美的贸易环境。因此，当2013年巴西瓷砖反倾销案出现后，五矿商会分管法律部的时任副会长于毅非常重视。同时，出于对本地重要支柱产业的保护，佛山市政府和地方行业协会也积极响应。

在种种因素作用下，巴西瓷砖反倾销案成了各方眼中的重点突破对象。

负责此次应诉的金诚同达合伙人符欣和合伙人李林介绍，在此次巴西针对中国瓷砖反倾销调查案的应诉过程中，国内应对贸易救济调查的"四体联动"机制得到充分的体现，成为主导应诉进程的主线。

所谓"四体联动"，是中国为应对贸易摩擦而形成的应对机制，"四体"指的是中央政府、地方政府、行业组织和涉案企业。中国商务部是全国贸易摩擦应对工作的主管部门，对贸易摩擦应对工作进行统一规划和协调指导。地方政府负责动员、组织、指导本地区涉案企业积极应对贸易摩擦，为本地区应诉企业提供相应服务和帮助。行业组织负责动员、组织、指导本行业涉案企业积极应对贸易摩擦，为应诉企业提供相应服务和帮助。涉案企业是贸易救济调查的对象，是贸易救济措施最终的承担主体，也是贸易救济案件的法律应诉主体。

贸易摩擦发生时，通过"四体联动"机制，使中央政府、地方政府、商协会及企业之间实现充分联动，从而最大限度帮助企业应对国际贸易摩擦，为企业争取公平的外部竞争环境。

正是在这样的背景下，瓷砖企业的应诉积极性前所未有地高涨。首批响应的59家瓷砖企业迅速在五矿商会的组织下集结起来参与行业应诉，共同分担应诉成本。主要出口企业还积极争取成为强制应诉企业单独应诉，不少没被抽中为强制应诉的企业甚至自愿申请成为强制应诉企业，试图为自己赢得更为理想的分别税率。

最终，按照巴西反倾销调查程序，调查机关根据海关数据确定了强世、享誉、新润成、纳来、蒙娜丽莎五家企业作为强制应诉企业，并根据企业对抽样结果的评论意见，以及七家自愿应诉企业答卷中所提供的数据，接受了一家自愿应诉企业金科的自愿应诉请求。

金诚同达最终被选定为行业应诉的代理律所，也成为两家强制应诉企业和三家自愿应诉企业单独应诉的代理律所。同时，金诚同达还选定了优秀的巴西本土律师事务所作为合作伙伴，协助分析巴西国内瓷砖产业数据，与巴西相关商会、进口商以及巴西国内产业保持联系，建立与巴西调查机关的沟通渠道。

尽管如此，应诉依然困难重重。

双线作战

根据巴西国内法，当时反倾销调查的主管机构是巴西发展工业外贸部外贸秘书处（SECEX）下属的贸易保护局，负责案件具体调查程序，以确定反倾销案件的倾销幅度、损害和因果关系的技术报告。只有在确定被调查的进口产品存在倾销行为，同时进口的倾销产品给国内产业造成实质性损害或损害威胁，倾销和损害及因果关系两大要件都满足的情况下，才可以最终采取反倾销措施。

因此，在巴西瓷砖反倾销案中，中方的应诉工作也体现为以无损害抗辩为主要方向的行业应诉和以倾销幅度抗辩为主要方向的企业个体应诉的双线作战。

行业应诉由五矿商会牵头组织，多家企业共同参与。

符欣和李林介绍，行业应诉的首要方向是积极进行行业无损害抗辩，通过证明巴西国内瓷砖行业未遭受实质性损害或损害威胁，或者即使遭受相关损害，但是与从中国进口瓷砖产品无因果关系。在损害及因果关系不成立的情况下，本次反倾销调查就将终止，全行业获得胜利。

2013年8月至12月，金诚同达律师事务所进行了扎实的行业无损害抗辩工作。一方面，发动国内瓷砖行业积极回答行业抗辩小问卷，收集中国国内产业信息，从产能和出口趋势方面进行抗辩。另一方面，联动巴西合作律所，全面分析自中国进口数量和价格、对巴西国内瓷砖同类产品的影响，同时分析和评估巴西国内产业的主要经济指标。

此外，就巴西申请人的行业代表性、自身也是进口商、申请书过度保密、部分数据存在矛盾之处等程序性瑕疵问题，积极向巴西调查机关进行主张，迫使调查机关多次对巴西生产商进行核查，并一再推迟调查期限。

行业应诉的另一个方向是努力申请中国瓷砖产业的行业市场经济地位，为企业在倾销应诉中能够使用自身内销数据和成本数据，从而降低倾销幅度提供帮助。尽管在当时的大背景下，行业市场经济地位申请成功的概率并不大，但这些全面抗辩动作可以一点点增加中方应诉的筹码，能够向巴西申请方和调查机关表达中国瓷砖行业全面抗争到底的决心。

而且，行业应诉也在帮助强制应诉企业争取合理的替代国价格。

由于巴西并不承认中国的市场经济地位，在市场经济地位抗辩主张不成功的情况下，巴西调查机关会采用替代国价格来确定中国企业的正常价值。替代国价格的高低将决定倾销幅度的高低，因此替代国的选择往往会成为申请方和应诉方的争论重点。

在本案中，巴西申请方主张以意大利对美国的出口价格为替代国价格，以此价格计算，中国瓷砖出口巴西的倾销幅度高达264.1%，这显然是中国瓷砖产业无法承受之重。

为此，金诚同达的律师团队从经济发展水平、产品相似性、产品市场细分、客户认知、市场竞争环境等维度积极反驳申请方的主张，指出巴西申请方替代国价格建议的不合理之处，并通过各种合理性论证，提出了包括印度和土耳其在内的多个替代国方案作为参考依据，将调查机关的视线拉到中方逻辑当中。

在另一条战线上，五家强制应诉企业和一家被接受的自愿应诉企业也在各自律师团队的协助下，准备数据和支持性文件，回答并提交出口商倾销调查问卷，并开始为实地核查做准备工作。

实地游说争取同盟

在律师团队积极进行行业应诉和企业倾销应诉的同时，"四体联动"机制也在暗暗发力。

2014年1月,一支由五矿商会牵头,中国商务部进出口公平贸易局、佛山市商务局、陶瓷工业协会、部分瓷砖生产企业和律所等各方派出的代表组成的代表团正式赴巴西开展政府间磋商和民间游说工作。

在短短的几天行程里,代表团先后会见了巴西陶瓷生产商协会、巴西瓷砖进口商、销售商协会、外贸商会部长委员会、巴西发展工业外贸部贸易保护局,并拜会了中国驻巴使馆经商处。

政府间磋商和民间游说工作的核心目的就是团结巴西内部可以团结的一切力量,为最终的裁决赢得更多有利的空间。

尽管巴西调查机关应巴西国内申请人的立案请求,发起了针对中国瓷砖的反倾销调查,但纵观整个产业链条,巴西的进口商、销售商众多,且中国瓷砖深受巴西消费者喜爱。一旦采取反倾销措施,巴西的进口商、销售商将与中国瓷砖出口企业一样遭受巨大的损失,甚至还将损害巴西消费者的利益。这些同盟军的关注将影响决策层的认知,为中方抗辩提供有力支持。

与此同时,代表团也与巴西国内产业进行积极沟通,探讨以适当方式取得双赢结果的可能性,并向调查机关和相关政府部门充分陈述中国瓷砖行业对此次反倾销调查的反对意见,与调查机关讨论双方关注的问题,以争取对中国瓷砖行业有利的裁决。

除了团队作战,政府也在程序允许的空间里做了大量工作。立案前后,中国商务部已在两国贸易大环境上积极发力,推动形成更好的经贸关系;广东省商务厅和佛山市商务局对案件高度重视,多次组织应诉协调会议，并对企业应诉提供支持；中国驻巴西大使馆经商处则在听证会期间、抽样阶段、裁决阶段等重要节点积极会见巴西调查机关，频繁发声，为中方积极争取利益。

如此一来，商务部及地方商务主管部门、行业协会、涉案企业和律所几方形成了合力，搭建起了良性互动的机制，为争取更好的结果上了多重保险。

令人失望的初裁

2014年5月，案件进入巴西调查机关对中国应诉企业进行实地核查的环节。这是整个调查过程中非常关键的一环，实地核查的结果将直接影响各企业倾销应诉的结果，只有核查通过，各强制应诉企业提供的各项数据和文件才能被认可，强制应诉企业才有可能获得自己的分别税率。同样，强制应诉企业的分别税率的高低，也会影响平均税率的水平。

对五家强制应诉企业和一家自愿应诉被接受的企业及其代理律师事务所而言，这也是整个调查期间最紧张的时刻。

在此次案件抗辩中，李林担任了强制应诉企业蒙娜丽莎和唯一一家自愿应诉并被接受的企业金科的代理律师。对这段经历李林记忆犹新，他介绍，巴西的调查机构巴西发展工业外贸部贸易保护局派了多组调查官来核查不同的应诉企业。对蒙娜丽莎和金科进行核查的是同一组调查官，两名调查官非常年轻，年龄均在30岁以下。这批年轻的巴西调查官接受过美国反倾销调查的系统培训，英文水平很好，纪律严明，政治敏感度高。尽管他们的核查经验并不是很丰富，但在核查过程中要求非常严格。

调查官的高标准、严要求意味着律师必须把每一个细节都做到精准无误，再加上给每家企业的时间很短（每家企业的核查时间3~5天不等），律师团队还需要熟悉调查官的数据要求和工作风格，难度可想而知。

李林回忆："当时核查的压力非常非常大。因为瓷砖行业走过一段快速生长的阶段，尽管当时行业规模已经很大，但是大部分公司的管理水平还没有完全跟上，比如公司内部没有形成完整的业务数据系统和相应的文件管理系统。一查公司的出口文件，发现很多业务数据分散在各个业务员手中，且业务员使用的模板还不一致，加上整个行业人员流动性极大，很多数据难以追溯和核查，已有数据和文件中的问题也非常多，给核查准备工作带来了巨大的挑战。仅为了将出口单据整理成我们上报的统一模板，就花费了团队大量的时间。"

这种状况不仅仅发生在蒙娜丽莎和金科身上，符欣代理的纳来资历更浅、挑战更大。符欣坦言："实地核查最核心的环节就是在规定时间内将零散的财务数据统计好，一旦时间上没有把控好，我们就'完蛋'了。"

为了给团队争取更多的时间梳理数据，符欣无奈之下采取了拖延策略，一上来就给调查官演示企业介绍资料，带调查官参观企业展厅，给调查官不断灌输企业管理规范、数据准确严谨、产品升级换代等信

绝不妥协

息。然而，核查工作距离财务环节越近，核查的节奏就越慢。

很快，调查官给核查团队亮起了黄灯，告知核查时间有限，隔日一定要一次性准备好对外销售的完整工作底稿及对应财务资料。千钧一发之际，一场在香港举行的足球赛给了核查团队争取时间的机会。

原来两名调查官非常喜欢的一名巴西球员，刚好那个周末要在香港参加一场友谊赛，当核查进行到周五时，符欣建议核查工作提早半天结束，并承诺下周一一定可以补上遗漏的部分，如此一来，调查官就可以赶去香港看球赛了。这个贴心的小建议被调查官们欣然接受，符欣这才松了一口气。这意味着，团队又多了整整两天半的时间准备核查凭证。最终，经过三个日夜通宵达旦地工作，符欣及团队赶在核查的最后一天把完整的工作底稿及所有财务资料整理成册，提交给了调查官。

尽管核查环节险象环生，但在律师团队和企业的全力配合下，最终结果不错，五家强制应诉企业和一家自愿应诉企业全部通过了核查。

闯过了一关又一关后，2014年7月8日，案件初裁结果公布，然而初裁结果喜忧参半：巴西发展工业外贸部贸易保护局认定损害成立，但将替代国正常价值由立案公告中的21.37美元/平方米（意大利出口美国价格）调整为终裁中的10.60美元/平方米（土耳其出口俄罗斯价格）；六家参与调查的企业分获3.01~5.73美元/平方米不等的分别税率。

初裁结果显示律师代表行业和企业做出的抗辩取得了一定成效，但这一结果未能彻底解开中国瓷砖产业在巴西市场面临的困境，中国瓷砖产业必须另寻解法。

价格承诺走上前台

面对不尽如人意的初裁结果，中国瓷砖企业和行业有两个选择：要么等待最终裁决接受被巴西征收很高的反倾销税，要么争取法律框架下的其他解决方案，比如价格承诺。

符欣回忆称："最开始企业的心气都比较高，都认为自己能获得一个比较低的税率，但随着案情不断发展，初裁的结果与预期天差地别，税率不好的企业便有了更强的动力去促成整个行业的价格承诺。"

价格承诺是指在进口国调查机关做出初步裁决存在倾销、损害及其因果关系成立后，如果出口商主动承诺提高有关商品的出口价格或停止以倾销价格出口，并且得到进口方当局的同意后，那么反倾销调查程序可以暂时中止或终止，而不采取临时措施或征收反倾销税。

在初裁结果公布后，争取行业价格承诺，用合适的承诺出口价格取代征收反倾销税成了行业抗辩工作的重心。

价格承诺并不是匆忙提出的，在金诚同达行业全面抗辩的整体策略中，价格承诺一直是抗辩计划中的重要后备方案，根据调查程序规定在初裁后迅速启动。

价格承诺操作看似简单，但必须处理好多方博弈，才能最终达成一致意见。

首先需要考虑的是，究竟选择一个怎样的价格才最合理。

价格承诺在法律上有两个核心要求：第一是承诺的价格并不是一个惩罚性的措施，不能高于倾销幅度；第二是承诺的价格必须具有补偿性，必须足以抵消倾销行为对国内产业造成的损害后果影响。

在当时的情况下，第一个困难是中方内部如何确定一个各家企业都认可的价格。由于各家企业出口的产品等级不同、价格不同，利润空间也各有差异，寻找一个最大公约数并不容易。因此对于价格承诺，各家企业都有自己的考虑。

符欣回忆："有的企业愿意以12美元/平方米卖出去，有的企业则说这个价格我一块（瓷砖）都卖不出去。"为了打破僵局，五矿商会和陶瓷协会做了大量工作。"商会和协会在这个过程中起了决定性的作用，商会和行业自律委员会多次组织企业代表召开闭门会，最终确定了10.5美元/平方米的价格，如果没有商会、协会的强势主导和最终拍板，这个决议很难成功。"

内部达成一致意见只是价格承诺的一部分，这个价格承诺还要获得申请方的认可，这种认可既包括对价格的认可，也包括对执行监管的认可。

在保障执行的过程中，政府和五矿商会再次发挥了重要作用。李林介绍，为了降低巴西方面的顾虑，五矿商会向巴西调查机关承诺负责价格承诺监管工作，通过内部审核平台，管理好瓷砖企业的出口数量和价格，与海关形成双重保险。

在多方博弈的背后，还有一支重要的力量在不断提供保障：经过中国商务部的多年努力，巴西的应诉环境得到了大幅改善。在抗辩过程中，中国驻巴西大使馆经商处参加期中和期末听证会，贸易救济调查局领导、中国驻巴西大使馆公参也在价格承诺阶段多次向巴西调查机关提出交涉意见。

2014年12月19日，巴西瓷砖反倾销终裁裁决在巴西官方公告上发布。在五矿商会的组织协调下，最终共有133家中国瓷砖企业与巴西调查机关达成价格承诺，承诺自2015年1月8日起至2015年12月31日期间的最低限价为CIF价格① 10.5美元/平方米或CIF价格477.27美元/吨；年度期间内总体出口数量限制为22 000 000平方米或484 000吨。这是中国瓷砖行业首次有如此数量的企业与调查国调查机关共同达成价格承诺。

尽管尘埃落定，但价格承诺的影响并不仅限于此。

从产业发展来看，价格承诺无形当中为中国的瓷砖企业制造了一个出口的门槛，大量以价格取胜的低端产品将无缘巴西市场，行业被迫转型升级。

事实上，这也符合行业长期发展的规律。2009年，金融危机连带房地产市场下滑，让年出口量增长率保持在30%的广东建筑陶瓷突然间降到负增长，大量的陶瓷工厂处于半停产状态。为了稳定出口和保证就业，国家在当年上调了陶瓷产品的出口退税，从5%提高到9%，谁料，陶瓷出口企业马上降价4%，时任佛山陶瓷协会秘书长尹虹评论："相当于在用中国的财政收入补贴外国人。"

---

① CIF价格指到岸价格。——编者注

绝不妥协

搭着政策的便车，国内的建筑陶瓷产能急剧扩张，过剩的产能让绝大部分中小企业只能通过出口去消化库存。低价因此成了中国陶瓷企业涌向海外市场的通行证，进一步侵蚀了行业的利润。

这并非国家和行业层面乐于看见的。中国建筑卫生陶瓷协会时任秘书长缪斌在《2009—2010世界建筑卫生陶瓷产业形势分析》中称，陶瓷行业是资源型、能源型行业，从国家的长远利益来考虑，协会不主张中国的陶瓷大量出口，尤其是低价大量出口。他们向商务部和国家发展改革委提出对陶瓷产品取消出口补贴，并根据形势采取限制措施，不能让大量宝贵的资源低价地做成产品出口。①

从另一个层面来看，价格承诺及其后续的配套监管措施，为后续其他国家对华瓷砖反倾销调查起到了良好的示范作用，国内瓷砖企业在应诉过程中多了一个可参考的解决方案。

继巴西之后，墨西哥、巴基斯坦、哥伦比亚相继对中国瓷砖发起了反倾销调查，"四体联动"机制也被延续到了后续的案件当中。在墨西哥和巴基斯坦的调查中，最终都以价格承诺结案，且均为两国对华反倾销调查中的首起价格承诺。哥伦比亚达成无损害威胁终止调查结案。

李林介绍，在墨西哥谈判价格承诺时，墨西哥的调查机关对执行的监管措施力度持有怀疑。为了消除墨西哥调查机关的顾虑，五矿商

---

① 罗琼.出去"混"，凑合过——中国中低端陶瓷"走巴西"的背后[N].南方周末，2011-05-09.

会牵头协调了贸易救济调查局和原国家质量监督检验检疫总局，在提供商会自身的监管之外，还从政府层面给行业背书，通过原产地证监管为价格承诺的监管保驾护航。

李林表示，这三个案子是一脉相承和逐步进化的。在和各国调查机关沟通价格承诺双赢结案方式的过程中，介绍之前案件中达成的承诺成果和积极有效的监管机制，在谈判过程中起了重要作用。在墨西哥案中达成的原产地证监管机制被延续使用到巴基斯坦的价格承诺监管中。

危机下的破局之道

局部危机被解除后，摆在瓷砖行业面前的一个更严峻的课题是如何更好地发展，走出"资源消耗型"外贸模式的桎梏。

自改革开放以来，中国紧紧抓住全球产业转移和全球贸易快速发展的历史机遇，以 2001 年加入 WTO 为契机，对外贸易实现了跨越式发展：2009 年成为全球货物贸易第一大出口国，2013 年成为全球货物贸易第一大国。货物进出口规模从 1978 年的 206 亿美元扩大到 2018 年的超过 4.6 万亿美元，增长了 223 倍。①

与此同时，中国外贸工作的难点与问题也非常明显。2019 年 10

---

① 国家统计局. 对外经贸开启新征程　全面开放构建新格局——新中国成立 70 周年经济社会发展成就系列报告之二十二 [EB/OL]. （2019-08-27）[2021-10-30]. http://www.stats.gov.cn/ztjc/zthd/sjtjr/d10j/70cj/201909/t20190906_1696331.html.

月 23 日，时任商务部部长钟山表示，世界贸易增长不确定性增大，全球需求持续减弱，地缘政治复杂多变，不稳定不确定因素明显增多；国际经贸规则面临重构，从内部发展环境看，中国低要素成本的传统竞争优势不断削弱，综合要素成本快速上升，产业创新能力相对薄弱，参与国际规则制定能力有待提升，营商环境需进一步改善。

瓷砖行业的发展一定程度上反映了中国外贸环境的变化。

一方面，在早期开拓海外市场时，中国瓷砖为了压低价格，出口了大量"价低质次"的产品，国际声誉并不高。伴随着中国瓷砖产业屡屡遭受反倾销调查，很多国家和地区实质上对中国的低端瓷砖产品关上了大门。另一方面，印度、越南、印度尼西亚等国家的瓷砖产业逐步发展并涌入国际市场，进一步挤压了中国瓷砖出口的市场空间。

据《世界陶瓷评论》发布的《2016 年世界瓷砖生产与消费报告》显示，2016 年，印度超过巴西成为世界第二大瓷砖生产国和消费国，其产量从 2015 年的 8.5 亿平方米增加至 9.55 亿平方米。与此同时，印度瓷砖在沙特阿拉伯、伊拉克、阿联酋、阿曼、科威特和墨西哥等海外市场销售量大幅上升，从 2015 年的 1.34 亿平方米增加到 2016 年的 1.86 亿平方米，增幅达到 38.8%。

在外部承压的同时，中国国内经济和社会的不断发展也对瓷砖产业提出了新的要求。

在过去 30 年的野蛮生长与狂奔突击中，瓷砖行业始终没有摆脱对资源的高消耗和对环境的重污染。

有资料显示，在陶瓷行业中，我国每百万美元能耗是世界平均水平的 3.1 倍，是经济合作与发展组织国家和地区的 4.3 倍，更是日本的 9 倍。发达国家的能源利用率一般在 50% 以上，美国达到 57%，而我国仅达到 28%~30%。

在环境污染方面，据陶瓷信息网信息显示，瓷砖工业生产中的污染物涵盖了烟气污染、无组织排放、废水、固体废料、噪声污染物大类别，每一类都在严重透支着环境的承载能力。

在国内，要求瓷砖产业"低碳""环保"生产的呼声一浪高过一浪。转型升级成了摆在瓷砖企业面前无法回避的问题。而在这个过程中，来自外部的压力反倒成了推动中国瓷砖产业升级的动力。

李林表示："尽管反倾销对企业出口产生了一些束缚，但是从另外一个层面来看，这也反过来促进了国内瓷砖产品和产业的升级。"

以抛光砖为例，早期的中国瓷砖企业依托资源优势和低廉的人工成本，将产品价格做到了极致。如今，随着各种监管举措的实施以及人力成本的提升，中国抛光砖的成本已经不敌越南和印度。因此，坚持原创设计、生产高端产品成为很多企业的必然选择。

同时，伴随产业转型升级，产业链上的瓷砖机械设备以及材料等环节逐步成长起来，凭借性价比优势在部分市场取代意大利产品，成为瓷砖产业出口的新增长点。

在企业管理上，长期应对反倾销调查也让企业不完善的内部管理得到充分暴露。通过应对贸易救济调查，很多企业逐步完善了自身的业务和财务管理体系，练好了内功。

在监管层面，近年来，为了更好地引导产业发展，国家陆续制定了一系列相关政策，以加快陶瓷行业转型升级。各省市相继出台了陶瓷行业关键性的产业政策，包括发展高新技术；节能减排，绿色发展；加强知识产权保护；优化布局，促进集群化，形成产业链；落实减税降费等利好措施。

企业则积极响应政策要求，一方面提高创新意识和加大技术投入，强化产品品质，满足市场新消费需求；另一方面向意大利、西班牙等传统优势国家学习，坚持走高端化路线，加强设计能力和品牌形象建设。

在产业转型升级的浪潮中，蒙娜丽莎集团是一个颇为典型的代表。

在企业发展过程中，蒙娜丽莎注重品牌、设计等隐性投入，逐渐打入了高端市场。2017年12月19日，蒙娜丽莎正式登陆深交所，成为全国首家在A股成功上市的陶瓷企业。登陆资本市场后，蒙娜丽莎在接受更为严格的监管与要求的同时，也获得了通过资本杠杆进一步撬动自身发展的契机。蒙娜丽莎在招股说明书中表示，公司拟募集资金15.08亿元，计划用于超大规格陶瓷薄板及陶瓷薄砖生产线技术改造项目等绿色智能制造方向。另外，蒙娜丽莎本身也已成为国家"资源节约型""环境友好型"试点创建企业。

龙头企业的发展指示着行业潮水的方向。

贸易高质量发展不会一蹴而就，也不可能仅仅依靠一方的力量就能达成。但可以预见的是，随着"一带一路"经贸合作不断深化，积极求变、努力前行的中国瓷砖企业"出海"仍大有可为。

第六章 瓷砖出海：从四面楚歌到艰难求变

第七章　中国光伏，绝境逢生

厄运接踵而至

2005年10月，全球最大的证券交易所纽交所的CEO、前高盛集团总裁约翰·塞恩乘坐纽交所专机抵达北京，开启了风尘仆仆的访华之旅。

2003年9月，纽交所前任掌门理查德·格拉索因为获得巨额退休金，在舆论的谴责声中被迫下台，[①]接任的约翰·塞恩急需重塑交易所形象。拉拢中国企业为纽交所注入新的活力成为其上任后的重要工作。在此次行程中，无锡尚德太阳能电力有限公司（以下简称"尚德"）董事长兼CEO施正荣是塞恩拜访的第一个人。

约翰·塞恩为此行拟定了一份必须会见的中国企业家名单，除

[①] 郑晓舟.纽交所CEO约翰·塞恩：我不为钱而工作[N].上海证券报，2007-08-14.

施正荣外，其他四位是网易的丁磊、阿里巴巴的马云、盛大的陈天桥和百度的李彦宏。招揽最优秀的企业上市是证券交易所比拼的核心，对意图开拓中国市场的约翰·塞恩而言，名单上的几家互联网公司虽然年轻，但上升势头很强，都是潜力无限的明日之星。施正荣及其创办的无锡尚德则是当时光伏产品领域的佼佼者，企业前景广阔。

彼时的尚德在新加坡证券交易所、香港证券交易所踟躇一圈后最终锁定了美股市场，但究竟是去纳斯达克还是纽交所尚未确定。颇费一番功夫后，纽交所争取到了尚德的承诺。约翰·塞恩的到访，为尚德最终选择纽交所加上了一层保险。

两个月后，尚德正式登陆纽交所，开盘报20.35美元，较15美元的发行价大涨41.33%，以21.2美元收盘。施正荣的财富迅速膨胀，以当天收盘价计算，其个人身价已超14亿美元。成功上市的尚德一举将施正荣送进2006年福布斯中国富豪榜第7位——一年前，施正荣还排在榜单的第98位。在同年的胡润百富榜上，施正荣成为江苏省首富。

此时的施正荣春风得意。

2004年，受益于市场爆发，成立仅三年的尚德站上风口，出口金额一年翻了10倍，利润接近2000万美元。2005年2月16日，控制温室气体排放的《京都议定书》正式生效，全球光伏上市公司的股价一年内翻了一倍。尚德正是在这样的双重利好下登陆资本市场并大受追捧。

尚德在招股说明书中披露，其已与德国一家原材料供应商达成

10 年长期供货合同，并且与多家供应商在谈或已达成供货意向，IPO（首次公开募股）获得的海外融资中约 1 亿美元将用于原材料采购。2006 年，尚德兑现诺言，与美国多晶硅巨头 MEMC 公司签订了长达 10 年的多晶硅合同，金额高达 50 亿~60 亿美元。次年，尚德再与另一美国巨头 Hoku 签订 6.87 亿美元的供货合同。与此同时，尚德还投资了亚洲硅业，多管齐下，争夺原料。

刺激尚德做出如此大手笔投入的原因，是光伏市场大爆发的现实诱惑。

德国是世界上最早支持光伏产业的国家，以一己之力促成了光伏市场的兴起。20 世纪 90 年代初，德国政府开始支持太阳能的发展。2004 年 1 月，德国实行新的《可再生能源法》，规定了"优先并网，全额接纳"的新能源电力政策。德国支持光伏产业的系列举措带动了欧美其他国家相继出台相关政策。受政策面引导，海外光伏市场需求爆发。

热潮传导到中国国内，一批嗅觉灵敏的企业家试图抓住商机。2001 年，从澳大利亚学成归来的施正荣在无锡市政府的支持下创办了无锡尚德。公司成立第二年，第一条 10 兆瓦生产线正式投产，产能相当于此前 4 年全国太阳能电池产量的总和，一举将我国与国际光伏产业的差距缩短了整整 15 年。此后，中国光伏产业第一批明星企业逐渐诞生。

凭借规模和成本优势，后入场的中国光伏产业很快在世界市场占据重要位置，2007 年中国超越日本成为全球最大的光伏发电设备生产国。热潮之中,产业链上下游一派欣欣向荣,光伏必备原材料多晶硅价格从 40 美元 / 千克一路上涨,于 2008 年年中蹿升至近 500 美元 / 千克。

眼看多晶硅市场行情火爆,国内又涌起投资多晶硅的潮流。根据中国可再生能源学会光伏专委会 2009 年的统计,截至 2009 年上半年,国内多晶硅项目已建、在建或拟建的已有 50 家之多,已建成产能接近 6 万吨,总建设规模逾 17 万吨,总投资超过 1000 亿元。在这场疯狂的追逐中,不仅有国有企业、民营企业,还有乡镇企业;不仅有地方政府投资、风险投资,还有游资。

看到中国光伏行业出口金额、出口量增长速度非常快,且市场集中在欧洲,彼时已经有人隐隐看到中国光伏可能会引发欧洲反倾销和反补贴调查。这样的担忧在当时很难被人理解,但很快便成为现实。

繁荣的背后往往藏着难以察觉的危机。美国次贷危机从 2007 年 8 月开始席卷美国、欧盟、日本等世界主要金融市场。受金融危机影响,欧盟不得不降低政策扶持的力度,主要光伏市场的需求随之萎缩。下游需求疲软很快向上传导:从 2009 年开始,多晶硅价格暴跌,在不到一年的时间里从巅峰时期的近 500 美元 / 千克回落到 40 美元 / 千克。

这让中国光伏产业两头承压:欧洲需求萎缩导致货卖不出去,多晶硅价格狂跌又让此前高价签了长期供货合同的光伏企业陷入多产多亏的恶性循环中。

福无双至,祸不单行。金融危机带来的挑战尚未解决,新的厄运很快袭来。

在金融危机中大受打击的欧美光伏企业将目光瞄准了中国光伏产品生产商，试图通过贸易救济调查手段将中国光伏产品拦在欧美市场之外。德国光伏巨头 Solar World 先后在美国、欧盟提起对中国光伏产品的反倾销和反补贴调查申请。如果两大海外市场接连发起贸易救济调查，一旦败诉，中国光伏主要市场将失守，令本已陷入困境的中国光伏产业雪上加霜。

厄运接踵而至，中国光伏来到了生死存亡的关口。

虚胖婴儿

2012 年 7 月 26 日，英利、尚德、天合、阿特斯四大光伏企业在北京东方广场举行应对反倾销调查的新闻发布会，代表中国光伏行业强烈呼吁欧盟慎重考虑对华光伏产品发起的反倾销调查。

在此之前，美国商务部已经应 SolarWorld 的申请在 2011 年 11 月 16 日对中国光伏太阳能电池片和组件（以下称为"光伏产品"）发起反倾销和反补贴调查。2012 年 5 月 25 日，美国商务部发布初审裁决，对中国光伏产品征收 31.14%~249.96% 的反倾销税，终裁结果将在 10 月初宣布。如果终裁无法翻盘，如此高的税率相当于彻底关闭了中国光伏产品进入美国市场的大门。

紧随美国，包括德国 SolarWorld AG 在内，欧洲数家太阳能板制造商于当地时间 7 月 24 日向欧盟委员会提起申诉，称中国的制造商在欧洲低价倾销产品。这些欧洲企业希望对中国光伏产品征收反倾销关税。

面对接连到来的打击，中国光伏产业不会坐以待毙。

四大光伏企业尝试通过公开发声阻止欧盟立案。在中国机电产品进出口商会（以下简称"机电商会"）的筹划下，施正荣、苗连生、高纪凡、瞿晓铧在SolarWorld向欧盟提出反倾销调查的第二天，首次齐聚参加了新闻发布会。

危急关头，昔日对手必须结成同盟。

欧盟是中国光伏产品出口的最大市场，数据显示，2011年中国光伏产品出口到欧盟的金额约为204亿美元，其份额已达中国光伏企业出口总额的57%。一旦欧盟对中国光伏产业发起"双反"调查，打击面将非常广。直接影响是市场萎缩，后续影响是出口受阻后企业资金链必然承压，行业数十万人将面临失业风险。

因为影响甚广，涉案金额巨大，各方都十分关注。2012年8月2日，机电商会发表声明，呼吁欧委会审慎考虑对华光伏产品进行反倾销调查。机电商会称，近年来中国光伏产品的价格下降主要缘于国际原材料价格的大幅降低，中国的竞争优势在于技术进步和集约化生产大幅提高了生产效率并降低了成本，而绝非倾销和补贴行为。

2012年8月30日，时任国务院总理温家宝和来访的德国总理默克尔在第二轮中德政府磋商中，就反对贸易保护主义，通过对话协商解决包括光伏产业在内的贸易摩擦，避免采取反倾销、反补贴等措施达成一致。默克尔在会见记者时表示，希望欧盟委员会、有关企业与中方一起尝试通过沟通交流来排除和解决问题，不要启动反倾销程序。

然而遗憾的是，政府、协会、企业均未能阻止欧盟。2012年9月6日和11月8日，欧盟正式对中国光伏产品发起反倾销和反补贴调查。

欧美的"双反"调查之所以对中国光伏产业造成如此巨大的影响，与产业当时两头在外的格局有关。

光伏在中国的发展可以追溯到20世纪七八十年代，这一技术最早被应用于解决西部地区的应急供电问题。由于成本高、技术含量有限，因此从系统、产品到效率都比较低下。中国光伏产业的真正发展始于21世纪初，随着施正荣、杨怀进等一批博士归国，他们带来了更为先进的光伏技术，以尚德为代表的企业陆续成立。

1997年，美国政府提出"百万太阳能屋顶计划"；当年12月，联合国气候变化框架公约参加国三次会议在日本京都制定了《京都议定书》，旨在限制发达国家温室气体排放量以抑制全球变暖。在化工领域创业已颇有成就的高纪凡从中嗅出商机，1997年，并非能源专业出身的高纪凡创办了天合光能。

2004年之后欧盟对光伏的重视和投入进一步刺激了国内光伏产业发展。同年10月，1998年进入太阳能光伏发电行业的英利计划投资4亿元启动二期工程。2005年，江西赛维LDK太阳能高科技有限公司（以下简称"赛维"）成立，LDK是"Light DK Peng"的英文缩写，意为"超越光速"，仅用两年时间，效仿尚德，赛维在纽交所成功敲钟。2007年10月，赛维市值达到102.85亿美元，彭小峰以400亿元的财富，跻身中国富豪榜第六位，新能源富豪榜第一位。

绝不妥协

同样是在 2005 年，在杨怀进的推动下，晶龙集团与澳大利亚光电科技工程公司、澳大利亚太阳能发展有限公司三方合资，成立晶澳太阳能（以下简称"晶澳"），两年后晶澳在纳斯达克成功上市。

2006 年，被称为"民营电王"的朱共山力排众议斥巨资进军光伏产业，创立了江苏中能硅业科技发展有限公司。踩中多晶硅暴涨的周期，中能硅业在 2008 年盈利 222 亿元，这成为其之后逆势扩张产能的底气。

在光伏第一波浪潮助推下，多家光伏企业顺势上市。到 2008 年市场最高峰时，国内已有十余家光伏企业在海外或香港上市，多位光伏企业创始人名列富豪榜前列。

然而看似风光的表象下实则危机四伏。

光伏行业的产业链相对较长，包括多晶硅、硅片、电池片、组件等环节。其中，多晶硅是基础原料。多晶硅的技术最早来自国外，美国 MEMC、Hemlock、HOKU、韩国 OCI、德国瓦克等企业是统治全球多晶硅市场多年的巨头。在发展初期，中国光伏企业都靠从国外进口原料。商务部的数据显示，2011 年，中国从德国进口多晶硅材料达 7.64 亿美元，从德国进口光伏电池生产用的银浆原料为 3.6 亿美元。中国光伏企业的生产命脉、关键原料都掌握在外国公司的手里。

不仅原料在外，市场也在外。当时，光伏产品主要的装机市场在欧洲，德国是全球光伏产品最大市场。2010—2011 年，中国光伏行业 80%~90% 的出口市场在欧洲，美国占小部分，国内基本上没有市场。

除此之外，生产光伏组件的核心设备也依赖国外进口。硅料提纯用的是德国改良西门子法，硅片生产多晶炉用的是美国设备，生产硅片电池七道工艺，五道需要进口设备。[1] 新华社曾在 2014 年的一篇报道中提到，协鑫多晶硅铸锭车间早期生产线使用的多晶硅炉全部采用美国 GTAT 公司的产品，南京中电光伏公司生产线上的主要装备全部是进口产品。[2] 商务部的数据显示，2011 年中国累计从海外采购约 400 亿元的光伏电池生产设备，其中从德国、瑞士等欧洲国家进口占 45%。

80% 的销售靠出口，90% 的原料靠进口，生产设备也靠进口，光伏产业从上游的原料、中间的生产设备到下游的市场都依赖国外，可谓三头在外。

因此，一时的风光只是表象，虽然乘着市场的东风靠卖组件发了财，扩大了体量，但此时的光伏行业其实是一个虚胖的婴儿，抗风险能力极弱，一点儿风吹草动都可能动摇行业根本。

正因为如此，欧盟对中国光伏产业进行"双反"调查的举动才会引发如此大的震动。

无理的 AFA

对于光伏产业可能遭遇"双反"调查，拥有丰富经验的机电商会

---

[1] 林艳兴. 光伏产业：核心技术缺失 装备依赖进口 [EB/OL]. (2010-01-25) [2021-08-25]. https://finance.qq.com/a/20100125/002403.htm.
[2] 郭强, 骆晓飞, 孙洪磊, 王昆. 光伏核心装备依赖进口 补齐短板需国家支撑 [EB/OL]. (2014-03-13) [2021-08-25]. http://news.xinhua08.com/a/20140313/1305180.shtml.

并非毫无察觉。

基于对产业的了解以及从多方收集的信息,机电商会对于欧美发起"双反"调查并不意外。事实上,早在欧美真正发起调查两年前,机电商会就收到了来自海外的预警信息。为了应对潜在风险,2010年前后,机电商会开始筹划组建光伏分会,并多次协同江苏省商务厅① 进行预警和培训工作。到2010年,行业内已经有超200家企业成为分会会员。

商会、企业枕戈待旦,直至战斗真正开始。

2011年10月19日,美国太阳能工业公司［SolarWorld Industries America Inc.(OR)］向美国国际贸易委员会和美国商务部提出申请,要求对自中国进口的太阳能电池片和组件进行反倾销和反补贴调查,本案涉案金额约26.7亿美元。11月16日,美国商务部立案调查。11月29日及12月8日,美国商务部分别选取无锡尚德太阳能电力有限公司及常州天合光能有限公司作为反倾销和反补贴强制应诉企业。12月5日及12月16日,美国国际贸易委员会分别发布公告做出肯定性产业损害初步裁决,认定中国政府对涉案产品的补贴行为及涉案产品在美国的倾销行为给美国国内产业造成了实质性损害。

美国国际贸易委员会做出肯定初裁后,中国光伏企业无路可退,必须积极应对。

在本案中,中国商务部聘请金诚同达承担反补贴的应诉工作。金诚同达合伙人沈姿英回忆,应诉难度很高。

---

① 江苏省是光伏大省,当时涉案的主要企业无锡尚德、常州天合等,都在江苏。

首先,本案中强制应诉企业为2家,需要回答美国商务部调查问卷的交叉持股企业有6家,即应诉企业共有8家。在美国对华反补贴调查早期,如此多的涉案企业数量并不常见。

如何确定应诉企业范围需要综合考量。沈姿英介绍,企业律师需要根据美国商务部的标准判断答卷公司范围,对于根据判断标准比较模糊的企业,就要考虑企业配合度、财务数据、潜在风险及对应诉结果的影响等综合因素,以此决定是否将其纳入答卷公司范围。

其次,由于应诉企业数量多且较为分散,涉及江苏、河南、上海三省市,其中,江苏涉及无锡、常州、苏州、镇江、扬州五市,收集案件信息难度较大、耗时长。

在2011年,国内工商信息联网程度还不高,为了获取某家企业的工商信息,律师需要给企业所在地的工商部门发放问卷,让工商部门填答问卷提供信息。沈姿英回忆:"如果股东中还有公司类股东,例如江苏省某企业有一个公司股东在河北省,那我们需要去找河北省收集相关资料信息。有时候需要反反复复给政府部门发问卷,收集资料信息非常困难。"

再次,在本案中,美国商务部共对30个补贴项目发起了调查,其中多个补贴项目为之前未被调查过的新项目,例如金太阳示范工程项目、绿色能源科技产品出口担保及保险等。调查的新项目没有经验可循,需要新做调研及搜集该项目相关资料,时间紧、任务重。

最后,在本案中,美国商务部对政府以低于充分对价的价格提供原材料,例如多晶硅、原铝、玻璃及土地等项目立案进行了调查。其中涉及的原材料生产商数量众多：多晶硅生产商为29家，铝型材生产商11家、玻璃生产商2家，另外土地项目中涉及无锡尚德土地出租方/转让方11家，共涉及近20个省份的工商局需要协调配合提供资料。

此外，关于原材料生产商信息，美国商务部要求提供的信息量很大。针对每一个供应商，美国商务部要求向上层层追溯其股东，直至该股东为自然人或者国有资产管理部门。并且，对于每一个生产商及其公司股东，美国商务部要求中国政府确认其调查期内自然人股东、董事会成员、高管是不是人大、政协等八大机构[①]的成员，确认生产商中是否有党委会（基层党组织）等相关问题。为此，在中国政府的答卷中，按照美国商务部层层追溯股东的原则，仅多晶硅的生产商（29家）信息，金诚同达就一共提供了70家公司的工商信息，递交的资料有近2000页。

在反补贴调查中，美国商务部反复纠缠出口买方信贷[②]项目。这是美国商务部针对中国的反补贴调查中第一次涉及出口买方信贷项目。

沈姿英介绍："我们后来了解到口行（指中国进出口银行）基本上没有给企业提供过出口买方信贷，所以企业对这项业务非常陌生。美

---

① 八个机构是指各级中国共产党代表大会、中国共产党委员会、中国共产党常务委员会、人民代表大会、人大常务委员会、其他政府行政机构（包括村委会）、中国人民政治协商会议、中国共产党纪律检查委员会。
② 所谓出口买方信贷是指一国政府为促进本国商品出口，鼓励本国的银行对本国出口商或外国进口商（或其银行）提供利率较低的贷款，以满足外国进口商对本国出口商支付货款需要的一种融资方式。

第七章　中国光伏，绝境逢生

国商务部的问题是口行有没有给中国光伏企业的美国客户提供出口买方信贷,企业怎么会知道呢?所以企业就在自己的答卷里面说'我不知道我的买方有没有拿到这个信贷'。通常补贴项目都是企业自己使用,美国商务部可以查看企业的账簿,而出口买方信贷就算有也是美国客户用,企业自己说不知道,账簿上也不体现,所以美国商务部就说一定要来核查中国政府。"

在实地核查时,美国商务部提出要查看中国进出口银行原始数据库,但中国进出口银行出于对国家秘密和客户隐私的保护无法答应此要求。在中国商务部的斡旋下,中国进出口银行向美国商务部提供了核查系统供涉案数据的有限查询。但即便如此,美国商务部依然以各种理由认定数据查询不可信且存在其他信息缺失,以不利可得事实(Adverse Facts Available,以下简称"AFA")[1]做出裁决,导致补贴税率畸高。

2012年10月17日,美国商务部发布了反补贴终裁决定,认为在出口买方信贷项目上中国政府没有尽到合作义务,因此裁决时对该项目适用了AFA,并使用了"其他调查相似项目的最高税率",即选择2006年铜版纸反补贴调查中"政策性贷款"项目的税率10.54%

---

[1] 根据美国法律,如果被诉企业:(i)拒绝提供美国商务部要求的信息,(ii)不能及时或以要求的方式或形式提供信息,(iii)严重阻碍了调查程序的进行,(iv)提供了不能被核实的信息,则美国商务部可以利用AFA做出裁决。即:如果美国商务部发现利害关系方没有尽可能地按照要求提供信息,则可以推定该信息对该利害关系方是不利的。因此,如果被诉企业不积极应诉,或者不积极配合调查,调查机关则可以放弃该方提供的相关资料,而适用现有的一切不利事实,即适用AFA规则,从而导致裁定税率远超积极应诉情况下可能获得的税率。

作为本案中出口买方信贷项目的税率，从而导致两家强制应诉企业的反补贴终裁税率上升为 15.97%（常州天合）和 14.78%（无锡尚德），相比初裁反补贴税率 4.73%（常州天合）和 2.90%（无锡尚德）有了大幅度的提升。反倾销终裁税率为 18.32%~249.96%。

"双反"调查的抗辩已经挑战重重，然而更艰难的挑战还在后面。

艰难谈判，获得喘息

双方在法律层面交锋的同时，也在同步进行谈判。虽然为和解付出了很多努力，但中方仍未能与美国申请方达成一揽子的协议，2011年的美国"双反"调查以不算理想的结果结束。

与美国相比，欧盟市场对于中国光伏产业的意义更大。鉴于欧盟市场的重要性，以及欧盟不承认中国市场经济地位带来的不公正问题，在欧盟案中，中国将争取好结果的赌注更多押在了谈判上。

2012 年 9 月 6 日和 11 月 8 日，欧盟分别对中国光伏产品发起反倾销和反补贴调查。2013 年 6 月 5 日，欧委会就欧盟对华光伏反倾销调查发布初裁决定，从 2013 年 6 月 6 日起至 8 月 5 日，对所有中国光伏企业征收 11.8% 的临时反倾销税；自 8 月 6 日起，对所有中国光伏企业征收 37.3%~67.9% 不等的临时反倾销税。

初裁后，中欧进行了密集的接触和谈判。

中国的手里并非毫无筹码。向欧委会提出"双反"调查的领头申请方是德国光伏巨头 SolarWorld，但是并非所有欧盟国家都有比较成熟的光伏产业，因此许多国家对来自中国的组件产品有很大需求。抓住欧盟成员国不是铁板一块这一点，政府、商会发动了一切可以发动的资源做工作。

在正式立案前，机电商会组织中国光伏企业和欧洲光伏工业协会、德国光伏协会等众多欧盟重要行业组织会谈多达20多场，机电商会领导致信欧盟议员、与各国驻华大使进行座谈，表达我方希望通过协商解决问题的意愿。企业也积极联系欧盟相关进口商，成立了欧洲平价太阳能联盟（AFASE），通过该组织以游说成员国、参加听证会的方式反对此次调查，表明该案将对欧盟光伏上下游产业造成损害，从而营造舆论氛围。

另一方面，由于中国从欧盟进口了大量多晶硅，一旦中国对欧盟多晶硅发起调查，也将重创欧盟的光伏产业。这也成为中国争取谈判有利结果的另一重要筹码。

业内人士深知这个谈判对于企业有多重要："企业等不起。初裁出来之后欧委会就给了60天窗口期，根据规定，从价格承诺达成那一天开始，要么走价格承诺，要么根据裁决结果征收高额'双反'税，如果两个月内谈不成价格承诺，企业再清关就得用高的税。"

在60天的窗口期里，中欧双方进行了不同级别、多个回合的谈判。

努力终究没有白费。2013年7月27日，经过中欧双方三轮近一个半月密集、艰苦、细致的谈判，机电商会代表中国光伏产业与欧委会就中欧光伏"双反"案达成了价格承诺，且在核心条款上有重大的创新和突破。

绝不妥协

首先是价格承诺方面，经过我方的强力抗辩和密集谈判，欧方摈弃了以往将调查期内价格作为承诺基础的模式，而是将目前市场情况作为承诺基础，最终使中国的产品价格保持了一定的市场竞争力。

其次是免去了连带责任条款。以往承诺往往适用连带责任，一家企业违反承诺将导致整体承诺取消。在此次谈判中，我方强力施压，最终免去了连带责任条款。在一家企业违反承诺的情况下，欧方会评估对于整体的影响，而非直接整体取消。

最后，在谈判中我方充分考虑了光伏贸易的特殊性，通过多轮磋商使欧委会突破了以往案件中的贸易模式限制。一是由于质量问题出现一定比例退换货可以重开证明；二是关联公司转售价格扣减比例大幅降低；三是销售承诺产品时可以附带销售部分其他配件；四是账期利率大幅降低；五是跨季退换货可以沿用原来的价格。这些都为中国的光伏企业提供了极大便利。

价格承诺谈成不容易，执行起来也不容易。

价格承诺在执行中涉及方方面面的信息，需要细致的管理和统一的协调。而根据欧盟的相关规定，价格承诺达成后没有过渡期，第二天就开始执行，对中方而言，如果不提前准备，好不容易达成的价格承诺恐怕将不能得到有效执行。机电商会对执行问题未雨绸缪，在谈判还在进行的时候，就让商会的信息技术部门开始开发价格承诺的管理系统。

一环一环做工作，一次一次缜密布局，政府、商会、企业、律所的努力使价格承诺最终达成并得到了有效的执行。欧盟市场保住了，光伏行业获得了宝贵的喘息机会。

行业大洗牌

对所有企业来说，每一个配额都极其珍贵。各家企业不得不激烈争抢，因为已经到了生死存亡的时刻。

2013年，经历多重打击，中国的光伏行业元气大伤。根据统计，从设备生产、硅材料制造到电池组件加工，光伏产业链上的破产企业超过350家。曾经风光无限的"光伏军团"全部陷入停产、半停产状态，11家成员企业总负债近1500亿元，顶尖企业也没能幸免。

最先倒下的是尚德。施正荣在行情向好时大手笔签下的多晶硅长期订货协议在多晶硅价格暴跌后很快成为沉重的负担，成本比售价还要高，尚德陷入了多产多亏的境地。为了及时止损，尚德付出2亿美元左右的代价终止了与MEMC的10年合作协议。到2012年8月，尚德股价连续滑坡，直至跌破1美元，市值在一个年度内缩水85%以上。

由于尚德低迷的股价并无好转，到2012年9月下旬，纽交所发出警告，因公司收盘价连续30个交易日低于1美元，不符合纽交所的上市规定，尚德面临退市风险。雪上加霜的是，尚德此时还卷入了一起反担保诈骗案中。

2012年7月，尚德发布公告称决定从环球太阳能基金（GSF）的投资中退出，理由是涉及该基金的一项反担保可能存在瑕疵。事后证明，该笔担保不是存在瑕疵，而是根本不存在。

事情起因于为纾解资金压力，尚德欲出售海外资产 GSF，却在进行财务调查时发现了巨大漏洞。GSF 此前在意大利建设 145 兆瓦并网光伏电站期间，为给该项目提供融资支持，由 GSF 股东方之一尚德出面担保，获得了国家开发银行提供的一笔金额为 5.54 亿欧元的贷款。为了对冲该项目失败可能给尚德带来的风险，GSF 以一笔价值 5.6 亿欧元的德国政府债券为尚德提供反担保。然而经查实，5.6 亿欧元的反担保债券不存在，这让本已紧张的尚德资金链陷入绝境。

2013 年 3 月 7 日，已被解除尚德董事长职务的施正荣深夜发声，称对于 3 月 15 日即将到期的 5.41 亿美元可转换债券，尚德并无偿还能力。3 月 20 日，尚德发布《尚德电力关于无锡尚德破产重整的声明》称，"3 月 18 日，由 8 家中国的银行组成的债权人委员会已向江苏省无锡市中级人民法院提交了对无锡尚德进行破产重整的申请；无锡尚德已于 3 月 20 日通知无锡中院，对此申请无异议"。

一代光伏霸主就此谢幕。

同一时间，当年追风上马多晶硅项目的赛维创始人彭小峰也在承受着多晶硅价格暴跌带来的煎熬。成立之初，赛维购入数千万美元多晶硅生产设备，大举扩大产能，一度占领国内多晶硅市场 80% 的份额。2008 年，赛维曾斥资 120 亿元布局产能超过 2 万吨/年的多晶硅产线。但是市场急转直下后，被寄予厚望的产线成了沉重的压力。从 2012 年开始，赛维变卖电站抵债，当地政府也为赛维垫付了上亿元资金纾困。但是赛维的命运终究未能维持下去，2016 年，在地方政府勉力维持了两年后，赛维正式破产重组。

第七章　中国光伏，绝境逢生

第一代光伏企业倒下不少，行业迎来大洗牌时刻。而通过欧美"双反"调查，光伏产业严重依赖海外市场的巨大风险被完全暴露。为此，国家通过扶持国内市场，开始扩大光伏内需。

2012年7月，国家能源局出台了《太阳能发电发展"十二五"规划》，将2015年及2020年太阳能发电总装机容量目标进一步提升至2100万千瓦以上及5000万千瓦。同年10月，国家电网发布《关于做好分布式光伏发电并网服务工作的意见》，开放分布式并网时间，全面支持分布式能源发电。在此后的若干年中，度电补贴、光伏扶贫、领跑者工程、户用光伏、绿证交易等政策先后出台。

扩内需为光伏产业及时送上了解药，产业得以恢复生机。

2005年，中国新增光伏装机量只有5兆瓦，仅为全球当年新增装机量1.4吉瓦的0.36%。到2015年，中国新增光伏装机量15吉瓦，同比增长41.5%，占全球新增装机量53吉瓦的28.3%，连续第三年位居全球新增光伏装机量第一位。2015年，中国光伏电池组件产量的自我消化率已经超过1/3，"两头在外"中依赖国外市场的局面得到大幅度缓解。

与此同时，企业也在积极拓展海外市场。中东、南亚、东南亚、非洲、南美洲、日本以及"一带一路"沿线国家都成了中国企业拓展的重点。另外，企业还通过在海外投资设厂的方式加速全球布局。

与贸易救济相伴相生

在中国光伏艰难渡过难关的同时，国外对中国光伏行业的围追堵截从未停止。

2012年，印度对中国光伏产品发起反倾销调查；2014年，美国对中国光伏产品发起第二次"双反"调查，澳大利亚、加拿大也对中国发起了反倾销和/或反补贴调查；2016年，土耳其对中国光伏产品发起反倾销调查；2017年，美国对中国光伏产品发起201调查，印度对中国光伏产品发起第三次反倾销调查。自2011年遭遇美国"双反"调查以来，中国光伏产品共遭遇14起贸易救济调查，累计涉案金额约300亿美元。

中国光伏行业的发展之旅始终伴随着贸易救济调查这个外部因素的干扰，在频频过招过程中，中国光伏企业提升了能力，逐渐掌握了主动权。

光伏企业正泰太阳能（以下简称"正泰"）获得史上最低反倾销税率就是一个典型。

2019年7月，美国商务部公布了对中国光伏反倾销调查第五次行政复审的终裁结果：两家强制应诉企业正泰和东方日升新能源的税率分别为2.67%和4.79%。这一结果也帮助其他21家中国对美光伏电池及组件出口企业把平均税率从第四轮终裁的15.85%降到了4.06%。这是自2011年美国对中国光伏产品发起反倾销调查以来，中国光伏企业取得的最低的税率。

正泰能够争取到2.67%的低税率可谓一波三折。

2019年美国对中国光伏产品反倾销进行第五次行政复审时，正泰因为在调查期出口量大，成了两家强制应诉企业之一。这是正泰第一次成为美国反倾销调查中的强制应诉企业，美国商务部的裁决将直接影响正泰未来在美国市场的发展，因此正泰对此十分重视，主动联系了金诚同达合伙人杨晨，意向聘请金诚同达作为代理律师。

在美国光伏反倾销反补贴案中，金诚同达一直代理中国商务部应诉反补贴调查，未直接代理过企业。在杨晨看来，代理光伏企业应诉，可以进一步深挖光伏行业的法律业务，但随之而来的挑战也不容忽视。虽然金诚同达在代理其他产业应对国际贸易救济调查方面有过很多胜诉经验，但对于光伏企业和产品还是相对比较陌生。尽管如此，他还是决定接受这个挑战。

双方一拍即合，但与金诚同达合作了将近20年的美国德凯律师事务所合伙人却强烈表达不愿意代理该案件。德凯认为正泰关联企业很多，供应链流程很长，外协加工也很多，加上正泰是第一次作为强制应诉企业应对美国反倾销调查，此前并没有太多的应诉经验，德凯很担心双方短期磨合会出现问题，也担心工作量不可控。更重要的是，光伏案本身是美国商务部和美国海关关注的重点，万一结果不好，将会伤害到律所的声誉。

对任何一家企业而言，应对反倾销调查都是一个庞大而复杂的系统工程，没有任何一家企业的内部管理、生产系统和财务核算系统会严格按照反倾销调查所要求的标准来设置和运行。同时，本次反倾销调查还需要诸多材料供应商配合，因此应诉过程中会涉及大量的资料搜集、信息梳理和协调工作，光伏企业的应诉难度比其他领域的企业会加倍。杨晨解释："光伏企业的产业链特别长，因为反倾销税的影响，很多企业已经在东南亚建厂,海外工厂的很多产品最终也会销售到美国,这对公司的生产和销售追踪系统都提出了超出企业正常管理的更高要求。正泰需要协调集团内部所有涉及的企业和外部的供应商及加工商参与调查,挑战非常大。"

团队与美国律师反复沟通仍然不能形成一致结论,杨晨在中美律所沟通电话会上发火了:"这个案子一定要做,律所一定要通过这个案子进入光伏产业。企业既然选择了我们,我们就要全力以赴不辜负这份信任。如果你们再犹豫不决,我们会更换美国律师,并重新评估我们两家律所的长期合作关系。"杨晨的坚决迫使德凯转变了态度。

金诚同达合伙人徐铮和吴亚洲是正泰应诉的主办律师,两位律师对于美国贸易救济调查的研究都非常深入,且都积累了赫赫战果。吴亚洲律师是国内少数在该领域同时具有中美法律、管理和财务复合背景的律师,曾供职于全球排名领先的国际律所。徐铮律师在2013年11月考取了SAS认证程序员——美国商务部计算反倾销税率用的就是SAS软件,意味着他能够独立分析掌握美国商务部的计算过程和结果,拥有这个能力的律师在中国屈指可数,在美国也不多见。

正泰为律师团队配备了强有力的内部工作团队,法律部门和财务部门更是全程参与了整个应诉过程。虽然遇到了很多困难,但整体抗辩准备得还是十分充分。初裁结果公布的前一晚,身经百战后已经不再因为担心结果而睡不着觉的杨晨睡得非常踏实——根据内部反复测算,正泰的税率应该不错。然而一觉醒来,杨晨发现美国商务部裁定正泰的倾销幅度高达98.41%。这完全出乎律师团队的意料。杨晨表示，多年以来，金诚同达在复审中代理企业应诉的结果一定都会比原审好，因为原审可能会遭遇申请方的事先埋伏，而到了复审，经过各种准备，企业就从"被埋伏"改为"反攻"了，底气更足。

在拿到美国商务部公布的计算过程后，徐铮发现，初裁税率之所以这么高，是因为美国商务部在编写 SAS 程序时犯了错。

错误：IRONORE_IN = IRONORE * IRONORE SV + IRONORE FREIGHT

正确：IRONORE_IN = IRONORE * (IRONORE SV + IRONORE FREIGHT)

这是一个涉及原材料成本的计算过程。美国商务部在程序中遗漏了一对括号，导致在核算原材料成本中的运费时，程序错误地将运费成本放大了数百倍。就是这对消失的括号，将税率顶到了难以置信的 98.41%。类似这样的错误在美国商务部的计算程序中有几十个。

考虑到初裁的税率不会马上执行，实际执行的税率要等到终裁裁决之后，对企业目前的出口不会造成影响，律师团队建议正泰先不要在初裁评论中跟美国商务部解释说明，等终裁结果出来前一个月——事实评论关门时间前，律师再去向美国商务部指出其计算错误，不给申请人充分的提出异议的时间，但这要求律师团队对美国商务部更正错误的结果有充分把握。

徐铮解释："我们不提前说出来，是要让申请人那边放松警惕，以为有这么高的税率存在，他们最后能成功，这样在终裁的抗辩阶段就有可能少提一些对正泰不利的主张。"

初裁结果对作为上市公司的正泰形成了很大的市场压力，要不要尽快挑战美国商务部的计算错误以缓解市场压力，正泰面临艰难的抉择。最终正泰还是接受了律师的建议——在终裁前再指出错误，从而争取最终的胜利。这不仅需要信任，还需要勇气。

完美的结局如期而至，终裁中正泰最终获得了 2.67% 的税率，这是美国对华光伏反倾销案史上的最低税率，中国光伏行业其他企业的税率也因此大幅度降低。

案件终裁结果公布之后，吴亚洲深深地松了一口气，他感慨道："此次代理正泰参加美国反倾销调查是我执业 17 年代理的近百起案件中，涉及企业最多、工作量最大、案件结果最跌宕起伏的一次。"

不只是能够更加自如地应对反倾销、反补贴等贸易救济调查，伴随行业成长，光伏企业也学会了用贸易救济的武器保护自己。

2012 年，应中国光伏企业申请，中国商务部于 7 月对韩国、美国的多晶硅发起了反倾销和/或反补贴调查，同年 11 月立案对欧盟的多晶硅进行了反倾销和反补贴调查。对主要多晶硅出口国的"双反"调查，虽然一定程度上在一段时间内抬高了中国企业的原料成本，却也为国内多晶硅产业的发展提供了窗口期。

正是在一次次的外部打击中，中国光伏行业苦练内功，不断进行产业的自我升级和迭代，终于在千锤百炼中破茧成蝶，发展壮大。

绝地反击，凤凰涅槃

2013 年尚德破产重组后，诸多复盘将问题指向了施正荣签下的几个多晶硅供货长单。这些合同为尚德带来了巨大的资金压力，更是在多晶硅价格断崖式下跌后拽着尚德一同坠入深渊。

但是尚德看似莽撞的举动，在当时的情境下也有一丝不得已。

2008年之前，硅料的价格由国外企业掌控，其利润率非常高。掌握着主动权的国外企业答应向中国企业供货的条件是签长单，这虽然为中国企业后面的危机埋下了伏笔，却是当时市场行情下的必然之举。

当时流传的话是"谁拥有硅料谁就是王"，市场行情向好的时候，企业做出组件发往欧洲就能挣钱，中国光伏组件生产厂门口永远停满了车。下游的氛围传导到上游，助推了上游同步涨价、收紧出货要求，甚至出现中国企业全款现金买原料的场面，多晶硅价格就这样被一步步推高。

后来的故事让中国光伏产业狠狠地吃了一记教训。2008年次贷危机的爆发导致全球经济大幅下滑，包括美国在内的硅料生产企业生存很困难，原料供应不稳定，加上价格的大起大落让中国企业意识到：多晶硅这条命脉必须把握在自己手里。

经历了生死考验后，中国光伏行业通过自己的努力一步步走出了"死亡之谷"。

在2008年市场高点时储备了足够粮草的协鑫，选择在行业下行时逆势扩张。2011年，协鑫多晶硅产能达到6.5万吨，超过Hemlock，成为新晋的全球多晶硅之王，其幕后操盘者朱共山也由此坐上了"世界硅王"的宝座。

得益于协鑫等一批中国光伏企业的努力，如今，中国光伏对原料已经从依赖进口实现了自给自足。2012年全球多晶硅企业产量前10中，仅有4家是中国企业；到2019年，中国多晶硅企业在其中占7家。

2012年行业遭遇"双反"冲击的时候，隆基逆势登陆资本市场，在行业破产潮中完成了单晶硅片和硅棒的扩产，并通过多年的技术投入，在单晶的布局里向旧的技术率先发起挑战。在PERC电池新技术领域有颇多积累的爱旭后来居上，正以更先进的技术和更低的成本扩充规模。

协鑫、隆基、爱旭等企业的表现显示出，中国光伏的"旧王"虽然倒下了，但"新王"们已经成长了起来。中国的光伏产业没有垮掉，而是在洗牌中完成了蜕变。

在内修功力的同时，中国光伏的市场多元化拓展一直未停，积极参与国际光伏项目建设，从2010年至今已有超过120个项目，主要分布在东南亚、北美洲、南美洲及欧洲。目前中国光伏的市场已经从过去超80%都是欧美，调整为欧洲占1/3，美国占10%，中国占30%~40%，其他新兴市场亦有布局的结构。

另外，中国光伏企业还积极出海设厂，辐射欧盟和美国。2019年，中国光伏企业在海外拥有产能超过40兆瓦，其中包括硅片2.5兆瓦、电池片17兆瓦、组件21兆瓦。光伏龙头企业隆基、晶科、阿特斯、天合等均在海外布局了产能及相关配套。

2019年，我国光伏产业年产值超过4000亿元，实现全产业链自主可控；多晶硅、硅片、电池片、组件产量较2010年分别增长约6.6倍、11.3倍、9.5倍和8.1倍，产业规模和市场规模稳居全球第一；

组件出口量约 66 吉瓦，较 2010 年增长 6.6 倍，出口市场集中度显著下降；量产化生产技术具有世界领先优势，规模化生产的单晶、多晶电池片平均转换效率达 22.3% 和 19.3%。

而中国光伏企业仍有发展更高峰在前方。

2019 年，国家发展改革委下发《关于完善光伏发电上网电价机制有关问题的通知》，将集中式光伏电站标杆上网电价改为指导价，并规定新增集中式光伏电站和采用"全额上网"模式的工商业分布式光伏发电项目上网电价原则上通过市场竞争方式确定。

这个文件被市场认为是光伏平价上网或低价上网时代的开端。要做到平价上网或低价上网，光伏企业还需持续降本增效，而当平价上网到来后，光伏将迎来真正的辉煌。此外，在碳中和概念的助推下，作为绿色清洁能源，光伏的市场需求还将扩大。

原料自主可控，市场结构多元，中国光伏通过自己的努力一步步将命运握在了自己手中，个别国家发起贸易摩擦就会重创行业的时代已经一去不复返。2021 年 10 月 20 日，美国商务部发布对中国光伏反倾销调查第七次复审终裁公告，以浙江晶科、日升为代表的若干家光伏企业都获得了零税率。这是中国企业第一次在光伏贸易救济案件中获得零税率。

昔日的虚胖婴儿，现已真正长大成人。

第八章　国有企业勇立潮头

围剿中国制冷剂

2014年夏末，美国商务部核查官员对浙江巨化集团（以下简称"巨化"）的反补贴实地核查进入尾声。

结束了一天的工作后，巨化代理律师、金诚同达合伙人徐铮和沈姿英邀请核查官品尝当地美食。饭桌上，一位美国核查官讲起了她对中国无花果的热爱，也感谢巨化和律师在核查期间的全力配合。

无论是美国核查官还是两位律师和巨化员工，都对此次核查感到颇为满意。为了核查，巨化也竭尽全力。在核查过程中，美国核查官提出要看一份文件的原件，而该份文件在杭州。为了满足要求，巨化派人连夜驱车从衢州赶到杭州，取到文件后立即折返，往返6小时，在第二天的核查工作开始前，顺利将文件摆在了美国核查官面前。

在经历过多次美国商务部实地核查的徐铮和沈姿英印象中，美国核查官非常严格，像巨化核查这样挑不出什么问题的情况十分少见。

美国核查官此次前来，是因为2013年美国对中国四氟乙烷产品（以下简称"R134a"）发起的反倾销和反补贴调查。

2013年10月22日，美西公司向美国商务部和美国国际贸易委员会递交申请书，申请对进口自中国的R134a发起"双反"调查。同日，美国国际贸易委员会发起损害调查。2013年12月3日，美国商务部正式宣布立案，启动"双反"调查程序。

R134a是第三代制冷剂氢氟烃（以下简称"HFC"）的主要代表产品之一，美国申请方挑起贸易摩擦，是发达国家对发展中国家实行技术封锁的惯用手段。

制冷剂的发展一共经历了四代技术变革。HFC作为第三代制冷剂，凭借着优秀的能效与环保特性，自推出后在空调、制冷、发泡等行业迅速得到广泛应用。尽管与前两代产品相比，第三代制冷剂的臭氧破坏影响（ODP）有显著进步——降为了0，但是其全球变暖潜值（GWP）仍很高，大量使用仍会加速全球变暖。

因此，第四代制冷剂应运而生，氢氟烯烃为化学合成工质，因兼备卓越的性能与环保性而受到广泛关注并被成功应用。第四代制冷剂的相关专利集中在国际化工巨头科慕和霍尼韦尔手中，部分小专利在阿科玛手中。受限于氢氟烯烃制冷剂本身的高成本及相关专利和设备成本提升，在2013年前后，其发展仍处起步阶段。

虽然制冷剂更新换代是趋势，但除欧洲各国因为全面禁止第三代制冷剂使用而导致需求下降外，其他国家尤其是发展中国家仍对

HFC 制冷剂有大量需求。其中，美国市场对第三代制冷剂的使用限制较小，但产能又鲜有扩张，甚至有缩减态势，导致市场供给逐步失衡，开始依赖进口产品。中国由于 HFC 制冷剂成本较低，成为较大的 HFC 制冷剂供给国。

巨化便是国内的制冷剂生产龙头企业。

创建于 1958 年的巨化原名衢州化工厂，是浙江省第一家大型化工联合企业，2017 年 5 月由全民所有制企业改为国有独资有限责任公司。经过 60 多年的创业发展，巨化已成为全国特大型化工联合企业、全国最大的氟化工先进制造业基地和浙江省最大的化工基地。公司化工主业涵盖氟化工、氯碱化工、石化材料、电子化学材料、精细化工等，参股建设舟山 4000 万吨/年绿色石化项目。[①]

美国对中国第三代制冷剂发起"双反"调查并非偶然。在采访巨化时，巨化公司介绍，中国制冷剂行业在 2008 年到 2016 年的几年间，实现了从技术、产量到成本控制的突破，均远远超过了美国相关产业。中国制冷剂产业突飞猛进的发展，让美国有了危机感。

2013 年前，巨化完成了制冷剂产品由第二代向第三代的升级，产能迅速扩张。而此时，美国国内企业围绕资源配置进行了大规模的业务与资产重组，纷纷将制造业基地向制冷剂资源性基础产品丰富的发展中国家转移。2005 年，科慕与三爱富在江苏常熟建立合资企业生产氟化工产品。阿科玛自 2006 年起，对常熟基地投资各类生产装

---

① 来源：巨化官网，http://www.juhua.com.cn/gsgk/List/List_1173.html。

置近 3 亿欧元，用于生产包括制冷剂在内的多种产品。

在企业布局调整的过程中，美国国内市场暂时性地出现了产量衰退、产能利用率不足的情况，导致其国内对进口产品的需求激增，美国因此成了巨化非常重要的目标市场，巨化出口到美国的 R134a 总量占据当时美国进口量的 25%。

但手握第四代制冷剂专利的美国化工巨头并不乐见其成。为了加速淘汰第三代制冷剂产品，进而利用其在第四代制冷剂应用专利上的优势获得巨额利润，它们迫切地希望将中国的第三代制冷剂挡在美国市场之外。

美国市场上因此出现了矛盾的场面：市场对第三代制冷剂的需求依然旺盛，特别是汽车行业，但美国化工巨头却在加速淘汰第三代制冷剂产线；处于第三代制冷剂生产高峰的中国企业有效填补了市场空白，但手握专利的美国化工巨头并不希望中国企业生产出口第三代制冷剂产品，它们需要的是一个"听话的""每年上缴高昂专利费"的打工人。

获悉美国产业对中国 R134a 产品申请发起"双反"调查后，金诚同达合伙人杨晨立即通知巨化并进行了风险预警。因为对美出口量很大，接到律师的提醒后，巨化很快警觉起来。凭借对美国市场的了解，巨化意识到，这起看似简单的"双反"调查是"项庄舞剑，意在沛公"，核心是美国化工巨头以"双反"调查为武器对中国制冷剂行业发起围剿。

此时中国国内企业由于并不掌握第四代制冷的应用专利，因此无法在市场上推广相应产品,如果第四代制冷剂成为市场主流需求,那么国内企业只能为握有相关专利的美国化工巨头供货,由此沦为产业链中纯粹的"打工者",毫无话语权可言。

同时,一旦美国申请方预谋达成,中国制冷剂行业必将受到重创,美国化工巨头联合推动第四代制冷剂普及对制冷剂需求量大的国内汽车行业也会产生负面影响,因此这个案子也受到了政府部门的高度重视。

做出决定没有花费太长时间。巨化相关人员回忆,当时主要从量化分析角度来看,巨化的产品、产能在美国市场的占比都很大,与集团主要利益休戚相关,因此巨化内部上下意见非常统一。"这是我们比较重要的一个市场,要尽力保护自己的合法权益。还有很重要的是,杨晨律师也分享了很多东西,当时他不仅预警,也给了我们很多成功案例,让我们意识到和美国打贸易救济的案子没有想象中的那么难,这让我们有了信心。"

应诉是保住市场的唯一选择,国内企业从高层到基层始终坚信一点:"应诉就是要和美国硬磕,不磕下去死得更快。"很快,巨化聘请金诚同达作为代理律所,坚决应诉。

虽然过往已经积累诸多美国案件的成功战绩,并且熟悉国有企业在改革开放过程中的转变和发展现实,但在金诚同达律师团队看来,本次"双反"的案子并不好打。因为美国对中国国有企业收紧调查的风向已经十分明显,国有企业所遭遇的"双反"调查刚好站在美国收紧对中国国有企业分别税率申请的关键节点上。

因此,尽管反补贴核查进行得非常顺利,但徐铮和沈姿英两人心里却很清楚，这次反补贴核查对于案件的最终结果并不会产生实质性影响。

戴上金箍

自中国 2001 年 12 月 11 日加入 WTO 以后，中国国有企业作为重要玩家出现在全球贸易中，其带来的"公平竞争"问题及衍生的企业身份判定标准问题一直悬而未决，至今没有达成广泛共识。

在美国向中国国有企业不断施压的背后，是中国国有企业在世界上的经济地位越来越重要的事实。

北京大学法学院何其生教授分享过一组数据。2011—2012 年，国有企业并购的规模是私营企业的 4 倍。以采矿业为例，国有企业的并购总金额比私营企业多出 4 倍还要多。从国际贸易的角度来看，在 2010—2011 年的福布斯财富榜中，在 2000 席最大的企业中，国有企业有 204 席，占比 10%。国有企业的销售价值相当于全球贸易额的 6%，超过了德国、法国和英国三国生产总值之和。在接下来的 2012—2013 年，国有企业的销售价值占比增加至 14%。而在这些国有企业中，中国占据了相当大的份额。在上述福布斯榜发布的 204 席国有企业之中，中国国有企业上榜 70 家，占比高于 1/3。[1]

---

[1] 何其生. 国际贸易与投资中的国有企业规则——外部环境与未来走势 [EB/OL]. 北大法宝 [2021-07-09]. https://mp.weixin.qq.com/s/zb5Hrgo2-mJIa1M32ADHTw.

2005年第一次全国经济普查结果显示,在全国企业法人单位中,按照登记注册类型分组,国有企业数量仅占5.5%,但其进出口比重却一直维持在20%上下。根据2000—2013年中国工业企业数据库和中国海关数据库显示,国有企业年平均出口金额高于民营企业,达到492万美元。平均出口国家(地区)数目和平均出口产品数整体呈现上升趋势。平均出口国家(地区)数由2000年的5.07个上升到2013年的9.04个,平均出口产品种类由2000年的5.03种上升到2013年的6.08种。

中国国有企业通过主动优化自身资源配置提高生产效率,在加入WTO后的出口强度显著增强。特别是2008年之后,华尔街的"泪水"让金融海啸席卷全球,引发了全球性的经济衰退。而中国经过多年的改革发展,国有企业经济战线适当收缩,影响力和竞争力却大大增强,在关系国家安全和国民经济命脉的重要行业和关键领域能够抵御国际金融危机和经济危机的冲击,同时能够保持国家对经济的宏观控制力,增强国家平抑经济波动的能力。2013年,中国进出口总值迈上4万亿美元大关,正式超越美国成为全球第一货物贸易国。

何其生教授认为:"在全球国有企业落寞、中国风景独好的情况下,木秀于林风必摧之,这是我国国有企业受到外部环境打压的重要原因之一。"[①]

---

① 何其生. 国际贸易与投资中的国有企业规则——外部环境与未来走势[EB/OL]. 北大法宝[2021-07-09].https://mp.weixin.qq.com/s/zb5Hrgo2-mJIa1M32ADHTw.

事实上，在过去 20 余年间，善于利用贸易救济手段保护国内产业的美国曾在国有企业问题上反复犹疑。

在 20 世纪 80 年代，美国对华反倾销基本实行"一国一税"，中国企业应诉者寥寥。这一情况持续到了 1988 年，在该年缝制布帽（certain headware）案中，美国商务部承认中国经济体制改革的部分成果，认为中国不再是典型的国家控制型经济，而是转型经济国家，在某些方面与发展中国家的市场经济相似。但是，美国商务部明确了要根据中国出口企业的独立性来确定是否给予分别税率。

在烟花（sparklers）案中，美国商务部确定了分别税率的测试标准：非市场经济国家的任何出口商可以被给予一个基于其公司倾销幅度的分别税率，如果它们能证明其出口在事实上和法律上都没有政府控制。本案中形成了分别税率测试标准的雏形，尽管后来又被否定过，但最终得以恢复适用并被不断补充和完善。

在 1992 年的弹簧垫圈（helical spring lock washers）案件中，美国商务部为中央企业和地方企业确定了不同标准。中央政府所有的企业被定义为被"直接控制"，而地方政府或集体所有的企业不是由中央政府直接控制。因此，如果地方企业满足了烟花案件确定的测试标准，仍然可以获得分别税率。在这个案件中，美国商务部为中央企业和地方企业确定了不同的标准。

到 1993 年的碳化硅（silicon carbide）案件中，美国商务部再次改变立场，确定"国有"或者"全民所有"不应该构成企业是否可以获得分别税率的测试因素。其后，在多数案件中，国有企业参与应诉也能够获得分别税率待遇,以其自身的数据计算倾销幅度。这使得中国很多国有企业有了积极应诉美国反倾销调查的动力。

相关标准随着中国加入 WTO 的过渡期结束再次迎来变化。美国对中国国有企业的态度发生了重大变化,甚至带有明显敌意。

在对中国发起反补贴调查之初,美国曾在向中国政府发出的问卷中问询如何定义国有企业的问题,但事实上我国并没有关于国有企业的统一法律,只有针对国有资产管理的法律。由于不能依据法律给出国有企业的准确定义,导致在后来的反补贴调查中,美国政府对国有企业进行了扩大化解释。从国有控股企业,逐步过渡到国有参股企业、国有参股企业的若干级参股企业,后来进一步发展到有人大代表、政协委员、中共党员甚至和高校合作的企业,都受到泛国企化对待。

在金刚石锯片反倾销案的第五次行政复审中,中国应诉企业再次因为国有企业身份问题被拒绝分别税率申请。美国国际贸易法院公布的上诉裁定中写道:"国家控股的企业无法获得分别税率地位。"美国联邦巡回法院的终裁结果也对国际贸易法院不给分别税率的裁定给予了支持。

在该案中,美国商务部一开始给予部分中国应诉企业单独税率的裁定,却遭到了美国国际贸易法院的两次驳回。美国国际贸易法院认为,美国商务部没有在之前的调查中充分分析这些应诉企业是否由中国政府控制的实体中国钢铁科研集团有限公司(以下简称"中钢科研")控股这一情况。因此,美国商务部改变了原来的裁定,认定中钢科研有能力通过"行使股东权"影响应诉企业管理层的选任。这是认定公司能否独立自主地进行出口活动，从而符合分别税率申请的关键因素。

美国国际贸易法院对金刚石锯片案的裁决给了美国商务部判决指导意义。在该案之前的美国反倾销实践中，被强制应诉的中国企业不论是否为国有企业，除少数罕见情况外，基本均可获得分别税率待遇。在此案之后，美国商务部凭借其将国有企业等同于国家控制的简单逻辑，基本阻隔了中国国有企业应诉美国"双反"申请分别税率的道路。美国商务部用简单粗暴的理由将中国国有企业打入全国税率的"冷宫"。

美国国际贸易法院和美国商务部立场的转变，源于美国政府口中所谓的保持"竞争中立"。北京大学国际战略研究中心副主任朱峰认为，美国的目的是确保美国私营企业和竞争的经济模式能够继续成为世界经济的标准。①

眼见风景那边独好，被誉为自由经济现实典型范式的美国自金融危机后开始步步收紧对中国国有企业的贸易政策。

2008年9月，美国总统奥巴马决定参与TPP（跨太平洋伙伴协议）谈判。第二年，美国正式提出扩大跨太平洋伙伴关系计划，借助TPP的已有协议开始推行自己的贸易议题，全方位主导TPP谈判。在国有企业问题上，美国提议限制政府对国有企业的扶持，避免国企借助政府特惠待遇和补贴在与民营企业的竞争中占优。

---

① 陈曦.美国给国有企业定规矩［J］.中国新时代，2012，（1）：36-38.

借 TPP 谈判拿国有企业做文章后，2010 年，美国对中国国有企业的围堵再次升级，奥巴马总统签署了"国家出口计划"（National Export Initiative）。美国商务部为配合该计划，采取了 14 项针对反倾销和反补贴调查的新措施，包括继续将国有企业视为具有"专向性"的一组企业，以及严格适用"事实上"不受政府控制的分别税率审查标准。

2011 年，美中经济安全审查委员会[①]发布了一份关于国有企业的报告。报告提到，国企规模占中国 GDP 的 40%，部分或者全部受到政府控制，正在并且将在很长一段时间内主导中国经济。报告进一步渲染了中国国有企业对美国经济的威胁。

梳理以上脉络后不难发现，尽管曾有反复，但美国对中国国有企业的差别对待一直都在往不乐观的方向发展。美国期望通过给中国国有企业"定规则"，削弱中国不断增长的对外贸易和投资领域的比较优势，抬升中国经济融入世界的门槛。

积极应诉美国"双反"调查的巨化，面对的就是这样复杂的局面。作为国企，巨化无法获得分别税率，将被按照反倾销惩罚性税率进行征税。为保住相关市场，巨化作为生产商，积极配合销售其产品的中国出口商作为强制应诉企业参与反倾销调查，以期通过这条贸易途径保住对美出口的通路。而美国商务部在替代国的选择上，则做出了对

[①] 美中经济安全审查委员会全称为"美国国会中国经济与安全审查委员会"（US China Economic and Security Review Commission），是在中国入世背景下，美国国会为了监测中美贸易交往对美国经济与安全影响而于 2001 年特设的机构。

中国应诉企业不利的决定。美国商务部最初拟提出用泰国作为替代国，但泰国根本没有生产 R134a 产品的能力，并且泰国进口的氢氟酸是电子氢氟酸，和工业品的氢氟酸是两码事。在巨化律师抗辩后，美国商务部又选择墨西哥作为替代国，虽然墨西哥有类似生产商，但其工业基础和中国相差甚远，且原料大部分依赖进口，而中国有完整产业链提供原料供应，因此这一替代国选择造成了价格失实。

美国对中国国有企业愈加严厉的打压，以及美国商务部在替代国选择上显失公正的做法都让巨化和律师团队意识到，死磕反倾销调查前景不妙，要取得理想结果，必须另寻突破口。

另辟蹊径

反倾销路途险峻，无损害仍有空间。

虽然美国商务部对中国国有企业的不公正待遇越发明显，但是争取美国国际贸易委员会做出无损害裁决依然有可能使该案突出重围，这也是律师团队为该案制定的应诉策略。在分析了所有因素后，负责该案的徐铮给出结论："我们只有打无损害这一条路，走通了，就逃出生天，走不通，咱们就面临万丈深渊。"

案件的后续进展确如律师所料。

2013 年 12 月 3 日，美国商务部正式立案启动反倾销和反补贴调查程序。2014 年 10 月 20 日，美国商务部公布"双反"终裁裁决，尽管在反补贴调查中巨化获得了 5.71% 的低税率，但是所有企业，包括巨化、在反倾销终裁中均被裁定高达 280.67% 的税率——完美的反补贴核查无功而返。

对于这个情况早有预判的 R134a 行业相关企业和律师团队早已做好两手准备。一方面，不放弃反倾销应诉，企业根据律所列出来的清单积极提供各类文件材料、生产销售数据。另一方面，在行业无损害抗辩上也下足功夫。

要争取行业无损害结果，美国国内进口商和消费者的支持至关重要。为此，巨化首先整理了与美国进口商的邮件往来等证据，提供了包括美国产业询价、美国产业透露美国国内产能供应不足或者无法提供第三代制冷剂产品的关键证据。此外，巨化还联系了其在美国的进口商，动员进口商在美国国际贸易委员会的听证会上出庭作证。

在美国国际贸易委员会的听证会上，中方火力全开，力证中国制冷剂在美出口量提升并未对美国国内产业造成损害或损害威胁。

具体包括：第一，美国市场 R134a 产品价格畸高是美国国内产业供应短缺导致的，这使得美国消费者不得不转而购买中国产品，从而使得中国产品的市场份额增加；第二，中国国内产业和商会提供的大量数据证明，美国仅是中国制冷剂众多销售市场中的一个，中国国内汽车保有量逐年快速增长，也孕育了庞大的中国 R134a 消费市场，中国制冷剂产业近几年的产能扩张主要是为了满足未来中国市场自身的庞大需求，因此中国产品不会对美国国内产业造成损害威胁。

强有力的事实说服了美国国际贸易委员会。2014 年 11 月 12 日，美国国际贸易委员会最终做出无损害裁决，裁定进口自中国的 R134a

产品并未对美国产业造成实质性损害或者损害威胁。对于这个结果，美国申请方仍不死心，美国美西公司向美国贸易法院提起诉讼。经过一年多的诉讼，美国国际贸易法院维持了美国国际贸易委员会的裁决，驳回美西的上诉请求。

然而，围剿的大幕一旦拉开就不会轻易落下，美国化工巨头对中国化工产业的打压一刻没有停歇。2015年6月25日，美国氢氟烃联盟及其成员提交申请，请求对进口自中国的HFC单质及混配产品启动反倾销调查。美国国际贸易委员会于同日启动损害调查，美国商务部于2015年7月22日正式启动反倾销调查。

有2013年"双反"的经验在前，巨化在美国商务部立案后便基于浸淫美国市场的多年经验，向律师提供了关键信息：美国国内混配产业虽然不行，但是单质产业运营良好，而中国对美出口主要为单质产品。也就是说，美国申请方认为中国产品对美国HFC单质产品造成了损害或损害威胁的结论，很难成立，只要能保住单质产品的出口，对巨化的美国市场份额的影响就不会太大。

基于此，律师再次将抗辩重点放在了行业无损害上。经过梳理，律师提出了三个主要抗辩点。第一，HFC单质与HFC混配不是同类产品，HFC单质产品没有对美国国内产业造成任何损害；第二，美国国内HFC单质产量不足，无法满足National公司这类纯混配生产商生产混配产品的需要，因此该公司必须进口单质产品以生产混配或直接进口混配产品，除此之外别无选择；第三，非被调查HFC混配产品的生产应当也属于美国国内产业的一部分，而包括了非被调查

HFC 混配产品的美国国内产业表现良好，没有遭到损害。

2016 年 6 月 29 日，美国商务部正式公布反倾销调查终裁结果，巨化再次因国企身份而获得了 216.37% 的最高惩罚性税率。但同时，无损害抗辩取得了胜利。2016 年 7 月 22 日，美国国际贸易委员会正式公布本案终裁结果，采纳了中国产业的前两点抗辩主张，认定中国进口 HFC 单质产品并未对美国产业造成实质性损害或者损害威胁，而中国进口 HFC 混配产品对美国产业造成了实质性损害。由此，美国商务部仅对中国进口 HFC 混配产品颁布了反倾销税令。

美国阿科玛公司、科慕公司和霍尼韦尔公司意识到，如果仅对混配产品征收反倾销税，无法解决中国化工企业对它们的威胁，于是向美国国际贸易法院提起上诉。但在铁证如山的事实面前，美国国际贸易法院维持了之前的裁决。

就这样，两度涉险的巨化凭借对行业和市场的深刻了解，以及对律师能力的充分信任，成功化解了难题。

剑走偏锋

封堵措施几乎毫不停歇地到来了。2016 年 3 月 3 日，美国氢氟烃联盟再次提出申请，要求对进口自中国的 R134a 产品再次提起反倾销调查。

在本案中，巨化的应诉策略与此前基本相似，但美国市场此时发生了明显的改变。在 2013 年 R134a 第一次"双反"案件胜诉后，中国企业短期对美出口量大幅增加。2014年，中国企业出口到美国的R134a产品总量为7900吨，总金额为2602.6万美元。而到了2015年，出口总量增长了77%，达到14000吨，总金额为4620.2万美元。出口的爆发式增长，加之美国国内需求量未发生明显变化，给了美国化工巨头发起贸易救济调查的可乘之机。

由于对巨化有利的美国产业无损害事实不再存在，加之考虑中美贸易摩擦加剧的大背景，综合集团成本压力的考量，巨化最终接受了美国商务部裁定的167.02%的反倾销终裁税率。

然而，一时的退让还是没能改变美国化工巨头"圈养"中国化工企业老实充当"打工人"的企图，打压还在继续。在前两次"双反"调查均未收到理想效果后，美国产业开始寻找新的打击点，这一次，工具升级了。

2019年，美国氢氟烃联盟及其成员再次出手，向美国商务部提起反规避调查申请，主张美国进口商大量进口中国生产的R-32和R-125等单质产品后在美国进行混配，生产出被调查混配产品，以规避缴纳HFC混配产品的反倾销税。调查申请发出的时候，巨化正在上海国际制冷展参展，受邀前来参观的供应商、客户齐聚一堂，宾客盈门。更致命的是，巨化当时正在为与HFC单质产品配套的项目进行巨大投入。

与传统的反倾销和反补贴调查不同，反规避调查可将实施范围扩大到第三国的厂商、上游零部件、新开发和改变的产品等，有着更大的杀伤力。一旦调查机关做出肯定性裁决，通常直接适用最高税率，还可能导致美国海关的更严厉处罚。除了补缴税款、罚款、罚没货物，甚至有可能被处以刑责。

如果企业未能做好相关的风险防范，则此前投入大量资金建设的项目将无法继续出口销售，企业将面临投资失败的结果。更深远的影响在于，由于进口商也可能被追溯征收高昂关税甚至被处以巨额罚款，因此将导致企业与进口商的关系破裂，企业失去原有的客户和市场。也就是说，与反倾销和反补贴调查相比，反规避调查对于企业的打击无异于雪上加霜，不仅仅是拦截产品，更是将企业的投资项目和市场销售网络连根拔起。

根据对美国商务部的了解，徐铮认为，从实体上进行抗辩几乎没有胜算。

美国商务部在调查过程中需要判断产品在美国加工增值的部分到底有多少，但是在确认中国产品原始价格的时候，美国商务部不采用中国出口到美国的价格，理由是中国出口到美国的价格属于非市场经济下的市场扭曲价格，而是直接采用替代国价格，这对中国企业是极为不公的。

徐铮介绍，原先在反倾销应诉中，美国商务部用替代国结构价格都已经算出了很高的税率。现在在反规避调查中，直接给单质产品的成本找替代国价格来算，出口价格被进一步抬高。徐铮说："假设原本我们的出口价格是10美元，美国国内增值部分是5美元，最终5美元的增值部分在15美元的产品价格里占比还是很大的。但现在美国商务部直接将出口价格算成50美元，那5美元的增值部分在55美元的产品价格里比例就大大降低，占比不到10%。"

在对案例信息和美国国内法进行大量研究后，徐铮给行业制定了抗辩策略：打实体不可能赢，突破点必须放在程序上。

行业和律师团队的第一道防线是阻止立案。

反规避作为一项比较特殊的贸易摩擦调查程序，有其特别的法律构成要件。在本案中，申请人要求按照美国《1930年关税法》的规定，对在美国完成或组装的产品认定存在规避反倾销税令的行为。其中最重要的构成要件是"在美国进行的生产或组装行为是否简单且没有实质意义"，以及"涉案产品的价值增值在最终产品价值中是否占据显著的比例"。

然而，美国国际贸易委员会在2016年单质产品无损害终裁以及其后两次法院重审中已经明确认定：混配产品的生产对先进的生产设备以及专业的技术员工有较高要求，混配的生产过程并非简单的混合作业，而是具有独立特征和实质意义的生产行为；同时美国国际贸易委员会已认定，经过混配作业后，产品较单质形态有较大的增值幅度。据此，申请人诉求所依据的法律条文中两项重要的构成要件均未满足，美国商务部不能认定进口自中国的单质产品构成对税令的规避。

基于此，金诚同达代表巨化向美国商务部提出评论意见，指出在美国国际贸易委员会做出HFC单质无损害裁决的情况下，美国氢氟烃联盟此次发起的反规避调查理由不够充分，缺乏充分的法律依据，强烈反对立案。美国商务部如果立案会存在很大的程序瑕疵，与美国国际贸易委员会过往裁决直接对立。

在提交烦冗复杂的调查问卷的同时，巨化主动与案件相关方协调统一抗辩立场，每周召开跨洋电话会议互换信息，对美申诉方提出的每一份主张仔细研读并给予回击。

2020年3月19日，美国氢氟烃联盟提出"豁免"主张，主张豁免其在立案后从中国进口调查产品的征税，同时安抚美国其他进口商。对此，巨化和律师判断美国自身国内产能不足，包括美氢氟烃联盟在内的美国企业在立案之日后还从中国进口了相当数量的被调查产品。

巨化以变应变，在进行反击的同时，以事实和可能出现的后果说服相关关联方与巨化的主张保持一致。尽管美国商务部在2020年4月6日发布初裁，认定规避成立，但没有采纳申诉方提出的"豁免"方案。中方在美国商务部初裁中取得一项策略性胜利，逼迫美国氢氟烃联盟不得不选择考虑完全放弃案件。

阻止立案的第一击虽未能成功，但并非一无所获。按照相关程序，反规避调查从申诉方发起申请到立案通常只需15天，但在律师和巨化的努力下，本案在发起申请后两个多月才立案，由此为国内产业应对这一调查额外争取了两个月的准备期。

2020年4月，美国商务部裁定中国产品规避成立，并要求美国海关追溯至立案公告当天开始征收反倾销保证金。至此，战斗来到第二道防线：灵活运用调查程序，利用美国政府部门间的互相制衡实现目的。

根据美国《1930年关税法》的规定，要对某一项进口产品征税，必须在倾销和损害两项调查中均获得肯定性的裁决。在 2015 年的反倾销调查中，美国国际贸易委员会已经做出裁决，认定中国出口的 HFC 单质产品没有对美国产业构成损害，并被排除在税令范围之外。而 HFC 联盟如今想通过反规避调查的手段，越过美国国际贸易委员会的职权，在没有损害肯定裁决的情况下，向美国商务部申请对单质产品征税，违背了《1930 年关税法》的法律精神和立法目的。

因此，不是中国出口的单质产品构成对反倾销税令的规避，而是 HFC 联盟企图通过反规避调查实现对法律本身的规避。

在美国商务部初裁认定中国 HFC 产品存在规避行为时，一个很重要的程序尚未启动。根据《1930 年关税法》第 781（e）条，美国商务部在终裁前必须向美国国际贸易委员会通报其拟扩大税令范围的具体情况，而美国国际贸易委员会有权要求磋商并在存在重大损害问题的情况下出具书面意见。在过去的 30 多年间，美国国际贸易委员会从未同美国商务部磋商并发表反对意见，这个方法存在显而易见的巨大挑战，但要想赢得案子、保住美国市场，巨化和律师必须剑走偏锋。

在美国商务部发布初裁结果后，巨化主动与美国各进口商协调统一抗辩立场，直接向美国国际贸易委员会致函，呼吁其及时与美国商务部磋商，并提出召开听证会的请求。在巨化的带动和沟通下，美国进口商也纷纷向美国国际贸易委员会和美国商务部传达了同样的意愿。致函美国国际贸易委员会的做法充分利用了调查程序中美国国际贸易委员会与美国商务部在意见上的不统一，是巨化在抗辩策略方面做出的一项重要举措。在抗辩过程中，巨化与美国进口商汇聚起一股强大的合力,将斗争的矛头指向申诉方。

持之以恒的坚持和不懈努力没有被辜负。6月5日,美国国际贸易委员会终于提出与美国商务部就肯定性初裁进行磋商。6月11日,美国国际贸易委员会代表与美国商务部进行了正式会面。7月6日,美国国际贸易委员会向美国商务部提交了书面意见,并在该意见中指出,如果美国商务部对来自中国的单质产品做出规避成立的裁定,将单质产品纳入反倾销税令,将引发重大损害问题,因为此举将导致没有被裁定对美国产业构成实质损害或实质损害威胁的单质产品被征收反倾销税,与美国国际贸易委员会在原审中的否定性损害裁定冲突。

这是美国反倾销法规中设立反规避条款后的30年中,美国国际贸易委员会首次同美国商务部磋商并提供书面的反对意见。对应诉方而言,这是一次里程碑式的突破。美国国际贸易委员会的反对意见,不仅使巨化集团和其他利益相关方在美国商务部听证会上有了更多强有力的论据,也给美国商务部造成了巨大的压力。

2020年8月4日,美国商务部以电话会议方式召开听证会,巨化以美国国际贸易委员会的反对意见为基础,向美国商务部重述中方一直以来的反对主张及法律依据。最终,美国商务部不得不于2020年8月15日做出反规避否定性裁决的决定。

在看似已无路可走的情况下硬是闯出了生路,巨化和金诚同达律师实现了应诉目的,这是灵活运用调查程序以实现应诉目的的一个成功案例,也是本案中的一项巨大收获。

第八章 国有企业勇立潮头

重压下的担当

因为时差，美国商务部的裁决结果一般要在北京时间凌晨才出来。多年的工作让徐铮习惯了在清晨5点起床，然后在第一时间向大家通报结果。

2020年8月15日清晨，巨化接到了徐铮传来的好消息：巨化和中国产业又一次赢得了战斗。

巨化反规避应诉团队太知道这个结果有多么来之不易。反规避的案子打到后面，行业对于结果已经十分悲观，一同应诉的企业基本不再做实质性工作，只剩巨化一家孤军奋战。在这种情况下，巨化面临的压力是巨大的，压力不仅来自需要承担更加繁重的工作，更来自孤勇前行的寂寞。应诉团队开玩笑说："即使不出力，有同行站在旁边吆喝两声我们胆子也会壮一点儿。"

支撑巨化踽踽独行的勇气，既来自其对自身产品的信心，也与其身为大型国企的责任感和担当分不开。

徐铮介绍，案子打到后面，单独应诉的巨化付出了很多代价，在后续的法律抗辩中，无论是人力、物力还是律师费用，巨化都默默承担了。最终争取到了不存在规避行为的裁决，这个结果不是只惠及巨化一家，而是惠及整个行业，帮助整个行业取得了重大的胜利，"这是有一种大的、成熟企业的担当在里面的"。

在此前的反倾销调查中，巨化都是推动行业进行无损害抗辩的主要参与者。在行业举行应诉会时，面对部分企业提到律师费用太高的情况，巨化会主动提出多承担一部分费用。在应诉过程中，当行业观点不完全一致时，巨化也是尽量求同存异，与同行形成合力，共同向调查机关发表意见。

反规避案子打赢后，后期没有实质参与的另外两家应诉企业对巨化说了一句话：巨化厉害，律师也厉害。针对这个案件，浙江省商务厅专门举行了总结会，让企业和律师分享经历，推广成功经验。

身为大型国有企业，巨化在接连不断的国际贸易救济调查中的坚持、承担以及取得的结果，为行业尤其是国有企业做出了很好的榜样和示范。巨化认为，在复杂多变的国际贸易环境中，国有企业往往是冲在第一线的，面对各种贸易救济调查和法律纠纷，"和而不同"的中国传统理念发挥了重要作用。

在现实中，一个案件里的申请方和应诉方往往既有竞争又有合作，对此，巨化一直秉持竞争时根据法律的框架解决互相之间的问题，合作时以企业和行业发展为目标，在能合作的领域保持合作。

在"双反"案进行的过程中，霍尼韦尔采购部门来到衢州寻求业务合作，巨化的选择是生意照做，不能故意为难对方。无论竞争还是合作，最终的目标是公司发展壮大。如今，巨化已经是霍尼韦尔第四代制冷剂的合作方。

巨化的豁达和大度一定程度上影响了霍尼韦尔，在后续发起的调查申请中，申请人在申诉材料中刻意回避了巨化的名字（虽然根据贸易量来算，巨化无论如何都会被牵涉其中）。

国有企业是中国特色社会主义市场经济的一面旗帜，是中国参与全球贸易的一扇窗户，一定程度上代表着中国的国家形象，以及中国企业的竞争实力和战略格局。类似巨化这样有担当的国有企业并不在少数。

2017年4月18日，马来西亚吉隆坡海事高等法院做出终裁，判决被告货运公司将货物归还给中国港湾工程有限责任公司（以下简称"港湾公司"），并支付损失赔偿。在接到消息的瞬间，港湾公司代理律师、金诚同达合伙人符欣内心五味杂陈。这个案件耗时6年，虽然胜诉，但对港湾公司来说，水泥钢筋这些货物早已报废，而且货运公司已经实际破产，赔偿金也无从谈起。

本案源起于6年前。2011年8月8日，港湾公司与泰国某货代公司签订货运合同，约定由其负责港湾公司的钢材和水泥的集港、货运等事宜，港湾公司支付货代公司运费、港口费以及代理费。其后，货代公司与一家马来西亚货运公司签订了租船合同，约定由其所属船舶进行实际承运，货代公司向货运公司支付运费。但货物并未如期到港，港湾公司调查后发现货船偏离了航线，船长离船，非法停靠在马来西亚港口扣留了货物。金诚同达在2012年代理了港湾公司同货运公司的海事纠纷，符欣在整理资料时确信，这家马来西亚货运公司自以为国有企业会大事化小、小事化了，于是有预谋地策划了这起事件。这就意味着，港湾公司要么满足货运公司的讹诈要求，要么拿起法律武器给对方一个痛击。

本案争议焦点是货运公司是否基于承运人的身份，因港湾公司未直接支付其运费，从而对港湾公司的货物享有合法的留置权。经过分析，律师团队得出货运公司扣押港湾公司货物的行为属于非法侵占而非合法留置的结论。因此，为取回货物，港湾公司的最佳战场是货物所在地马来西亚。虽然律所和港湾公司合理推断出了货运公司的真实意图和争议焦点，但由于马来西亚属于英美法系，诉讼程序以原告、被告及其辩护人和代理人陈述为重心，具有抗辩式的特点，因此，证据的组织和庭上的证人证言就极为重要，这对在马来西亚并无执行机构的港湾公司而言，意味着巨大的挑战和需要给予律师团队绝对的信任。

2013年3月，港湾公司向马来西亚吉隆坡莎阿南高院法庭提交了诉状。2014年8月，一审原审法院未对案件进行实体审理，仅仅以双方诉由不合理为由，通过程序性裁定驳回了双方的诉求。其后，港湾公司提起上诉。2015年3月，上诉法院开庭审理后，裁定将案件分配给吉隆坡海事高等法院重新审理，以确定案件的争议焦点并进行裁决。2015年12月，一审重审法官做出裁决，驳回港湾公司的主张，支持货运公司对货物留置权的主张，判决港湾公司支付运费及留置费用等费用。其后，港湾公司再次提起上诉。2017年4月18日，上诉庭做出终裁，撤销了原审并支持港湾的诉讼请求，判决货运公司将货物归还给港湾公司，并支付损失赔偿。

案件历时6年，其间峰回路转。律所和企业针对一审法官判决思路中出现的主要问题进行了梳理，在不偏离既定策略的基础上根据情况灵活组织了证据材料，做到所有主张均有理有据，逐一击破一审法官认为货运公司享有合法留置权的事实及法律基础，同时注重与马来西亚当地律师的合作，在客户访谈、证据搜集和诉讼文书起草等环节配合默契，最终扭转败局，取得诉讼胜利。

从实际利益出发，符欣曾经考虑劝港湾公司放弃诉讼，因为即便耗费巨大的诉讼成本后获得胜诉，相关损失也无法挽回。但金诚同达创始合伙人田予告诉他，中国企业特别是国有企业出海，能打赢的官司就要坚持打下去，不能认输。

以往中国企业大多是在国外被诉后才考虑是否为了保住国外市场而进行应诉，较少坐到原告席上维护权利，但近年来这一局面明显扭转。中国国有企业借助中国律师越来越成熟的涉外法律服务能力，主动利用国外司法程序维护自身权利，港湾公司的此次海运纠纷，便是中国企业"走出去"过程中的一个典型案例。

港湾公司的胜诉，不仅仅体现在经济价值上，更重要的是体现了国有企业的社会责任和经济责任，敢于亮剑才能保护国有资产不流失。在国有企业布局海外市场的过程中，始终如一地坚守重合同、守信誉的国际商业准则，是经过长期国际市场正常运行检验和证实的一个真理。

既有勇也有谋

亮剑既需要胆量也需要策略，在这方面，中材科技风电叶片股份有限公司（以下简称"中材叶片"）做出了最佳示范。

2007年成立的中材叶片隶属于国务院国资委下属中央企业中国

建材集团有限公司，主要从事风力发电叶片的生产，是国内叶片领域的重要参与者，当时在国内的市场份额稳居前列。同时，公司积极开拓海外市场，成为美国 D 风场的叶片供应方。

2009 年，韩国跨国集团 A 公司收购了位于美国的 D 风场，进入风电行业，一直为 D 风场供应叶片的中材叶片继续根据 A 公司提供的设计方案和指定材料生产叶片。

在 2012 年的一次培训活动上，时任中材叶片董事长的赵俊山与杨晨结识，此时中材叶片与 A 公司因为产品延迟交付和质量问题已经出现争议。为了对争议进行评估并做出解决预案，赵俊山指示公司法务负责人向杨晨进行咨询。

此前，中材叶片已经聘请了业内一家律所出具了相关法律意见，该份法律意见的结论认为中材叶片对于合同的履行没有太大问题。带着这份法律意见及相关资料，中材叶片法务负责人与杨晨进行了沟通。在审阅了中材叶片与 A 公司的英文版合同后，杨晨发现事情没有中材叶片理解的那么简单。

按照惯例，中国企业与外国企业签署合同时通常会有中文和外文两个版本，但基本以外文版本为准。中材叶片这个项目是以英文文本作为第一文本。通过阅读英文版合同，杨晨发现，合同对 specification（规格）做了定义，其中，首字母大写的 Specification 包括了技术规范、图纸生产方法、生产工艺以及质量控制等要求，并在合同中附录部分进行了详细说明，首字母小写的 specification 则是正常语义。最重要的是，中文版合同在基于英文版进行翻译时，并未对此进行区分。

由于此前的法律意见书是依据中文版合同出具的,所以得出了"问题不大"的结论,但如果按照英文版合同,对中材叶片的履约义务要求更高。与杨晨的沟通让中材叶片立刻意识到问题的严重性,双方约定在一个月时间内由金诚同达在收集相关证据的基础上,出具一份新的法律意见书,公司再决定接下来怎么办。

参与本案的金诚同达合伙人王明凯介绍:"我们的工作思路是第一要确定是否存在延迟交付;第二,如果有,原因是什么;第三,哪些因素可以作为中材叶片免责或减轻赔偿责任的理由。"

在一个月时间里,由王明凯带领团队驻扎在中材叶片的现场,对双方的合同、往来邮件、内部资料等海量信息进行了梳理。"为了这个案子,那个春节我们扑了三四个人去梳理双方的上万封往来邮件、信函、备忘录。当时我们看到什么程度?同样一个英文单词是大写还是小写,都要仔细比对。"王明凯回忆道。

一个月的紧张工作让金诚同达基本摸清了案情,律师团队发现延迟交付不仅仅是中材叶片的问题,更多可能是 A 公司的问题,包括指定的原材料供应不及时、工艺变更、物流没有及时到位、风场不具备安装条件等等。产品质量确实存在一些瑕疵,但这可能是由 A 公司指定的原材料之间化学性质有排斥造成的,然而在当时的技术条件下,很难形成公允的结论。

这些梳理让律师和中材叶片对争议解决都有了更大信心。杨晨给时任中材科技(中材叶片母公司)总经理薛忠民、中材叶片总经理黄再满及公司全体管理层做了长达三小时的分析汇报,薛忠民当即拍板按照律师的分析和建议推进争议解决工作。

接下来的问题是如何在不影响后续合作的前提下，妥善处理双方纠纷。中材叶片要尽量避免这一纠纷进入国际仲裁程序，因为国际仲裁程序成本很高，持续时间较长，中材叶片刚刚出海，不仅希望维护与A公司的长期合作关系，还要避免争议公开化对其声誉带来负面影响。

但是，A公司对中材叶片的索赔金额已经高达6600万美元，这对还在努力爬坡的中材叶片而言是一个天文数字，一旦坐实，企业将面临生死存亡的选择。为了争取最好的结果，律师团队与中材叶片探讨并制定了详细的应对策略：最终目标是通过谈判解决问题，路径是先解决交付延迟争议，并以此为突破口解决包括质量问题在内的其他争议。

基于前期扎实的准备工作，中材叶片主动邀请A公司于2013年上半年来北京进行面对面沟通。杨晨回忆："在企业邀请对方前来北京和解谈判时，对方还是一副吃定我们的态度。A公司一直以为我们要跟他们争辩产品质量问题，然而当天，中材叶片和律师团队准备了近百页的PPT和证据，直指交付延迟应该由A公司承担主要责任。而A公司完全没有意识到自己存在这些问题。"

王明凯介绍："A公司关于延迟交付部分的索赔金额是2000万美元，而且他们对于交付问题非常有信心。而我们一开始就通过建立完整的证据链条，把交付这个问题彻底打掉，直接打击了对方的信心。"

这个策略被证明十分有效。

第八章 国有企业勇立潮头

谈判的过程非常具有戏剧色彩。王明凯回忆："我们谈判的时候为什么能取胜？就是靠细节。你不服，我直接把证据链做好，拿出来给你看，你对哪个争议有疑问，我就把证据包打开给你看，三四轮交锋后就已经让 A 公司意识到我们的观点是完全有证据支撑的。那个过程很精彩，我现在还能想起那个画面，大家原来是面对面坐着，最后变成都跑到投影仪前面去看。"

在这次谈判中，面对准备充足的中材叶片摆出的大量事实证据，A 公司的代表防线溃败，一度情绪失控。双方拉锯了一个通宵，到了凌晨，A 公司终于"投降"。

交付延迟争议上的成功一击，让中材叶片掌握了更多主动权，也打消了 A 公司走国际仲裁程序的打算，成为取胜关键。经过后续多轮谈判，晓之以理，动之以情，基于案情事实以及长远商业利益考量，双方最终达成全面和解，中材叶片只是象征性地给予 A 公司一点赔偿。

中材叶片及律师团队凭借自己的勇气和谋略，成功化解了危机。

在类似这样的纠纷中，国企利用规则维护自身权益的意识和能力逐渐提高。从最开始的步履蹒跚、沿途荆棘，到如今的硕果累累。中国国有企业既然选择了"走出去"，也就自然做好了面对海外投资风险和与国外强劲对手生死博弈的心理准备。

新时代的新挑战

在当前的复杂国际形势下，国际市场对中国国企的打压仍在持续升级。以美国、欧盟和日本为首的经济体，正试图在国际贸易规则中将国有企业问题公开化。

除了在本国采取更多、更严厉的贸易调查和安全审查等措施，在国际规则层面，美、欧、日等经济体还加快制定国有企业相关国际规则，以期限制中国国有企业的海外发展。

2020年1月14日，美国贸易代表、欧洲贸易专员，以及日本经济、贸易和工业大臣在华盛顿举行会议。三方讨论加强WTO关于工业补贴的现行规则的方式，并发表了《联合声明》，希望制定更严格的全球规则，以防止中国企业依靠政府支持获得竞争优势。

这已经是美、欧、日自2017年12月12日于WTO第11次部长级会议期间，在阿根廷布宜诺斯艾利斯发表第一个联合声明以来，三方联合发布的第7份贸易部长级别与国际经贸规则相关的联合声明。在这些联合声明中，中国和中国的国有企业成为主要假想对象。

美、欧、日联合声明实际上是为国有企业贴标签，表明了美、欧、日改革国际补贴规则的实际意图：对国际补贴规则的共同诉求不但直指国企问题，还扩大了补贴的界定范围。

除了合伙为国有企业设定更加严苛的规则，以美、欧、日为代表的国家和地区还试图通过区域经贸规则为中国国有企业持续加压。

在美国主导下，TPP首次对国企的国际贸易规则进行了系统性完整规范，《全面与进步跨太平洋伙伴关系协定》（CPTPP）继承了相关规定。另外，除USMCA（美墨加协议）外（USMCA是对TPP相关内容的修改完善），美国现行生效的自贸协定均在竞争政策一章中加入了针对国有企业和政府企业的条款,主要涉及非歧视、商业考虑、透明度规则等。此外,美国与澳大利亚的自贸协定还引入了"竞争中立"规则。

欧盟则在与越南、新加坡、加拿大、哈萨克斯坦和日本的经济与贸易协定中将国有企业问题单独加以规范。

通过种种方式,美、欧、日正在试图修改WTO规则。这意味着,距离以美国为首的西方国家为中国定制全球经贸规则只有一步之遥。

手段不断升级,打压也从未停止。来自中国贸易救济信息网的数据显示,自1995年WTO成立以来,全球对中国发起的贸易救济原审立案累计2176起,其中,2020年共133起,同比增速为30.39%。

巨化相关负责人感觉到,最近两年,除了调查手段不断翻新,一些发展中国家也开始加入围堵阵营。例如,2019年阿根廷对中国HFC混配制冷剂发起的反倾销调查就显得有些莫名,因为阿根廷国内根本没有这个产业,而根据WTO规则,发起调查的前提是该国至少有一家从事相同或相似产品生产的企业。

与此同时,欧盟通过抬高环保要求建立起绿色壁垒,将普通贸易壁垒扩散到技术性贸易壁垒、环境壁垒和知识产权壁垒,直抵应对全球气候变化政策和制度层面。制冷剂产业链已进入欧美贸易壁垒包围圈和技术壁垒的火力圈。

巨化及中国制冷剂产业面临的挑战,是中国国企在全球化新阶段发展过程中无法回避的问题。面对国际社会对中国国企的围剿,国企必须持续提升自身能力。

绝不妥协

巨化相关负责人认为，不论干扰因素如何，企业的技术、质量、成本控制这些内功仍是最重要的。一个企业一定要看自己的战略目标是什么，采取各种各样的方法和路径做好自己的事情。

位于四川宜宾的地方国企丝丽雅在应对印度接连不断的贸易救济调查时，适时地提升了自身的管理能力。2011年以前，集团进出口部门需要连续几周全员参与准备大量资料，耗费大量人力物力，才能准备好应诉的相应材料。后来，集团上线了进出口ERP系统NC项目，把进出口业务从线下搬到线上，做到每一笔出口都有非常严格的归档，这样在应对后续的案件时就很从容，两天时间就可以准备齐全所有的资料。

将外部的挑战当作自身进化的动力，同时提升内功，使企业得以在愈加激烈的国际竞争中依然保持领先优势。巨化与丝丽雅的做法，也是中国国有企业突破封锁、再上层楼的可行路径。

值得注意的是，在全球贸易摩擦加剧的趋势下，除了企业要加强"内功"修炼，原商务部贸易救济调查局副局长、现任中国五矿化工进出口商会副会长刘丹阳认为政府层面也有极大发力空间。

刘丹阳给出了三点核心建议：第一，对于出现新问题的案子，政府要下大力气不让它形成先例，"对于一些新的做法，全力进行应对，不能放任国外的一些政府对中国企业采取不公平的做法"；第二，对于以前对中国企业不公平的做法，政府要不遗余力、持之以恒地进行抗辩和应对，"比如反补贴应对里面低价提供原材料这个事，不要因为现在改变不了就不做了，要做好坚持10年、20年的准备，一定要改变,不做永远改变不了";第三,在双边、多边、区域性等规则制定中,中国政府可以更多地参与规则,为中国企业创造更良好的环境。

可以预见,在中国崛起的过程中,既有利益联盟对中国及中国国有企业的打压不会轻易停歇。但过往经历已经明示,打破一堵墙的最好方法是自己先变得更强大,而中国国有企业已经用实际行动证明自身拥有持续进化的能力。

第九章　官司中的光荣与梦想

"我的目标是让企业成为世界 500 强"

2002年的一天,站在慈兴集团的厂房内,面对前来进行实地调查的中美律师,慈兴集团创始人胡先根豪情满怀地说出了自己的壮志:"我的目标是让企业成为世界 500 强。"

胡先根的话让在场的金诚同达年轻的中国律师彭俊心潮澎湃,在那个简陋的厂房里,他看到了一位企业家的梦想和格局。但一同前来实地调查的美国德凯律师事务所律师布鲁斯(Bruce)对此却不置可否。

2002年,只有11家中国企业入选世界500强,进入此名单的中国企业都是大型央企,排名最靠前的是国家电网,位列榜单第60名,其次是中国石油天然气集团,位列榜单第81名。世界500强排名前10的企业中,有6家为美国公司。而慈兴集团由乡镇企业脱胎而来,在当时的情境下，与500强公司的差距是显而易见的。

慈兴集团位于浙江省慈溪市横河镇，主要生产轴承产品。1975年，横河镇相土地村将村办企业旭光五金厂改为旭光汽车配件厂，胡先根、胡纪强等18人作为厂内骨干，逐步熟识、理解轴承。1984年，年营收不过2万元的旭光汽车配件厂决定以6年支付100万元为条件，与上海轴承技术研究所签署技术联营协议，胡先根正是去签订协议的人。与科研单位的合作让这个村办小厂生机旺盛：1985年收入同比增长335%。这也成为慈兴集团乃至整个横河镇轴承产业群的来源。①

横河镇轴承产业群是浙江省在改革开放之后兴起的块状经济代表之一。作为典型的乡镇企业，在21世纪初，慈兴集团的生产线远没有今天先进，管理也相对初级，厂房内不乏工人们一边抽烟一边干活的场景。

作为一名熟悉美国公司和产业现代化程度的美国人，布鲁斯很难相信眼前的这家小厂未来能跻身世界500强。而且在此之前，布鲁斯还代理过德国轴承生产商的反倾销案，他深知此时的慈兴与装备整肃的德国生产企业存在着巨大差距。

将胡先根和彭俊、布鲁斯联系在一起的，是一起美国对中国球轴承发起的反倾销调查。

---

① 刘刚,郑亚丽,朱承.慈溪横河镇：一条"轴"的进化之路[N].浙江日报，2021-01-04（3）.

绝不妥协

2002年2月13日，根据美国托林顿轴承公司等四家公司的申请，美国轴承协会以中国轴承以低于正常价值的价格在美国市场销售为由，向美国商务部和美国国际贸易委员会申请对中国球轴承启动反倾销调查。

轴承（bearing）被称为机械的关节，主要功能是支撑机械旋转体，降低其运动过程中的摩擦系数，并保证回转精度，看似不起眼，却是从冰箱、洗衣机等家电，到机器人、汽车等机械设备必不可少的重要零部件。

中国的轴承产业肇始于20世纪80年代，从一批乡镇企业中起步。之后，部分企业顺应市场需求，研发产品、搭建产线，渐成气候，轴承产业开始相对集中，慈兴、万向等公司开始冒头。80年代末，部分轴承企业意识到国外对轴承的需求量很大，着手进军国际市场。慈兴便是在1987年5月开发了国外急需的180901A型轴承，并设计安装了一条出口产品生产流水线开始向国际市场拓展的。[1]此后，伴随国家不断松绑对外贸易经营权，中国轴承产品出海规模和数量也在不断扩大。

不过，在2000年之前，除了1986年美国对中国的圆锥滚子轴承提起反倾销调查，中国轴承产业遭遇的反倾销调查并不多。然而，随着中国轴承产业逐步进行技术升级，开始进入高精尖轴承领域，引发

---

[1] 魏全琪. 他要登上"轴承王国"宝座——来自宁波慈兴集团公司的报告[J]. 中国外资，1995,（11）:36-37,29.

了国外产业的更多关注，在2000年之后短短两年间，中国轴承产业连续遭遇来自阿根廷、美国、俄罗斯、印度等国发起的反倾销调查。

其中，2002年美国发起的球轴承反倾销调查是中国正式加入WTO后美国对中国产业提起的第一起反倾销调查。同年4月29日，美国商务部决定立案调查，调查范围包括中国28个省市253家轴承企业，涉及3亿多美元的出口值，规模之大为历年罕见，因此备受关注。彼时，中国球轴承在美国市场的占有率约为25%，一旦败诉，美国市场恐将失守，而且可能引发其他国家和地区的连锁调查。2月27日，在得知申请人提起反倾销调查后的第一时间，中国80多家主要的轴承制造商、出口商云集杭州，与有多年应对反倾销调查经验的中国机电产品进出口商会一起紧急商讨应对策略。

入世前后，反倾销在中国仍是陌生字眼，对于外国政府发起的调查，许多中国企业的第一反应是躲避和退让。相关案例不胜枚举：1997年，印度对中国冶金焦炭发起反倾销调查，由于认知不深，相关企业放弃应诉，丢掉了印度市场；2004年，美国对中国暖水虾发起反倾销调查，许多中国企业以为反倾销应诉是政府的事与己无关，抱着吃大锅饭的心态等待政府出面解决，结果到美国商务部回收调查A卷的最后期限，全国只有50余家企业填答了A卷，大部分企业选择不应诉，放弃了美国市场，有的企业在最后时刻才仓促上阵，连营业执照过期、错译公司名字等低级错误都出现了，官司未打先出局。

轴承行业同样如此，面对美国发起的反倾销调查，不是所有企业都有应诉的决心和勇气。即便参加了应诉会，最后也有近30家企业选择放弃应诉。

慈兴是决定应诉的企业之一。做出这个决定十分不易，慈兴内部为此掀起惊涛骇浪，胡先根甚至一度陷入"众叛亲离"的境地。

当时的慈兴还是家族企业，得知遭遇反倾销调查后，多数股东主张放弃应诉，只有胡先根坚决应诉。双方无法达成统一，最后，家族内其他人选择退股保平安，只剩胡先根孤身奋战。

甘愿顶住家族压力也要应诉，胡先根的勇猛里是一位企业家的远见和洞察：基于对国际市场的认知，胡先根隐隐察觉到美国发起的反倾销调查不全是挑战，也有机会可寻。

梳理相关信息能够发现，美国对中国球轴承发起的反倾销调查，只是其组合拳的一部分。在对中国球轴承进行反倾销调查之前，美国已经对日本和欧洲的轴承产业发起了类似调查，美国产业借反倾销调查对全球轴承布局进行重新洗牌的意图明显。

20世纪八九十年代，技术含量更高、国际市场需求也更大的精密轴承、特型轴承、微型轴承的生产，主要由日本、美国、德国、法国等发达国家主导，中国轴承打的是物美价廉牌，市场竞争力有限。但是随着技术不断升级，中国轴承逐渐从原先的低端产品向中高端产品渗透。

此时的慈兴已经切入高精尖市场，在美国已经对日本、欧洲的轴承企业采取贸易救济措施的背景下，慈兴如果能在应诉后获得低税率，叠加原有的规模和成本优势，其在美国乃至国际市场的份额和竞争力无疑将进一步扩大。这是一个挑战与机遇并存的商机，正因如此，除了肉眼可见的风险，胡先根看到的还有借此成为全球轴承产业头部企业、跻身世界 500 强的可能性。

不应诉也许仍有活路，但很难成为一家更优秀的企业。在当时的情况下，能够做出这样的判断，胡先根的视野和思维都足够开阔。

胡先根能赌对吗？

球轴承反倾销案可谓一波三折。一开始，中国企业屡次陷入危险境地。2002 年 4 月 26 日，美国国际贸易委员会初步裁定中国出口的球轴承对美国国内产业造成了实质性损害。2002 年 10 月 15 日，美国商务部做出初裁：浙江皮尔公司的反倾销税率为 2.39%，万向集团为 39.93%，慈兴集团为 32.69%，其他应诉企业的平均税率为 22.99%，未应诉的中国其他公司则实行 59.3% 的税率。

初裁结果出来后，慈兴集团和万向集团的代理律师从美国商务部公布的倾销幅度计算信息中发现了计算错误，初裁结果因此进行了更正：慈兴集团的反倾销税率从原来的 32.69% 改为 2.32%，万向集团的从原来的 39.93% 改为 2.5%，其他应诉企业税率降为 2.41%，对于未应诉的中国其他公司仍实行 59.3% 的反倾销税率。

更好的消息在 2003 年 4 月 3 日传来：美国国际贸易委员会终裁认定中国出口的球轴承没有对美国国内产业造成损害。至此，历时一年多的反倾销调查以无损害结案，积极应诉的中国企业毫发无伤地渡过了这次危机，也因此收获了更大的发展机遇。

胡先根赌对了。赢了反倾销案后，保住美国市场的慈兴发展提速。2003 年，胡先根名列中国 400 富人榜第 132 名，如今慈兴也早已成为行业龙头。

时隔多年，当年刚参加工作不久的彭俊如今已经成了金诚同达合伙人，回忆往昔，彭俊对胡先根说出的那句"我的目标是让企业成为世界 500 强"记忆犹新。

胡先根的不畏困难、不惧挑战显露出，在中国加入 WTO 初期，一批接触了国际市场的企业家已经开始觉醒，对风险与商机之间关系的敏锐判断力逐渐形成：进行国际贸易时，进口国发起的贸易救济调查既是挑战，也可能转化为机遇。

火种已经悄然埋下，而中国企业家攀登高峰的故事才刚刚开始。

"绝对不能颠倒黑白，事实不分"

在胡先根顶着家族压力孤身应对美国反倾销调查的同时，另一位企业家正在酝酿一场更为直接的反击：2002 年 4 月，来自中国福建的汽车玻璃生产商福耀玻璃工业集团股份有限公司（以下简称"福耀"）向美国国际贸易法院递交诉状，起诉美国商务部在确定其出口产品正常价值时采取了错误的计算方法。

中国企业在美国"民告官"？福耀的举动引发了国内外关注。

2001 年 3 月 27 日，美国商务部应美国 PPG 公司、Safelite 公司和 Apogee 公司申请，对中国汽车挡风玻璃产品启动反倾销调查。福耀玻璃工业集团股份有限公司、深圳奔迅汽车玻璃有限公司、信义汽车玻璃（深圳）有限公司以及皮尔金顿集团（代表下属的桂林、武汉、长春等分公司）参加了应诉。

起诉方之一美国 PPG 公司始建于 1883 年，总部设在美国匹兹堡市，是大型涂料和特种材料供应商，连续多年被《财富》杂志评为全球最受称羡的化学品公司。与之相比，福耀是一家十分年轻的公司。

1977 年，已过而立之年的曹德旺决定和明溪县二轻局采购员吴异璜、明溪农场林庶乎这两位好友办一个乡镇企业——高山玻璃厂。1983 年，曹德旺承包了这家工厂，并于 1985 年将主业转向汽车玻璃。1987 年，在当地政府的支持下，曹德旺扩大经营规模，兴建中外合资福建耀华玻璃工业有限公司。很快，福耀汽车玻璃的产量和品牌在国内乡镇企业中独树一帜。1989 年，福耀开始向香港配件市场出口汽车玻璃；同年 7 月，向广州标致出售汽车玻璃，业务拓展至配套汽车玻璃市场。两年后，福耀向加拿大 TCG International Inc. 出口汽车玻璃，业务正式拓展至发达国家的汽车配件市场。

1993 年在上海证券交易所主板（A 股）上市后，福耀国际化进程提速：一方面与国际汽车玻璃龙头企业法国圣戈班合资建厂，学习国际先进的管理模式和生产经验；另一方面到美国成立公司，负责汽车玻璃销售，加速海外扩张，国际市场份额持续提升。也就是在此时，美国国内汽车玻璃产业开始利用贸易救济工具对福耀进行围追堵截。

在 2001 年 3 月美国对中国汽车挡风玻璃产品启动反倾销调查后，同年 9 月，PPG 公司在加拿大的子公司也向加拿大海关税务署提出申请，要求对来自中国的用于配件市场的汽车挡风玻璃产品进行反倾销调查。

一时间，福耀在北美市场两地受击。幸运的是，在多方努力下，2002年8月30日，加拿大国际贸易法庭就损害方面做出了否定性终裁，中国胜诉，此案被称为中国入世后反倾销胜诉第一案。但在美国的情况却不容乐观。2002年2月12日，美国商务部发布了反倾销税征收令，中国企业被征收3.70%~124.50%的反倾销税，其中，福耀集团的反倾销税率为9.67%。

当时，大部分企业对反倾销调查都是唯恐避之不及的态度。对中国企业而言，在美国商务部的裁决面前，无奈接受似乎是唯一选择。

但越是困难重重的时候，越能展现企业家的能力和决断力。面对美国商务部的最终裁决，曹德旺的选择是继续抗争，在他看来，"卖不卖玻璃是小事，但绝对不能黑白颠倒、事实不分，被人弱肉强食"。①

然而此时美国商务部已经做出最终裁决，中国企业除了等待年度复审争取更佳税率，似乎没有太多的路可走。

梳理了种种信息后，在看似已经身处绝境的情况下，这位来自福清的中国企业家从繁杂的关系中找到了破题之道。

美国实行的是立法权、行政权、司法权各自独立且相互制衡的三权分立制度，这一制度也贯彻到了国际贸易领域。美国的反倾销调查主要涉及美国商务部和美国国际贸易委员会两个主管机构，但若加上

---

① 独孤秋秋.专访中国入世后反倾销胜诉第一人曹德旺：不当国际贸易的弱者［EB/OL］.（2003-10-29）［2021-09-15］.https://news.sina.cn/sa/2003-10-29/detail-ikkntiak8468548.d.html?from=wap.

征收反倾销税的机构美国海关，以及司法审查机构国际贸易法院和联邦巡回上诉法院，则可以涉及5个享有管辖权的机构。

在这个架构下，福耀可利用美国政治体制下不同权力主体间相互制约的关系，为自己讨回公道。

1980年，美国国会通过了《海关法院法》，建立了美国国际贸易法院，取代了权力和管辖权有限的美国海关法院。新的法院被赋予全国管辖权，负责处理与海关和国际贸易法有关的民事事项。美国商务部行使行政调查权，国际贸易法院对相关的行政裁决享有司法管辖权，利害关系方可以针对美国商务部和美国国际贸易委员会的裁决，向国际贸易法院提起诉讼。

基于此，曹德旺做出决定：向美国国际贸易法院起诉美国商务部，推翻原审结果。

"要为我们的利益站出来想办法"

获知曹德旺计划起诉美国商务部的想法后，金诚同达创始合伙人田予从北京来到福建，在与福耀玻璃应对反倾销的团队签订合同后，又见了曹德旺。没想到，见面之后，曹德旺主动对田予提出增加律师费："只要案子打赢了，就给律师加钱。"在田予的职业生涯中，这是头一个也是唯一一个主动对律师提出加钱的企业家。曹德旺对于告赢美国商务部的意愿之强烈由此可见。

事实上，仅从商业利益的角度考量，福耀当时的国际市场已经打开，其并不仅仅只有美国一个出口市场，即便失去美国市场，福耀的汽车玻璃也不愁卖。

而且根据美国《1930年关税法》的规定，当调查机关做出肯定性初裁后，调查机关会通知海关要求进口商对每一笔被调查产品的进口缴纳保证金。调查机关如果做出肯定性终裁，会通知海关继续要求进口商对每一笔被调查产品的进口缴纳保证金。在缴纳反倾销税保证金之前，海关不能放行被调查产品。

当时，福耀缴纳的反倾销税保证金已经高达500多万美元，请律师起诉美国商务部还需要投入大量的财力、人力，对企业来说这些都是不小的支出，财务上会承受一定压力。但即便如此，曹德旺依然选择坚决起诉。主动给律师提出加钱，不是因为有钱没处花，而是因为想赢，也足够信任专业人士的专业能力。

告赢美国商务部最直接的影响固然是反倾销税率可能降低甚至归零，但在曹德旺看来，诉讼的更重要意义在于，中国企业必须展现遇到不公正待遇时奋力抗争的勇气和能力。

曹德旺曾在接受采访时如此阐述："状告美国商务部，这也算是我们在国际贸易纠纷中从不知道到知道的一种认识过程。当时以为美国是老牌市场经济国家，同时也是WTO条约国中活动最积极的，在平时的贸易活动中也一贯推行WTO的'公平、公开、公正'原则，此外它还是一个老牌的宪制国家。从以上几点考虑，它肯定会维护公平的裁判。后来的判决证明我是错的。当判决下来后我意识到这不但是在枉法裁判，更是国家对国家间的一种贸易报复和惩罚。为了区区几千万，一些美国商务部官员居然不顾国家与法律的尊严与廉耻枉法判决，这是让人绝对不能容忍的。"

而坚定抗争的意义在于，"我们应该为我们自己的利益站出来想办法，而不是让别人指指点点吃哑巴亏"。①

曹德旺和福耀的坚持没有被辜负。

2003年12月18日，美国国际贸易法院做出裁定，要求美国商务部重新考虑福耀集团从韩国、泰国和印尼采购浮法玻璃的行为是否构成公平交易等相关问题。2004年3月17日，美国商务部发布了修改后的裁决结果，但仍拒绝考虑福耀集团来自上述三国的原材料采购，并且拒绝修改其计算方法。福耀再次向美国国际贸易法院提出申诉。2005年1月25日，美国国际贸易法院发布了第二份裁决，明确要求美国商务部或是认定福耀集团来自上述三国的原材料采购为公平的市场交易，或是重新搜集更多信息。2005年6月9日，美国商务部采纳了福耀集团来自上述三国的原材料采购成本，并最终发布修改后的反倾销税率，认定福耀集团的反倾销税率为0%，福耀集团被排除在反倾销征税企业名单之外。

福耀成为中国入世后第一家状告美国商务部并赢得胜利的中国企业，其面对反倾销调查以及美国商务部不公平裁决的硬气也为自己赢得了更大的谈判筹码。

---

① 独孤秋秋.专访中国入世后反倾销胜诉第一人曹德旺：不当国际贸易的弱者 [EB/OL].（2003-10-29）[2021-09-15].https://news.sina.cn/sa/2003-10-29/detail-ikkntiak8468548.d.html?from=wap.

绝不妥协

曹德旺的企业家智慧在这个过程中展现得淋漓尽致。

在法律的战场上聘请最专业的律师团队持之以恒论理的同时，曹德旺也主动登门拜会PPG公司，说服对方以合作替代对抗，争取双赢。经过沟通，双方达成合作。PPG公司以技术入股福耀在美国的分公司绿榕公司，填补了福耀在美国物流上的缺位，福耀则弥补了PPG公司在亚洲没有工厂的缺憾，同时，福耀还购买了PPG公司的浮法玻璃生产线。

赢得反倾销诉讼后，福耀彻底化解了美国市场存在的潜在风险。而与PPG公司的合作也为福耀日后在美国的产业布局埋下伏笔。①

胜诉10年后，2014年，福耀以5600万美元的价格购买了PPG公司位于美国伊利诺伊州的Mt.Zion工厂资产。曾经利用反倾销大棒逼得福耀将美国商务部诉至法院的PPG公司，经历这次资产剥离后已经彻底离开汽车玻璃的赛道。自1995年开始在美投资的福耀，则通过此次收购再一次扩大了自己的美国市场的版图。

10余年间，福耀的产业已经遍及全球，真正成长为全球性的汽车玻璃龙头企业。

进行美国市场布局的时候，曹德旺富有远见的特质再一次得到展现：考虑到在美国的投资会越来越大，曹德旺需要为福耀找到一位资深的法务负责人来管理风险。

---

① 瞿宜同.曹德旺"赴美"三部曲 福耀玻璃收购PPG子公司［N］.华夏时报，2014-09-06.

第九章 官司中的光荣与梦想

多年前参与了加拿大汽车挡风玻璃案政府核查的侯江笑律师进入了福耀的视野。此时,她已经是美国一家专注于大型商业诉讼的律师事务所合伙人及其中国业务的负责人。面对福耀的邀请,侯江笑一开始有些犹豫,她问是否能以外部常年法律顾问的形式参与,但曹德旺的回答是:"不行,美国这个摊子要铺得很大,需要全职在公司那边负责法律事务。"

在福耀安排的三四天考察行程中,侯江笑近距离与曹德旺进行了多次沟通,也随曹德旺参观了俄亥俄州、密歇根州和伊利诺伊州的福耀工厂,这些实际接触和了解改变了侯江笑的想法。在行程的最后一天,在福耀的管理层会议上,曹德旺对大家说:"你们要欢迎一下你们的新同事。"于是,当年在加拿大汽车挡风玻璃案中代理中国商务部的年轻律师侯江笑,在15年后成了福耀北美的总法律顾问。

在积极应诉之外,有感于中国企业对反倾销的陌生,福耀还与对外经济贸易大学成立了中国反倾销研究所,邀请业界、学界、政府官员就国际反倾销热点问题进行探讨,以提升各界对反倾销的认知。

躬身入局的作用是无穷的,在入世之初的懵懂年代,福耀的做法还在影响着更多人。

星星之火,可以燎原。

"一定要把对手打服"

2008年5月16日,A股上市公司浙江盾安人工环境股份有限公司（以下简称"盾安"）发布公告，称"已经获悉美国国际贸易委员会委员投票表决后做出初步裁定，认为本公司和国内另一公司向美国市场销售家用空调截止阀产品已对美国国内同一行业造成实质性损害。提请广大投资者注意因此事项可能导致的投资风险"。

此时正是盾安重组制冷业务以实现旗下制冷业务全部上市的关键时刻。

盾安的前身为1987年成立的诸暨店口振兴弹簧厂。1987年，姚新义放弃在国营工厂的合同工工作，创办了家庭作坊诸暨市店口镇振兴弹簧厂。随后，弹簧厂又改为拖拉机配件加工厂。1993年，姚新义几经曲折贷得50万元。有了资金，姚新义的事业开始起飞，逐渐与知名企业建立合作关系，确立了中国冷配市场的龙头地位。2004年，从事中央空调研发制造的盾安成功上市。2007年，盾安决定将集团中的制冷配件整合到盾安中，以实现旗下制冷业务全部上市。

制冷配件是盾安的起家产品，盾安也是该业务领域龙头，不仅为格力、海尔、美的等国内知名家电生产商供货，还成功打入国际市场。然而就在这个敏感时刻，美国却对空调用截止阀启动了反倾销调查。

2008年3月，美国Parker Hannifin Corporation（以下简称"帕克"）向美国商务部和美国国际贸易委员会提起反倾销调查申请，指控三花股份和盾安存有向美国市场倾销家用空调方阀产品的嫌疑。消息传出后，盾安于3月22日发布公告披露了该案件可能造成的影响，"公司2007年向美国市场出口上述家用空调方阀产品销售收入为798万美元，约占公司营业收入的2.3%（未经审计）；初步预计今年可能达到2.5%"。

第九章 官司中的光荣与梦想

涉案金额虽然不大，但潜在风险不可控，聘请律师应诉是当务之急。

时值盾安在北京召开董事会议，当时担任副总裁的喻波给金诚同达合伙人杨晨律师打来电话，邀请其在当天晚上10点董事会议结束后见面聊聊。经过三小时的沟通，盾安决定聘请金诚同达为代理律所应对美国的反倾销调查。第二天下午，双方正式签订合同。彼时，喻波加入盾安不过三个多月，参与律师聘请沟通的另一位高管为盾安副总裁江挺候，公司创始人未直接参与。盾安职业经理人的高度职业化、管理层做决策的效率，以及公司对律师专业能力的判断和信任，给杨晨留下了极深的印象。

在聘请律师积极应诉的同时，盾安加快进行海外布局。2008年，盾安投资落地泰国，并逐渐打开本地市场。海外布局落地使得盾安在中国生产的产品出口量开始下降，到2010年第一次行政复审时，盾安从中国出口到美国的涉案产品贸易金额只剩9.8万美元，继续应诉并没有太大的实际经济利益，而律师费就要花上好几十万美元。但是，盾安义无反顾地要继续应诉。

创始人姚新义对杨晨说："杨律师，我们接着打，9.8万美元出口额我也要打，一定要把海外竞争对手打服。"

美国申请人帕克与盾安的关系可谓爱恨交织。

帕克成立于1917年，总部位于俄亥俄州克利夫兰市，是各类运行与控制技术及系统设备生产商，也是盾安在美国的进口商。盾安和帕克其实有非常稳定的贸易伙伴关系，盾安的工厂甚至为帕克专门定制了一条生产线。

一边合作，一边对盾安提起反倾销调查，帕克的心思很微妙。其依赖从中国进口的产品，但又不希望中国企业的出口量太大影响到美国国内市场价格，波及自身利益，所以帕克采取贸易救济调查手段对部分产品发起调查用以制衡。

与帕克的特殊关系，以及对帕克诉讼动机的认识让姚新义意识到，这个反倾销案应诉的目标不仅是税率，也是形成一种威慑：要通过应诉让帕克和其他国际伙伴对自己有一个正确的认知，不要轻易来挑衅我们。基于这样的认知和信念，盾安花了几十万美元的律师费一直把这个案子打到零税率，直到盾安在中国已经没有对美国相关产品的出口，才不再继续。

姚新义不完全基于应诉成本和短期收益而坚持把官司打到底的做法让杨晨印象深刻。度过加入WTO之初的青涩期后，中国企业家们应对国际贸易救济调查的意识和能力都日趋成熟。更重要的是，企业家们越来越具有远见和魄力，在复杂的国际贸易关系中，懂得利用法律手段制衡与竞争对手或合作伙伴的关系。

盾安的做法不是孤例。

2009年，与盾安同在诸暨市店口镇的海亮[①]遭遇了美国对中国无缝精炼铜管材发起的反倾销调查。原审时，海亮应诉结果很糟糕，获得了60.85%的惩罚性税率，这导致其无法继续从中国向美国出口铜

[①] 2020年，海亮营业收入1964.2亿元，综合实力位列世界企业500强第428位、中国企业500强117位、中国民营企业500强第29位。

第九章 官司中的光荣与梦想

管产品。虽然海亮当时已有国际化的业务布局，可以从越南等工厂出口美国，保证其整体出口不受影响，但海亮依然想保留中国市场对美出口的可能。时任盾安副总裁和董事会秘书的喻波，将杨晨介绍给了海亮。2011年，在盾安的牵线下，时任海亮股份公司总经理曹建国（现任海亮集团董事局主席）与杨晨见面沟通。

时隔多年，杨晨依然记得第一次见面时曹建国对自己说的话："我之前选律师瞎过一只眼，我希望你不要让我另外一只眼也瞎了。"面对曹建国的失望和期待，杨晨也给出了诚恳和务实的回答："你们原审打得太糟糕了，现在连做强制应诉企业的机会都没有，如果让我们来做，可能需要5年左右的时间，才能够帮助海亮从中国重新回到美国市场。"

杨晨为海亮制定的方案是：头两年先搭车别的强制应诉企业，一年出一单，保住应诉资格，以便在行政复审时拿到平均税率，在平均税率足够低的时候，某一年开始放量出口，争取强制应诉企业的资格，再去争取最优的单独税率。

这是一个长期战略，考验企业的耐心、对律师的信任，以及律师团队对形势的把握和判断——如果判断不准，很容易踏空导致所有努力化为乌有。在接下来的几年里，海亮充分展示了自己对国际市场的长远规划和对专业人士的充分信任，金诚同达的律师团队也展现了自己的专业能力和水平。最终，在2016年第五次行政复审中，海亮拿到了零税率，其中国工厂重新敲开了美国市场的大门。

海亮在原审时的遭遇，是中国企业在应对国际贸易救济调查时常犯的典型失误。

原审时海亮聘请的是某知名美国大所，并没有聘请中国律师予以配合。在应对涉外法律事务时，许多企业更加信任国外大所，但国外大所实际上并不一定是个案的最优选择。一方面，反倾销业务专业性极强，一些千人大所（无论是欧美所还是中国本土律所）看上去整体规模大，但具体做反倾销业务的律师可能并不多，在这个领域的实力不一定非常强。另一方面，企业在与国外律所沟通时很难有能力对他们的工作进行把控和评价——律师的工作进度、投入程度乃至账单费用管理等专业问题，企业都无法做出准确的判断。

金诚同达合伙人符欣律师介绍，在一些案子中，企业会要求中方律师对外国律师的小时账单进行审核，在最终发给企业之前，中方律师会根据专业的判断和对工作流程的把控，要求外国律师对明显不合理的多收费情况进行修改。类似这样的事情，都需要有懂行的人把关。在中国众多案子中历练出来的中国律师，能力已经完全能够胜任，且对中国企业有天然的情感连接，更能从企业的利益出发做决策。

可以说，国际贸易救济调查涉及方方面面，一着不慎就可能满盘皆输。可喜的是，在不断对抗的过程中，企业家们的认知也在更新和提升。

2012年，美国对中国黄原胶发起反倾销调查。国内黄原胶产业知名的两家公司同时找到了金诚同达，其中一家对杨晨说："我们等这个案子已经等了三年，我们一定要通过这个案子去掌控美国市场。"这说明，如果企业通过应诉获得了更低的税率，便能显著拉开与竞争对手的差距。

显然,两家企业都意识到了其中的机会,因此,为了拿到好结果,国内顶尖的国际贸易律师团队成了它们的争抢对象。这样的情况后来出现得越来越多,甚至出现了企业竞相加价聘请优秀律师的情况。

与10年前被动应诉的前辈相比,盾安、海亮以及黄原胶案中的企业的表现显示出,入世10年后,面对国际贸易救济,企业家们不仅不再躲避、后退,还学会了借力打力,为自己争取最优结果。中国的企业家们已经迅速成长起来。

"和跨国巨头不断对决"

2002年在慈兴厂房听胡先根讲述成为世界500强梦想的美国律师大概很难想到,20年后,中国进入世界500强的企业数量会超过美国。

2021年8月2日,《财富》世界500强排行榜发布,中国大陆(含香港)上榜公司数量连续第二年居首,达到135家,比上一年增加11家。美国共计122家公司上榜,比上一年增加1家。排名前10的公司中,中国企业占据3席。

对如今的中国企业来说,世界500强早已不是遥不可及的梦想,短短20年间,中国企业已经进入世界商业领域的头部位置。

世界级的公司,需要世界级的能力。

2018年,因标准必要专利的授权费用纠纷与瑞典爱立信通信有限公司（以下简称"爱立信"）在全球缠斗了数年的 TCL 科技集团股份有限公司（以下简称"TCL"）找到金诚同达，希望能在国内采取一些反制措施。

TCL 与爱立信的专利纠纷始于 10 年前。在 4G/3G/2G 标准必要专利领域很有话语权的爱立信，按照自己制定的费率向全球手机终端厂商收取专利许可费。TCL 收到爱立信的报价时做了一个反报价，由于这个反报价不符合爱立信的预期，因此爱立信在全球起诉了 TCL。TCL 副总裁、全球法务总监杨进介绍："最激烈的时候爱立信在 17 个国家告了 TCL，既包括发达国家，如美国、德国等国，也有新兴国家，如巴西、俄罗斯。"

为摆脱在全球疲于应诉的被动局面，2015 年之后，基于对过往判例的研究，TCL 向美国加州法院提出请求并成功获得禁诉令，将双方的全球诉讼大战全部中止，只剩美国法院的审理继续。

美国的"战场"一个在加州，一个在得州东区。加州法院要解决的核心问题是在全球范围内，TCL 应该按照什么样的费率向爱立信的标准必要专利缴纳许可费，才是符合公平合理和无歧视原则的。得州东区法院审理的是爱立信以五件非标准必要专利起诉了 TCL 的侵权案件。2018 年，得州东区法院一审判决 TCL 需就爱立信仅存的一件进入判决程序的专利向爱立信赔付 1.1 亿美元，如此高昂的赔偿不仅严重损害了 TCL 的利益，也为其他手机终端厂商与爱立信的谈判和诉讼蒙上一层阴影。

面对得州东区的这个结果，除了在美国继续上诉，TCL 也希望走出被动局面，争取主动权。基于 TCL 的需求，金诚同达律师团队经过研究后给出方案。

第一，以美国专利诉讼案的判决为起点，收集并研究爱立信滥用市场支配地位的情形，推动中国反垄断调查机关对爱立信进行反垄断调查，就爱立信滥用市场支配地位形成肯定性意见并予以处罚。

第二，基于上述反垄断案件行政调查程序的进展，在适当的时间，推动中国手机生产企业在各地法院发起不正当竞争或违约索赔（违反 FRAND 承诺）的系列民事诉讼，形成"类型性案件"，引起司法机关的重视。

一旦中国监管部门对爱立信发起反垄断调查，将对欧盟、美国等其他国家形成示范效应，爱立信将面临极大压力。通过法律武器，TCL 可以平衡甚至扭转局势，为自己增添谈判筹码。

但这个方案从想法到落地面临诸多挑战。要使中国的调查机关立案，申请方需提供足够的证据支撑，符合相关法律法规的要求。而经过近 10 年、涉及全球 17 个国家的诉讼，TCL 通过与爱立信的对垒积攒了海量资料，如何从这些资料里找到并整理出符合需要的文件，需要投入大量人力、物力和财力。

虽然方案实施难度高，工作量巨大，但带领 TCL 布局国际化多年的 TCL 创始人、董事长李东生深知这个决定的重要性：国际竞争本来就是和跨国巨头不断博弈的过程；在相信自己的确有可战之处的案件中，面对如此不利的情形，企业为了生存和发展，必须破釜沉舟、背水一战。

最高决策层做出决定后，杨进带领 TCL 法务团队与金诚同达律师团队开始了近两年的艰苦工作。

为了整理证据，律师团队要从全球 17 个国家过去 10 年发生的案件中收集整理材料，同时还要找到当时参与各个国家各个程序的证人、专家、律师，让他们回忆或者提供资料，并把不同的语言翻译成中文。这十分考验律师的专业能力和水平。令人欣慰的是，如今，世界级的公司已经有了世界级的律师保驾护航。

杨进介绍："我们在深圳中院反垄断民事索赔的诉讼中创了一个纪录，光是为开庭准备的材料就达到 10 万页。10 万页的材料光装订、运输就是问题，我们专门租了个中巴车，把这一车 10 万页的材料拉到深圳中院去开庭，工作量可想而知。"

艰辛的工作终于取得了成效。2019 年 4 月，国家市场监督管理总局突击检查了爱立信北京办公室，并进行现场取证，TCL 谋求的反制手段取得了阶段性成果。

2020 年，经过艰苦不懈的努力，TCL 对得州东区法院判决的上诉案获得令人振奋的结果：爱立信的涉案专利被联邦上诉法院宣判无效，得州东区法院做出的 1.1 亿美元损害赔偿金的一审判决被撤销。加之国内系列反制措施也逐步展现成效，TCL 和爱立信 10 年较量的天平终于开始向 TCL 倾斜。

杨进介绍："我们从在海外被动挨打，转为利用规则阻止了对方的全球滥诉，并扛住了美国的诉讼，背水一战上诉推翻了不利判决，同时在国内积极发起系列反制，一点点平衡战局，最终实现反转。

局势的转变也促使爱立信理性思考,在去年(2020年)底开始寻求与 TCL 和解。"

2021 年 7 月,TCL 与爱立信终于握手言和,就全球系列专利诉讼和争议达成了全盘和解。杨进认为,这个结果的意义首先在于双方关系翻开了新的篇章,从以矛盾、冲突为主旋律转变为携手增进产业合作,共同用科技为社会和消费者带来更多更好的产品和体验。更重要的是,这个案件为标准必要专利全球费率的确定、标准必要专利许可的谈判方式,以及专利侵权、不正当竞争和反垄断等领域交织的司法实践提供了难得的标本案例,为行业应对处理标准必要专利的许可和诉讼风险做出了积极贡献。"从事实看来,以 TCL 为代表的中国出海企业所追求和呼吁的公平、合理、无歧视的专利使用原则,得到了普遍的司法支持。"

TCL 的经历显示,中国企业在国际贸易中面临的问题日趋复杂,但通过不断学习和磨炼,越来越多的中国企业开始掌握国际竞争的游戏规则,为维护正当权益敢于亮剑并屡创佳绩,这本身也是中国出海企业核心竞争力日益提升的证明。

20 年前,反倾销是国外巨头压制冉冉升起的中国企业的常用武器,但如今,国外的工具库早已更新。与入世之初相比,如今的中国企业需要与跨国巨头贴身肉搏,且比拼越来越向知识产权领域聚集,这既源于中国企业发展壮大、产业不断升级的客观现实,也有全球范围内的既得利益者对中国企业进行打压和围堵的复杂因素。

如今摆在中国企业家面前更值得探究的问题是,如何充分利用规则保护自身权益,并在商战中掌握主动权。TCL用实际行动做出了极佳的示范,基于对国际规则的纯熟运用,合理维护了自己的发展利益。

更加令人欣喜的是,除了已经闯出名堂的跨国巨头,中国的新生代企业家在持续突破更大国际市场的同时,也有了利用法律保护自身权益的意识。新一代企业家不光带领企业走出去,也正在直接面对海外和全球市场的竞争。有前辈的经验在前,他们在开拓海外市场时,便有意识地咨询律师意见,将投资行为建立在科学的、对目标市场全面分析论证的基础上,从而规避可能存在的法律风险。

不贪一时得失、目光远大、行动坚定,正是在一代代企业家的探索和坚持下,中国企业以超乎寻常的勇气、智慧和担当,在激烈的国际竞争中为自己赢得了更多尊重。

有关中国企业的商业故事还将继续书写出更精彩的华章,中国企业家的故事永远未完待续。

第九章 官司中的光荣与梦想

下篇

国家利益

第十章 看不见的"安全阀"

隐蔽的"卡脖"术

2020年11月23日,一架装配国产航空轮胎的ARJ21-700飞机103架机平稳着陆在山东东营胜利机场,这标志着国产ARJ21飞机装配国产航空轮胎首飞成功。

ARJ21(Advanced Regional Jet for 21st Century)支线客机,是中国按照国际标准研制的具有自主知识产权的飞机,于2002年立项研制,2007年总装下线,2008年成功首飞,2015年交付成都航空并于次年正式投入商业运营。但在此次装配国产航空轮胎首飞成功之前,ARJ21飞机配备的都是进口轮胎。

航空轮胎是保证飞机起降安全的关键部件,是飞机起飞、降落和滑行时唯一接触地面的部件,使用工况与汽车轮胎完全不一样,载荷是普通轮胎的数十倍,速度是普通轮胎的4~5倍,最高时速达

450千米，气压更是被认定为航空轮胎的"生命"。在轮胎制造领域，航空轮胎素来被称为行业"皇冠上的明珠"，对轮胎企业的技术和制造工艺有着近乎苛刻的要求。①

2020年，中国科学院院长白春礼将航空轮胎列入被外国"卡脖子"而需要攻克的任务清单中。

其实，我国很早就开始投入研发航空轮胎。

自1950年起，沈阳第三橡胶厂被确定为我国第一家航空轮胎和安全防护轮胎的生产基地，开始研制新产品。1951年1月，沈阳第三橡胶厂由自行车轮胎工厂改造为飞机轮胎生产工厂。当年2月，研制成功新中国第一批航空轮胎，三条660×160规格战斗机轮胎。5月，航空轮胎正式投产，为米格15等飞机配套。在高峰期，这里曾经承担了全国90%的飞机轮胎生产任务。

1965年，沈阳第三橡胶厂动用1/3的设备和人员支援银川轮胎厂的建设。1969年，部分工厂搬迁至桂林，协助建设桂林轮胎厂，并建立了飞机轮胎车间。在工厂实验室的基础上，成立了沈阳橡胶工业公司轮胎研究所，后于1974年迁往桂林成立曙光橡胶工业研究所（即现在隶属中国化工集团旗下中国化工科学研究院的中国化工集团曙光橡胶工业研究设计院有限公司，以下简称"曙光院"），成为我国唯一的特种轮胎科研生产基地。②ARJ21飞机装配的国产航空轮胎便

---

① 郝章程.森麒麟航空轮胎"载梦起飞"［J］.中国橡胶，2017, 33（15）:24-26.
② 追忆：沈阳第三橡胶厂回眸！［N/OL］.轮胎报.2021-09-18.https://new.qq.com/rain/a/20210918A0F79M00.

是由曙光院附属公司桂林蓝宇航空轮胎发展公司研发生产的。

经过多年积累,我国在航空斜交轮胎上取得了一些成绩,但在航空子午线轮胎上仍未有突破。2017年12月18日,国家自然科学基金重大项目"大飞机子午线轮胎先进复合材料及结构的设计与制造基础研究"项目正式启动,旨在让多家科研院所和生产企业形成合力,共同攻关航空轮胎。2020年,广州黄埔公布将建设全国首个航空轮胎动力学试验大科学装置的消息,以解决航空轮胎"卡脖子"问题。

中国在航空轮胎上进行了长期投入,但现实是由于波音、空客等的主流航空飞机所配套的高级子午线航空轮胎仍由国外轮胎巨头牢牢把控,该领域长期处于国际轮胎巨头垄断之下。米其林、固特异、普利司通轮胎分别占全球市场份额的37%、20%、30%,其余品牌仅为13%。在国内航空轮胎市场,国际巨头更是占据95%以上的绝对垄断份额。我国民用航空轮胎对进口的依赖程度依然很高。[1]

中国民航局发布的《2019年民航行业发展统计公报》显示,截至2019年年底,中国民航全行业运输飞机期末在册架数3818架,到2035年中国市场航空轮胎需求量将达121万条/年,市场价值100亿元。如此巨大的市场意味着外国轮胎巨头可以从中国获得巨额利润,但家门口的这个大蛋糕,本土轮胎厂商却很难吃到。

国产航空轮胎被卡脖子,技术层面的差距固然是重要原因,但国

---

[1] 轮胎助川航惊天一落 森麒麟借航空轮胎能否破茧成蝶?[EB/OL].(2018-05-17). https://www.sohu.com/a/231989026_465287.

外轮胎巨头通过技术封锁、短期低价竞争等隐蔽方式挤压中国航空轮胎、打压中国产业链的做法,也是造成中国本土航空轮胎产业无法真正建立和发展的重要原因。

作为飞机的关键部件,航空轮胎的发展同样依托飞机制造商的带动,需要飞机制造商提供市场和机会。掌握着航空轮胎话语权的轮胎巨头们并不乐见中国航空轮胎崛起。因此,当中国航空轮胎取得突破性进展的时候,便会遭遇国外公司的非常规打压。

据参与航空轮胎研发的老一辈研发人员介绍,中国航空轮胎研发一旦有实质性进展,国际航空轮胎公司就降价,在同等价格下,飞机制造商为了求稳,就不愿尝试中国轮胎,等中国企业研发停滞了,国外公司就又开始涨价。

好在中国国产飞机研发成功为中国国产航空轮胎提供了市场和机会。2020年11月,华夏航空与中国商飞公司签署了100架国产民机购机协议。对于为何要一次性订购100架,华夏航空董事长胡晓军做出如下解释:"从商业或安全角度考虑,一次订购20架也可以,但是我们还是想提振行业的信心,更重要的是提振供应链的信心。从这个意义上讲,10架、20架地订购没意义,因为对供应链的激励和刺激是需要量的。所以,订购100架首先确实是市场有支撑,不是脑子一热;第二个方面是要对供应链进行推动。"[①]

---

① 陈姗姗. ARJ21将在通程网络中起重要作用——专访华夏航空董事长胡晓军 [J]. 大飞机, 2020, (11): 28-31.

航空轮胎的发展之路,是国外产业利用倾销方式压制中国本土产业的一个典型代表。在国际贸易领域,这样的故事并不少见,尤其在中国加入 WTO 之后,大量外国商品有了涌入中国市场的机会,许多国内产业因此承受了极大的竞争压力。

《经济参考报》曾记录了这样一段历史:加入 WTO 后的 5 年里(2001 年至 2006 年 7 月),我国进口了大量棉花,其中美国棉花占一半以上,进口棉集中涌入,挤占了国产棉花市场。美国棉花产值每年不过 30 多亿美元,而政府对棉花生产和出口的各种补贴却超过这一数字,这使得美国棉花在国际市场上依靠低廉的价格到处攻城略地,导致长江中下游和黄河流域棉花种植面积逐渐萎缩。自 2005 年以来,我国主营棉花的企业普遍因进口棉的冲击而亏损。[1]

截至 2019 年 12 月,美国棉花的最大出口国为中国,美国每年向中国出口 74.9 万吨棉花,约占所有出口数量的 36%。从绝对数量上来说,中国进口美国约 36% 的棉花,中国棉花市场受美国棉花高度入侵。[2]

无论是航空轮胎还是棉花,其遭遇和挑战都是中国拥抱全球化浪潮过程中不可避免的问题。在打开国门拥抱世界的过程中,如何妥善保护国内产业,需要审慎考虑。对此,中国的选择是拿起法律武器。

---

[1] 赵春晖, 冯源, 王汝堂. 美国棉花大量涌入国内棉企遭巨大冲击普遍亏损[N/OL]. 经济参考报,(2006-11-20)[2021-10-10].http://futures.money.hexun.com/1922328.shtml.
[2] 基于二阶段博弈的生产国倾销行为分析——以美国棉花出口为例[J]. 刘琳群. 中国商论, 2021(17): 4-7.

第十章 看不见的"安全阀"

第一次反击

1996年,在长沙召开的全国纸张订货会上,国内生产的新闻纸有三分之一的产品没有被订出去。中国新闻纸行情一片惨淡,国外新闻纸却一路高歌猛进,大举进入中国市场。

根据新闻纸产业界彼时提供的信息,在1995年之前,国内新闻纸供需基本平衡,1994—1995年,国内新闻纸产量为73万~75万吨,需求量约为90万吨;1997年需求量稳定在90万吨。

但是自1996年下半年开始,进口新闻纸价格平均比国产新闻纸价格每吨低1000~1500元,进口量迅速提升。据海关统计,1996年新闻纸进口量达35.6万吨(1994年仅进口4.9万吨),1997年前8个月,进口新闻纸达35.4万吨。总供给大大超过总需求,造成国内新闻纸积压严重,使新闻纸生产企业面临停产或破产的危机。①

面对困境,国内新闻纸产业于1996年10月在四川宜宾举行会议,并达成一致意见:近期中国新闻纸厂家陷入困境不是自身原因所致,而是由国外进口的新闻纸倾销造成的。由于当时我国未出台反倾销条例,利用反倾销法律武器维护产业合法权益尚没有具体的法律规定,因此无法采取法律行动。

就在中国新闻纸产业遭遇外来新闻纸倾销冲击的时候,中国正在加速完善对外贸易法律法规体系。

---

① 宋东.依法实施反倾销措施 我国新闻纸业出现转机[J].中国经贸导刊,1999,(15).

经过改革开放后的不懈努力，此时的中国经济与世界市场的互动正日益加深。1996年，我国的对外贸易进出口总额达到2889亿美元，年增长率为3.2%，其中出口1510亿美元，年增长率为1.5%，同时保持了120亿美元的外贸顺差。特别是自1992年以来，我国对外贸易进出口总额在世界贸易总量中的比重排名一直维持在第11位及以上。与此同时，我国的外贸在国内生产总值中的比重同样有惊人的上升。

以上数据表明了我国国民经济发展的国际依存度已经越来越高，但在当时，中国对外贸易法律框架还没有完全建立。这使得中国产业遭遇了内外交困的窘境，在外被他国国际贸易救济调查猛烈攻击，在内却没有武器可以防御外来不公平贸易的进攻。

根据中国贸易救济信息网显示的数据，仅1996年，外国及地区反倾销调查机关对中国出口产品发起的反倾销调查就达到43起，而中国运用反倾销调查这一法律武器来保护自己的正当权益的实践却发生得很晚。国内新闻纸产业在1996年的遭遇，便是这种矛盾的集中体现。

面对问题，解决问题。随着中国经济全球化步伐的不断加速，为国内产业装上"安全阀"也提上日程。

1997年3月25日，我国颁布了《中华人民共和国反倾销和反补贴条例》（以下简称"《条例》"），这是国内第一部建立反倾销、反补贴实操规则的行政法规，是我国对外经济贸易立法与国际规则和国际惯例全面接轨的重要举措，也使得中国企业在参与国际竞争时，第一次有了维护自身合法权益的国际贸易救济调查工具。

这个及时颁布的《条例》，为当时已经陷入危机的中国新闻纸产业提供了走出困局的重要助力。

《条例》颁布后8个月，1997年11月10日，国内九大造纸企业代表中国新闻纸产业向外经贸部提出了对原产于加拿大、韩国和美国的进口新闻纸进行反倾销调查的申请。1997年12月10日，外经贸部正式公告立案。这成为我国发起的第一起反倾销调查案件。

初战即告捷。

外经贸部向出口国政府和已知的出口商及在立案通知规定的期间内报名应诉的外国出口商发放了倾销部分的调查问卷。在规定的时间内，外经贸部共收到5家加拿大公司的答卷和1家韩国公司的答卷，未收到美国公司的答卷。

外经贸部经过调查，最终裁定涉案外国出口商的倾销幅度分别为9%~78%不等。上述参与调查的几家公司均被认定存在倾销行为并被裁定了倾销幅度，其中加拿大雄师集团为59%，太平洋纸业公司为57%，阿维纳公司为78%，芬利森林工业公司为78%。美国因为没有公司应诉，所有公司均适用应诉企业中的最高倾销幅度78%。

新闻纸反倾销案具有划时代的历史意义。

该案开中国产业运用反倾销法律手段维护自身合法权益的先河，对国内产业和企业通过法律途径保护自身权益起到了重大启发和借鉴作用，对中国产业学习和运用国际竞争规则具有榜样的作用和价值。

绝不妥协

反倾销、反补贴和保障措施，是二战之后在由美国、欧盟、日本主导建立的新国际贸易秩序下，为各个国家保护国内产业设置的三个工具。

金诚同达合伙人杨晨介绍，WTO的核心是关税减让，促进贸易便利化，降低贸易门槛。由于关税减让，各成员方又产生了本国产业会受到进口产品冲击的担忧，因此WTO设置了"两反一保"三个"安全阀"，并对WTO所有成员都适用。

世界上第一部反倾销法律，是加拿大1903年通过的《海关关税法》修正案。美国借鉴加拿大反倾销法，于1916年颁布了《税收法》（*Revenue Act of 1916*），标志着持续至今的美国反倾销法律制度正式形成。

自1947年GATT（关税及贸易总协定）成立以来，美国就一直在强行推销其国际贸易救济法律制度，而且GATT中有关反倾销的条文和WTO的《反倾销协定》一直以美国的反倾销法为蓝本。美国反倾销法与实践备受国际社会的重视，一直是各国关注的焦点法律制度之一，也是各国学习和效仿的对象。目前美国执行的反倾销法规主要是1994年根据《反倾销协定》修订后的版本，包括《1930年关税法》第7编（《美国法典》第19卷第1673–1673h节）、《1997年美国商务部条例》（《联邦法规汇编》第19卷第351部分）。

与欧美发达国家相比，中国的对外贸易法律法规体系建设起步较晚。

在1994年颁布的《中华人民共和国对外贸易法》中，第一次提出了反倾销概念，该法律第三十条规定："产品以低于正常价值的方式进口，并由此对国内已建立的相关产业造成实质损害或者产生实质损害的威胁，或者对国内建立相关产业造成实质阻碍时，国家可以采取必要措施，消除或者减轻这种损害或者损害的威胁或者阻碍。"

但由于此时的反倾销法律还停留在基本概念上，缺乏具体的操作规则，因此不具有实操性。直到1997年3月颁布的《中华人民共和国反倾销和反补贴条例》，对第三十条做出了详细的补充，中国才有了第一部专门性的反倾销和反补贴法律法规。2001年我国又分别颁布了《中华人民共和国反倾销条例》和《中华人民共和国反补贴条例》并废止了旧条例。2004年3月，我国再次对《反倾销条例》进行了修订，使得条例更加符合我国国情，让其在操作层面上更进一步。①

伴随法律法规逐步建立，在加入WTO之后，国内相应的机构组织也完善起来。

在加入WTO之前，负责中国进出口贸易救济调查的机构为外经贸部条法司。2001年11月1日，外经贸部组建世界贸易组织司，并加挂中国政府世贸组织通报咨询局（对外英文名称为China WTO Notification and Enquiry Center）的牌子，单独设置进出口公平贸易局

---

① 陈林文.反倾销制度的再观察：中国反倾销法律制度与实践［J］.法制与社会，2017，(35):63-64.

（以下简称"公平局"）。公平局的成立标志着中国有了应对贸易摩擦和进行贸易救济调查的专门机构。此后，国家经贸委设立产业损害调查局，负责反倾销、反补贴、保障措施案件的产业损害调查与裁决工作。[①]

以此为起点，在出口贸易摩擦应对方面，中国形成了从中央政府到地方政府，再到商协会和企业的"四体联动"机制，有效地提升了中国应对国际贸易摩擦的能力。在进口方面，公平局、产业损害调查局的成立也使贸易救济措施调查作为"安全阀"开始发挥重要作用。

"安全阀"开始运转

"安全阀"的运转对国内产业意义重大。

以中国发起的第一起反倾销案件为例，从 1999 年 6 月到 2009 年 6 月，中国对进口新闻纸实施了 10 年反倾销措施，对国内产业起到了非常显著的保护和促进作用。

初裁后，三国（加拿大、韩国和美国）新闻纸大量低价倾销行为基本被遏制，中国新闻纸厂家产销量下降趋势得到缓解；企业开工率从 1997 年的 56% 上升到 1999 年的 70%，产销量明显回升。[②]10

[①] 2003 年，随着商务部的组建，原国家经贸委下的产业损害调查局并入商务部。2014 年 4 月，商务部原公平贸易局职能与原产业损害调查局的产业损害调查与裁决工作职责合并，新组建贸易救济调查局。此后，中国反倾销与损害调查的人员、机构、调查程序进行了整合。

[②] 宋东.依法实施反倾销措施，我国新闻纸业出现转机[J].中国经贸导刊，1999，（15）.

年间,中国新闻纸行业产能由 100 万吨左右增加到 400 万吨,在全球竞争格局中逐步由守势转为攻势,2006 年进口量缩减至仅 1 万吨,出口量跃升至 32 万吨,一举实现净出口;2007—2008 年这个趋势得以保持甚至扩大,出口量占产量的比重由之前的不足 1% 提高到 8%~13%。①

不过,"安全阀"不是一天装好的。

国内反倾销第一案虽告捷,但国内产业并不能在每一个进口调查案件中都取得理想结果。

从 1996 年至 1999 年,聚苯乙烯的进口价格除 1997 年外持续降低,我国聚苯乙烯生产商感受到了国外产品低价进口带来的巨大压力,并于 1999 年首次向外经贸部提出反倾销调查申请。经过三年准备,外经贸部于 2001 年正式立案,并于 2001 年 12 月做出初步裁定。初裁结果为被诉三国(日本、韩国、泰国)确实存在倾销行为,但未对国内相关产业造成实质性损害。

这是我国对外反倾销调查中第一例国内产业遭遇失败的案例。究其原因,首先是时机把握不准。本案从准备到正式立案历经三年,而在此期间国内聚苯乙烯市场发生了巨大变化,导致本案错失调查时机和关键证据。其次是被诉主体选择失误以及相关立法的限制。中国台湾地区是本案中反倾销的最大主体,然而当时《中华人民共和国对外贸易法》中规定了"中华人民共和国的单独关税区不适用本法",也

---

① 李世新.十年,中国新闻纸转守为攻 [J].中华纸业,2009,(13):105.

就是说在本案中最该受到反倾销调查的主体在当时却无法适用我国的反倾销条例，这种局面直到我国大陆和台湾地区分别加入 WTO 后才得以改善。

作为第一起失败的进口调查，聚苯乙烯反倾销案的影响并不亚于新闻纸反倾销案，它的失败一方面对国内调查机构的成长起到了促进作用，更重要的是其揭示了当时反倾销条例在被申请主体界定上的不足之处，并于 2002 年进行了细化，增强了可操作性。[①]

纸上得来终觉浅，绝知此事要躬行。对实践性极强的国际贸易救济调查而言，这句古话尤为贴切。回顾国内进口调查的发展史，无论政府还是产业，都是在实战中成长起来的。

在 1997 年新闻纸反倾销调查后，第二个提起反倾销调查申请的是中国钢铁行业。

1997 年、1998 年，国内钢铁行业先后针对不锈钢、硅钢两个产品提出反倾销调查申请。硅钢分为取向硅钢和无取向硅钢，发起反倾销调查时必须明确界定具体被调查产品范围，但国内钢铁企业第一次申请时并没有明确界定被调查产品的意识，导致申请提交之后才发现被调查产品范围不清，调查无法继续下去。做完不锈钢和硅钢的进口反倾销案，钢铁行业才知道反倾销调查里的基础技术路线应该怎么走。

---

① 陈林文.反倾销制度的再观察：中国反倾销法律制度与实践［J］.法制与社会，2017，(35):63–64.

2002年美国发起钢铁保障措施后，国内产业又认识了一个新工具。当时，作为钢材进口国，为了保护国内产业利益，国家经济贸易委员会和对外贸易经济合作部于2002年11月20日正式启动了钢铁保障措施调查。在调查过程中，中国政府因为缺少经验，所以借鉴了很多美国起诉文书、文件，也学习了欧盟在WTO诉美国的材料，不停琢磨、讨论各种法律文件的撰写方案。

虽然经验不足，以现在的角度看当年的公告或许有技术性瑕疵，但这些初期的探索为之后中国政府和钢铁产业应对国外密集的贸易救济调查奠定了基础。国内产业在爬坡的同时，也向国外产业展示了我们通过合法手段维护自身合法权益的意志和能力。

与产业界一样，中国政府在进口调查中的能力也不是一朝一夕练就的。

由于立法和实践的滞后，中国初期的贸易救济队伍在规模和配套行政资源上远无法与欧美等发达国家调查队伍相比。

例如，在征税方式上，美国采用了独特的追溯征税制，原始调查的税率只是将来纳税责任的预估。原审后，美国进口企业根据原审税率缴纳保证金，实际应付的反倾销税金额将在常规年度复审中追溯性地予以确定。

这种每年进行复审的方式相对来说更能反映出口商的实际出口行为，使得反倾销工具可以对国际贸易行为进行更精准的管控。但是这一制度要求美国商务部投入极大的行政资源，仅企业每年提交的数据就需要进行极为复杂的核实和测算工作，这背后需要庞大团队的多维能力支撑，而这样的行政资源和能力并不是每个国家都具备的。另外，在调查程序、损害裁决机制方面，美国都有丰富的法律实践，已经建立了科学、完善的法律体系。

与之相比，中国调查机关存在巨大差距。对于差距，中国政府和官员没有回避，而是在实践中快速学习并成长了起来。

原商务部贸易救济调查局副局长、现任中国五矿化工进出口商会副会长刘丹阳介绍，为了做好进出口公平贸易工作，自公平局成立以来，系统内进行了大量培训，"第一批进口案件调查官，在当时属于局里的技术主力，现在基本都成长起来了，成了各个调查处的负责人。正是源于我们那时对规则和专业能力的重视，我们进行了非常密集的培训，使他们迅速熟悉规则并付诸实践"。

经过加入WTO初期的探索、学习和消化，中国政府在国际贸易救济领域得到了长足的发展，出口应对越来越从容，进口调查能力也上升到一个新高度。刘丹阳不无骄傲的总结道："20年来，中国已经培养了一支特别强的进口调查官队伍，建立了一套完整的调查规则体系，丰富了一系列国际贸易救济调查手段。现在的调查官队伍发展得更快，机构、体系、规则都很健全。"

法制、机构、队伍的不断提升，使得中国的进口调查能力得到了长足发展，这为进口企业在中国做生意提供了更稳定、更公平的保障，也为中国律师在国际贸易救济调查中发挥更大作用提供了舞台。

第十章 看不见的"安全阀"

在实践中学习

2004年6月1日，在北京飞往美国的航班上，金诚同达律师彭俊一路都在思考一个问题：怎样用一目了然的方式让美国客户明白中国的反倾销问卷应该如何填报。

此时距离商务部规定的交卷时间只有不到半个月。两天前，美国客户给彭俊发来了调查问卷的答卷，但填答情况不理想。问卷上的数据来自不同的系统，有一些来自财务系统，有一些来自生产系统，还有一些来自销售系统。更严重的是，很多数据相互对不上，无法钩稽。这样的数据明显是不合格的。时间紧迫，要在6月14日之前准时交上一份合格的答卷，看上去已经是一件不可能的事情。

飞机上的彭俊被压力包围着。他说："当时我在想，他们已经花一两个月仍然对不上的东西，我过去几天就能把这些数据对上吗？"但是十几个小时的飞行结束后，彭俊为难题找到了解决办法。

下飞机前，彭俊为中国商务部编纂的反倾销调查问卷找到了一个可以串起问卷中所有表格的进销存恒等式。"我把问卷里不同的表格怎样体现在这个恒等式里面给画了出来。当我把这个恒等式画图介绍给美国客户的会计师时，他们一下就懂了。他们不是没有能力，只是各自负责各自部分，而且不懂反倾销的内在逻辑，各个部分无法钩稽。看了这个恒等式之后，一周之后美国客户再给我们提供的数据就符合要求了。"

这是彭俊职业生涯中第二次接触进口调查案件，1999年，刚刚从外交学院毕业的彭俊加入了金诚同达的前身北京金诚律师事务所，入所第一年就接触了美国对华柠檬酸和钢丝绳反倾销案。伴随金诚同达创始合伙人田予确定将国际贸易业务作为重点开拓方向，彭俊的工作重心逐渐向国际贸易救济调查案件转移。

在出口案件中摸爬滚打了 5 年后，彭俊已经成长为一名比较成熟的国际贸易律师，并进入商务部指定的 WTO 律师人才培养计划中，代表中国以第三方身份参与了 WTO 争端解决机制下美国诉墨西哥牛肉和大米反倾销措施案（DS295）。正是在出口案和 WTO 诉讼经验中积累的经验，帮助彭俊在第一次承办进口案的过程中，迅速找到方法化解了危机。

彭俊参与的这起案件，是于 2004 年 3 月 31 日立案的中国对美国、泰国、韩国和台湾地区未漂白牛皮箱纸板的反倾销调查案。

2004 年早些时候，中国商务部收到东莞玖龙纸业、福建青山纸业、山东博汇纸业、山东太阳纸业代表中国大陆未漂白牛皮箱纸板产业提交的反倾销调查申请，申请人请求对原产于美国、泰国、韩国和台湾地区的进口未漂白牛皮箱纸板进行反倾销调查。经过审查后，商务部于 3 月 31 日正式立案调查，金诚同达成为美国牛皮箱纸板出口企业的代理律所。

这起发生在 2004 年的中国对进口未漂白牛皮箱纸板反倾销调查案成为彭俊律师经手的第二起进口调查案件，也是金诚同达第一次独立、完整地代理进口调查案件。

经历了早期对进口案件的开拓和实践，此时，在代理应诉进口调查案件的中外律师团队中，中国律师已经逐步掌握了引领案件的话语权。然而，中国律师的话语权并非从一开始就掌握在自己手中，在中国发起进口案件初期，外国公司对中国律师的能力了解并不多，天然更信任海外大所的律师团队。

杨晨介绍，2000年前后，许多欧美律所集中到中国设立代表处，在中国招兵买马，但拓展中国当地业务并非他们的主要目标，由于法律的地域属性，外国律师无法直接在中国执业，无权对中国法律进行解释。这些欧美律所之所以还是集中在中国设立代表处，主要是因为随着它们的客户来到中国进行投资并开展业务，它们需要继续帮助客户管理在中国的法律事务。在这种情况下，中国律师在法律服务中扮演的往往是给外国律师打下手的角色。

但是，在进口调查案中，中国律师天然对中国国内法律法规、调查程序、国内产业历史及现状等更加了解，这使得中国律师从一开始就是进口调查案中不可或缺的角色。而引领案件的话语权是伴随着中国律师能力的加强和展现才一步步发生转移的。

2009年，在美国对中国发起轮胎特殊保障措施的对垒时刻，商务部对原产于美国的排气量在2.0升及2.0升以上的进口小轿车和越野车发起了反倾销和反补贴调查。与其他产品相比，汽车的制造、销售流程都十分复杂，被调查产品自身的复杂度决定了案件的应对难度也会相应提升。

对中国律师而言，这是一个不容错过的案子。因此，当汽车"双反"案立案后，中国几乎所有一线的国际贸易律师团队都快速行动起来积极争取涉案出口企业，金诚同达也不例外。通过组律和展示庞大、专业的律师团，金诚同达团队经过几轮"面试"和谈判，最终获得了克莱斯勒的委托。双方签约后，工作随即展开。

获取完整的财务数据，是律师团队估算倾销幅度和建立应对策略最为重要的一步。

作为一门学科，财务管理是19世纪初在西方国家起源的。美国作为世界上最发达的经济体之一，其财务管理系统经过近两个世纪的发展和完善已经相当成熟。在管理体制上，美国公司职级划分极为精细，规章制度完整健全。这些看似有利的客观条件，却在实际工作中为中国律师带来了极大的挑战。

在工作初始阶段，因为不了解克莱斯勒的财务管理体系，律师在收集、分析数据的过程中经常出现各种认知问题。负责本案的金诚同达合伙人符欣回忆，最开始查看克莱斯勒的财务系统时，"在看销售数据时，销售模块一打开就出来一大片数据，我们以为这就是全部了，但其实这只是该层级的权限能够看到的全部，还有很多超越这个层级权限的数据需要申请、查看"。很多时候为了获得一个数据，"恨不得打无数报告才能把数据拼起来"。

同时，汽车产业是工业高度全球化的缩影，一辆汽车涉及的零部件可能多达上万个，涉及十多个产业部门和国家地区工厂，怎么把这些零部件串到一起，弄清楚汽车的真实成本，也是一大挑战。

最开始，面对这么多零件，可谓千头万绪、无从下手。后来，通过分析数据，律师团队抓住了汽车车架大架号这个线索：汽车在生产

第十章 看不见的"安全阀"

的时候最先摆放车架，所有零部件再往车架上拼装，且大架号是唯一的，可以作为所有成本数据的轴心。以大架号为依托，律师团队追溯到了汽车生产销售每个阶段的成本和费用数据，完成了对企业财务数据的初步梳理。

中国调查机关确定倾销和计算倾销幅度，完全采用了WTO《反倾销协议》项下的标准做法，即统计出倾销产品的出口价格、出口数量，并获取和计算其同类产品在出口国国内的销售价格或正常价值，两相比较并计算出倾销幅度。如何获取可比的美国国内销售价格则又是一个难题。

中国的汽车销售模式与美国差别非常大，克莱斯勒在中国的销售环节涉及进口代理、贸易商、渠道商、汽车4S店，终端销售还存在返点返利的情况，而在美国则完全是另一番光景。

在分析美国汽车销售环节和各项费用后，符欣意识到："如果单看美国卖车价格，不考虑其他的因素，其国内产品要比出口产品卖得便宜很多，因为它的整车在销售时可以做到什么都没有，连基本的空调、收音机都可以没有，真就是一个代步工具而已；但这在中国是不可想象的，这是两国市场销售模式和消费习惯的不同所导致的差异。"

因此在计算正常价值过程中，符欣充分考虑了被调查产品和美国同类产品在空调、收音机、皮革座椅等零部件方面的成本差异，同时考虑了销售模式差异所导致的销售费用差异，按照在中国销售汽车类型和销售模式进行还原，合理推算出被调查产品的正常价值。

基于律师团队大量细致的工作，最终克莱斯勒获得了 8.8% 的反倾销税率和 6.2% 的反补贴税率，在被调查的三家美国本土汽车企业中税率最低。

有趣的是，在汽车"双反"案中，克莱斯勒同时聘请了知名美国律所和金诚同达，美国前贸易代表就是这家美国律所的资深国际合伙人，其也曾是中美入世谈判美方代表之一。在案件进行过程中，中美律师团队经常需要召开跨洋电话会议商讨工作方案。尽管美国合作律所有诸多美国前高官担任合伙人，但随着案件不断推进和细节的不断增多，美国客户和美国合作律所渐渐发现，金诚同达的中国律师团队的建议有很好的策略性和实操性，为工作的顺利推进和取得预期的成果打下了扎实的基础。案件结束后，克莱斯勒和美国合作律所对金诚同达团队表示了极大的认可。

作为中国加入 WTO 20 年来深度融入国际贸易体系的见证者，也是中国逐步参与国际贸易规则体系建设的亲历者，中国律师凭借数量巨大的出口案件的洗礼，在进口案件和中国国际贸易救济调查制度的发展中起到了关键作用。中国律师渐进性地承担了主要策略、技术分析工作，获得了外国同行的认可和尊敬。

维护双向公平

允许中国律师在进口调查中代理国外企业应诉，看上去似乎违背了中国保护国内产业的初衷，但是从规则的角度来看，专业律师的加入是为了更好地维护法律的公正。在规则之下，不管申请方还是被申请方，都能平等地捍卫自己的合法权益，对案件是非曲直的判断都必须在正当法律程序下完成。

在中国经济快速崛起的过程中，中国政府和中国律师不仅通过自己的努力保护中国企业走出去的合法权益，也在规则之下维护其他国家或地区出口商的合法权益。正是这种对内与对外的双向公正，保证了国际经贸规则的正常运转，最终为中国走向世界创造了更加健康的经贸环境。

2002年，外经贸部应以宝钢、鞍钢、武钢为代表的中国大陆冷轧板卷产业申请，对原产于俄罗斯、韩国、乌克兰、哈萨克斯坦、中国台湾地区的进口冷轧板卷进行反倾销立案调查。金诚同达代理了台湾统一实业股份有限公司（以下简称"台湾统一"）。

作为一家大型食品公司，台湾统一之所以会参与钢铁产品反倾销调查，是因为创始人高清愿非常重视大陆市场。为了生产包装食品的易拉罐，台湾统一在福建和江苏各建了一家生产公司，并负责向这两家生产商供应生产原料，因而产生了钢铁产品的贸易往来，并成为该次反倾销调查的参与方。

接手案件后，田予和彭俊发现，生产马口铁的原料是马口铁基板，是冷轧板中一个小的分支，与商务部发起的反倾销调查中的冷轧产品在化学和物理特性上都存在一些区别。因此，田予和彭俊向公平局提出了产品范围议定申请。在将近一万字的产品范围议定申请书中，律师团队从涉案产品的物理化学特性、原材料、生产流程、最终用途等诸多方面论证了马口铁基板与冷轧板卷的差别，申请进行产品排除，以使台湾统一免遭反倾销措施。

科学、合理地界定被调查产品的范围，是公正、客观、准确地进行反倾销调查的前提，也是最终实现反倾销调查真正目的的保障。

在仔细审阅了金诚同达律师团队提交的产品排除申请后，公平局同意了对马口铁基板进行产品排除的申请。凭借耐心、扎实的抗辩，台湾统一进口的马口铁基板得以从最终反倾销措施中排除。

这是自1997年中国发起第一起进口调查后，公平局首次对进口产品实行产品排除。

由于马口铁基板与冷轧板在同一个税则号下进口，因此在产品排除执行过程中还需要联动海关进行相应的准备。调查机关的公平和公正、海关的积极配合，以及律师团队的专业和敬业令高清愿大为感动，为表示谢意，他向外经贸部公平局赠送了锦旗，也向负责本案的田予律师赠送了一块牌匾，上面镌刻着两个字——"公正"。

2008年，商务部立案对原产于沙特阿拉伯和中国台湾地区的1,4-丁二醇（以下简称BDO）进行反倾销调查，金诚同达受聘成为沙特国际丁醇公司（International Diol Company）的代理律所。

在应诉过程中，金诚同达律师团队发现了一个问题：BDO和甲醇都是石油天然气开采的下游产品，而沙特因为储量丰富，国内生产成本极低，石油化工产品几乎全部用于出口，在反倾销调查中无法提供沙特国内正常的生产销售价格，合理的做法应当是另行选择出口到第三国市场的可比价格作为正常价值。在案件初期，商务部选择将公司对欧盟的出口价格作为确定正常价值的基础，但律师团队认为这并不适用于沙特的情况。

彭俊介绍，因为欧盟市场被几大石油巨头垄断，其进口价格并没有可比性。经过调查研究，律师团队认为东亚市场的销售模式和市场环境与沙特更相似一些。如何说服商务部给沙特更换可比第三国？彭俊和同事们找到的方法是引用 WTO 反倾销协定中"特殊市场情形"条款，分析欧洲 BDO 市场存在影响价格公平比较的特殊市场情形。

经过抗辩，商务部接受了律师团队提出的意见，认定欧洲市场存在特殊市场情形，影响了价格可比性，转而接受了以公司出口日本的价格作为确认正常价值的基础。这成为沙特国际丁醇公司赢得 4.5% 低反倾销税率的关键。

从 2002 年冷轧板进口调查案中第一次成功进行产品排除，到 2008 年 BDO 进口调查案中第一次引用"特殊市场情形"条款，中国律师用自己专业的能力和服务一次次为外国客户争取到了公平的对待和令客户满意的结果。田予认为，这些案子都体现了中国政府的规则公平，"没有政府的公平，这个产品不给你排除又能怎么样，不认可欧盟的特殊市场情形又能怎么样？这都在调查机关的自由裁量权范围之内"。

尊重规则的表现还有对调查程序的维护。

2009 年 5 月 4 日，商务部收到上海焦化有限公司、内蒙古远兴能源股份有限公司、兖矿鲁南化肥厂等 14 家国内甲醇生产企业代表国内产业提交的反倾销调查申请，申请人请求对原产于印度尼西亚、马来西亚、新西兰和沙特阿拉伯的进口甲醇进行反倾销调查，另有中海石油建滔化工有限公司、中国石化集团四川维尼纶厂等 19 家国内生产企业表示支持该申请。

2009 年 6 月 24 日，商务部发布立案公告，此后各国出口企业、涉案国印尼政府、相关行业组织和下游产业积极报名参加了本案的调查程序。金诚同达在本案中代理了沙特国际甲醇公司及其关联企业三井物产株式会社和三菱商事株式会社参与调查。

本案的显著特点是参与利害关系方众多，涉案产品销售流程复杂且销售链条上参与主体较多，各方对被调查产品成本、产业损害和公共利益等相关问题发生了激烈的争论。这对商务部的调查程序能否顺利进行，调查结果能否获得各方认可提出了巨大的挑战。

在案件进行过程中，商务部一方面通过给予各方适当的程序延期，给予各方充分抗辩的机会，还及时召开了听证会，给予各方当面表达意见的机会；另一方面，对各方提出的主张和证据进行了仔细的审查、分析并进行了实地核查。

正是在这样的背景下，商务部充分听取了沙特企业的抗辩，经过调查认定原产于沙特阿拉伯的被调查产品不存在倾销，并决定自 2010 年 10 月 25 日起终止对原产于沙特阿拉伯的被调查产品的反倾销调查。在随后的调查中，最终裁定原产于印尼、马来西亚和新西兰的进口甲醇存在倾销并采取了反倾销措施。该案不仅通过对倾销行为采取措施保护了国内产业，还保证了没有倾销行为的外国企业获得了公平的对待，维持了国内市场的公平竞争，保证下游产业可以继续获得质优价廉的原料供应。

对公正的双向维护，在展现中国负责任大国形象的同时，也有效维持了公平的市场竞争环境：当中国产业在外遭遇不公正待遇的时候，进口调查也能成为中国的有效反制武器，使得欧美等发达国家无法为所欲为。在光伏案、轮胎案等过往案件中，进口调查对国外产业的反制作用都曾得到充分体现。

正视差距，持续成长

入世20年，中国政府、中国产业和中国律师都在实战中得到了快速的成长，中国进口调查的成绩也非常突出。

基于公开披露的信息统计，自1997年我国发起首起反倾销调查以来，截至2020年，我国共发起315起进口调查，其中反倾销调查296起，反补贴调查17起，保障措施2起。涉及化学原料和制品、造纸、钢铁、农产品、电气、化纤、金属制品、光伏、专用设备，以及葡萄酒等十大行业。美国为涉案最多的国家，共67起，其次为日本、韩国和欧盟。另外，中国台湾、印度、俄罗斯、泰国、新加坡和马来西亚也曾有产品受到中国大陆的进口调查。

值得关注的是，在国际贸易这个竞争激烈的舞台上，除了欧美国家，其他一些国家为了保护国内产业也使出了浑身解数，比较有代表性的是国际贸易救济领域内的一个独特存在：印度。

印度既是对其他国家和地区产品展开反倾销调查最多、最频繁的国家之一，又是世界上遭到其他国家和地区反倾销调查最多的国家之一。印度一方面在国际上积极倡导自由贸易观念，另一方面又积极运用WTO的例外条款保护印度本国民族工业。

据WTO提供的数据显示，1995—2017年，印度发起的反倾销调查案件占全球反倾销调查案件的16%，案件总数居世界第一位；2018年印度发起的反倾销调查案件也占到了当年全球反倾销调查案件的16%。因此，印度是全球发起反倾销调查最多的国家之一。

2018年，为了加强国际贸易救济机制对国内产业的保护力度，印度政府通过将印度商务部反倾销与联合关税总局（Directorate General of Anti-dumping and Allied Duties，简称DGAD）、保障总局（Directorate General of Safeguards，简称DGS）和对外贸易总局（Directorate General of Foreign Trade，简称DGFT）的功能合并，设立了印度贸易救济总局（Directorate General of Trade Remedies，简称DGTR），其职能除了常规的反倾销、反补贴调查和保障措施调查，还重点强化了对印度国内工业的贸易保护机制。经过改革，贸易救济总局成为一个综合的单一窗口机构，为印度提供更加全面而高效的国际贸易救济机制。

进一步看，印度贸易救济总局下设10个部门，其中包括外联办公室（Outreach Cell），这个部门的职能主要为：在利益相关方之间普及对贸易救济措施的认识；展示贸易救济总局采取的改革和创新措施；与其他贸易协会/机构合作，在全国范围内开展宣传活动；在组织外联活动时，与对外贸易总局（DGFT）区域主管部门主管官员、国家出口专员、本地海关人员进行协调等。也就是说，这个部门主要是为了提高国内产业公平贸易意识，并提供申请立案方面的帮助。

与国外相比，中国产业和企业缺乏运用国际贸易规则维护自身权益的意识。对此，彭俊颇有感触。彭俊曾作为外部律师参与中欧双边投资协定谈判。在与欧盟进行谈判的时候，欧方经常会就某一议题提供欧盟企业在中国投资的实际问题作为例证，但是中方的"工具库"里常常缺乏中方企业在欧盟投资的实际问题作为例证。此外，即使中国企业有意识运用国际规则，其能力也有待提高。彭俊说："与欧美产业相比，国内企业看问题的颗粒度太细。要在政府层面和国际规则层面讲问题，就必须把企业的问题抽象和拔高到产业的和国家的高度。因为在国际规则层面，相比于某个企业的利益，国家更适合站在国家利益和中国行业的整体利益角度鼓与呼。"

彭俊回忆："DS451案，我作为中国政府的代理律师去墨西哥谈判，到了墨西哥政府门口发现我们合作的美国律师Chris（克里斯）也在那里。我很惊讶，Chris告诉我墨西哥纺织行业聘请他的律所作为行业的代理律师，在政府谈判中为墨西哥纺织行业的利益及时向墨西哥政府提供建议。中国产业之前很少会请代表自己利益的律师把自己的诉求上升到国家层面，后来才慢慢学会。"

究其原因，彭俊认为，中国企业还没有完全经历全球化的洗礼，而真正全球化的企业考虑的是设定对自己有利的规则。目前中国企业很少具备这个意识和能力。反过来看，在遇到问题时能充分利用规则的企业也不多。

而在中国产品和企业在外遭遇大规模贸易救济调查之时，中国本土产业利用相关规则维护自身权益的重要性愈加突显。在这方面，印度是一个颇为值得参考借鉴的对象。

在成为负责任大国的路途上，其他国家的先进做法仍旧值得借鉴和学习。提高产业规则意识，完善对外经贸法律制度，加强人才培养，尤其是调查机关和司法机关人才的培养，依然是中国需要下功夫的地方。

一个古老的道理必须铭记：逆水行舟，不进则退。

历经20余年，中国为自己装好了国际贸易的"安全阀"。在此后的发展中，通过持续的"检修""维护"，"安全阀"仍将在保护公平竞争市场环境的目标下发挥更大作用。

第十一章　我的客户是中国

八年磨一剑

2019年2月5日，乙亥猪年大年初一，电影《流浪地球》正式上映，甫一上映，就收获了诸多赞誉。

这部电影根据著名科幻作家刘慈欣的小说《流浪地球》改编，故事情节生动、叙事宏大，而电影中呈现的逼真特效和精良画面，更是让观众看到了国产科幻电影比肩世界电影工业领先制作的水平，重塑了市场对国产科幻电影的信心。

人们用实际行动表达了支持：上映期间，超1亿人次到电影院观看了《流浪地球》，贡献了146.86亿元票房，仅次于《战狼2》，位列当时中国影史第二（截至2021年11月，排名中国影史票房第五位）。

金诚同达合伙人彭俊是1亿多观影人中的一个。当宏大的场景与逼真的特效在其面前——展现时，这位平日多以专业、冷静形象示人的律师忍不住热泪盈眶——《流浪地球》里有中国电影崛起的模样，自己当年参与过的"战斗"没有被辜负。

身为一名国际投资与贸易专业律师，彭俊曾亲历了中国在遵守WTO规则与保护国内电影产业的平衡中，与美国艰难博弈的全过程。当年的较量有多么激烈，身在电影院的彭俊内心就有多么澎湃。作为曾经站在第一线与美国政府在WTO交手、与美国电影产业谈判的律师，彭俊深知这背后的不易。

1994年11月12日，由中影集团公司进口的好莱坞动作大片《亡命天涯》在北京、上海、天津、郑州、广州、重庆六个城市进行了为期一周的首轮放映，吸引观众139万，票房收入1127万元，观众反响热烈。作为中国大陆上映的第一部海外分账影片，《亡命天涯》最后在国内共取得超2500万元的票房。

中美之间电影市场的开放始于尼克松访华后双方于1979年签署的《中美文化交流协定》，但好莱坞在国内的掘金之旅，则是在分账片制度确立后才开始的。虽然1995年前后，国内票房一直在10亿元上下徘徊，但作为拥有十几亿人口的大国，中国市场对好莱坞的吸引力依然令其无法抗拒。

美国电影行业一直想打开中国市场的大门，但是保护和发展中国文化产业是我国构建公共意识的一个重要的国家战略。为此，政府通过设立一些文化行政管理制度来规制文化产业的投资。在入世谈判中，我国也对文化产业的市场准入做了多项保留。鉴于美国文化产业高度的市场竞争力，以及其一直以来有意打开我国的市场①，在中国加入WTO后，这些对文化产业的国内措施成了美国向中国发难的重要目标。

2007年4月10日，美国针对中国国内措施提起WTO争端解决机制下的磋商，即美国诉中国出版物案。该案主要涉及以下问题：第一，针对进口用于影院放映的电影、家庭视听娱乐产品、录音制品及出版物的某些措施涉嫌限制贸易权；第二，某些针对出版物分销服务和从事家庭视听娱乐产品服务（包括分销服务）的措施，涉嫌限制外资市场准入和歧视。美国的磋商请求于2007年4月16日向WTO成员方散发。2007年4月20日，中国商务部通过中国常驻WTO代表团致函美方，接受了美方的磋商请求。

由于双方的磋商未能达成一致，按照WTO争端解决机制，案子进入专家组审理阶段。专家组发布裁决报告后，中美双方又分别向WTO上诉机构提起上诉，直到2010年1月19日WTO争端解决机构通过上诉机构报告。也就是说，光在WTO打官司，中美双方就缠斗了将近3年。彭俊是该案的中方律师。

打完WTO的官司并不意味着事情终结。根据WTO争端解决的程序，在上诉机构发布报告后，被告方须在不超过15个月的合理执行期限内执行裁决报告，改正不符措施。如果被告未能照做，则

---

① 陈志杰，卓婧.从中美出版物和音像制品案谈WTO规则之发展及其对我国之启示[M]//孙琬钟，石静霞.WTO法与中国论丛（2013年卷）.北京：知识产权出版社，2013.

原告方可以申请报复（法律术语为"终止减让"，即针对被告国家停止或减少WTO项下的减让义务，如对被告国家产品增加关税）。

上诉机构裁决报告发布后，中国修订完善了涉案的《出版物市场管理规定》《音像制品管理条例》《出版管理条例》等法律法规，但对于电影领域的有关规定一直未有动作。而事实上，美国在WTO反复与中国缠斗，核心诉求就是希望中国进一步放开电影市场。

作为WTO成员方，中国有义务履行WTO的裁决。但是，当时的中国电影还处于比较稚嫩的状态，如果放开市场，蜂拥而至的好莱坞大片很可能像在其他国家发生的情形那样将本土电影产业杀得片甲不留。如何在遵守WTO规则和保护国内产业之间做好平衡，成为这个案件的关键。

经过多轮谈判交手，中美两国政府就如何执行WTO上诉机构裁决达成谅解备忘录。双方同意谅解备忘录具体执行问题，交由中美两国电影企业谈判解决。彭俊先是作为中国政府的律师参加了两国政府的谈判，接着作为中国电影企业的律师参加了两国企业间的谈判。

中美两国政府谈判的核心问题是中国电影市场的开放，具体包括增加中国每年进口分账影片的数量和提高外国电影公司的分账比例。两国政府的拉锯战进行了两年后达成协议：在每年20部进口分账电影的承诺之外，中国增加14部高技术格式（如3D或IMAX格式）的进口分账电影，外国电影公司票房分账比例也由此前的13%

提高到 25%。

2012 年 2 月 18 日，中国商务部宣布中美双方就解决 WTO 电影相关问题达成谅解备忘录，公布了上述谈判结果。[①] 以达成谅解代替修改国内法律的方式履行 WTO 争端解决机构的裁决，中国通过灵活变通实现了履行 WTO 义务和维护本国产业的平衡。

但事情至此仍未结束。中美两国的电影企业就落实两国政府达成的谅解备忘录的执行细节问题，诸如以什么样的程序引进电影、如何排片、如何定物料、如何定档期、如何做票房审计等又进行了长时间的谈判。彭俊回忆，在中美两国企业间的谈判中，中美双方律师一共列出 50 多个分歧点，分为 A、B、C 三组。A 组标记为红色，为中美双方存在严重实质性分歧的问题；C 组标记为绿色，为双方没有实质性差异的问题，由双方律师协调措辞解决；B 组标记为黄色，介于二者之间。中美企业之间的谈判历时 3 年 7 个月，一直到 2015 年 9 月 21 日才终于全部完成。由此，旷日持久的美国诉中国出版物案终于尘埃落定。

事实已经证明，向外国影片适当开放国内市场，犹如鲇鱼搅动水面，对国内电影产业产生了良性促进作用。2012 年，全国总票房为 171 亿元，到 2019 年这个数字已飙升到 641 亿元。在票房提升的同时，中国本土电影产业也在加速发展。截至 2021 年 8 月 31 日，中

---

① 中美双方就解决 WTO 电影问题谅解备忘录达成协议，中华人民共和国商务部，2012 年 2 月 18 日，http://www.mofcom.gov.cn/aarticle/ae/ai/201202/20120207972401.html.

国电影总票房排名榜前十的电影中，进口影片只有《复仇者联盟 4：终局之战》名列第六，其他全部由本土影片占据。

得益于双方的谈判结果，中国观众欣赏到了更多海外大片，美国电影行业也从中国获得了更多回报，而中国电影产业更是在外来刺激下加速前进并站稳脚跟。中美双方实现共赢。这场耗时 8 年的拉锯战，也成为不同国家在 WTO 体系下利用国际规则进行利益博弈的典型范例。

狼来了，怎么办？

作为第二次世界大战后国际秩序的重要组成部分，由关贸总协定发展而来的 WTO 是当今世界最为重要的国际组织之一。

当前，全球 230 多个国家和地区中的 164 个国家和地区已经成为 WTO 的成员。WTO 涵盖全球 95% 以上的贸易量，绝大多数的地球人都会被 WTO 的事项影响到切身利益。就如同学校里最受欢迎的社团一样，当一个学生加入这个社团后，他才算真正进入主流游戏规则中。

1944 年 7 月，在第二次世界大战即将结束之际，世界上几个大国的首脑齐聚美国新罕布什尔州度假胜地布雷顿森林，共同打造了影响全球政治经济格局的布雷顿森林体系。为避免重蹈国家贸易相互限制导致世界经济萧条进而引发战争的覆辙，几个大国希望建立一个左右世界经济的"货币—金融—贸易"三位一体的秩序。作为秩序的一部分，关贸总协定于 1947 年 10 月 30 日在日内瓦签订，并于 1948 年

1月1日开始临时适用。

自20世纪70年代开始，各种以非关税为特征的贸易保护主义重新抬头。为了遏制保护主义，避免全面的贸易战发生，美、欧、日等关贸总协定缔约方共同倡导发起多边谈判。1986年，在乌拉圭的埃斯特角城举行了关贸总协定部长级会议，决定进行一场旨在全面改革多边贸易体制的新一轮谈判，史称"乌拉圭回合"谈判。这是迄今为止规模最大的一次全球贸易谈判，谈判几乎涉及所有贸易，从牙刷到游艇，从银行到电信，从野生水稻基因到艾滋病治疗。

历时7年半，谈判于1994年4月在摩洛哥的马拉喀什结束。作为乌拉圭回合的高潮部分，WTO成立了，世界贸易进入了一个新阶段。

从1986年7月10日开始的中国复关（恢复关贸总协定缔约国地位）谈判也由此变成了入世（加入WTO）谈判。2001年11月11日，卡塔尔首都多哈，时任外经贸部部长石广生在《中华人民共和国加入世界贸易组织议定书》上签字。至此，历时近20年的中国复关谈判终于画上圆满句号。一个月后的2001年12月11日，中国正式加入WTO。

加入WTO使中国得以深入参与国际分工，促进了经济高速发展。在与国际接轨的过程中，国内市场经济的意识和管理制度也不断更新和完善，推动了国内全方面的改革和发展，加速了中国的现代化进程。2001年，中国GDP为1.34万亿美元，占世界比重为4%；入世后第10年的2011年，中国成为世界第二大经济体，中国GDP达到7.55万亿美元，增长了接近6倍，占世界比重提升至10.28%，外汇储备从 2122 亿美元增加到 2.85 万亿美元，增长了接近 13 倍。到 2020 年，中国 GDP 已经达到 14.72 万亿美元，占世界比重进一步提升至 17.38%。

中国人切身感受到的经济发展成绩和生活水平的提高是中国入世最直接的结果。而为了加入 WTO，中国也做出了一系列承诺，包括：

- 降关税，10 年内关税总水平由加入时的 15.3% 降至 9.8%；
- 消除非关税壁垒；
- 明显减少关税配额；
- 削减补贴，特别是农业补贴；
- 接受针对中国产品的"特别保障措施"条款和反倾销"替代国"价格和成本条款；
- 开放金融服务业（根据一定条件和时间表）和其他服务业；
- 开放通信服务业（根据一定条件和时间表）。

这些承诺意味着中国将向世界敞开大门，来自其他国家的商品和企业将大量涌入中国，在中国市场上与中国本土商品和企业同台竞争。以农业为例，农业是中国入世谈判的难点之一。入世之后，中国的小规模农户经营不得不直面国外成熟现代农业的冲击。本土产业能否有招架之力，存在极大不确定性。因此，对当时仍显薄弱的中国本土产业而言，如此大规模的开放国内市场究竟会带来什么，确实让一部分人不禁产生"狼来了"的担忧。

挑战确实存在。不过，中国打的是一场有准备之仗。原WTO上诉机构大法官赵宏，在中国入世前后在商务部条法司任职，参加了对外贸易法的修订。

赵宏说："我当年参加了对外贸易法的修订工作，非常清楚这个过程。我们提前半年完成了修订，提前半年履行了放开贸易权的承诺。同时我们也研究了美、欧、日、澳大利亚等世贸成员的贸易立法。我们的修订是系统的、完整的修订，一共涉及10个大问题。修法走了一系列的程序，国务院法制办、全国人大给予了很大支持。因为有中国的入世承诺摆在那儿，我们去推动各个部门清理法律法规，各个部门都很配合。"

现在清华大学法学院执教的杨国华教授，彼时在外经贸部（注：2003年外经贸部并入商务部）条法司参加了另外一项工作：依据WTO的规则清理国内的法律法规。

"当时的外经贸部条法司司长张玉卿让我负责法律法规的清理。因为中国入世做了那么多承诺，国内的法律要进行调整。专门成立了一个处，由我牵头。当时条法司开了很多会，给大家讲了很多课。两年多讲了100多场，到处去讲WTO承诺到底是什么，为了履行这个承诺法律法规政策到底要做哪些调整。"杨国华回忆。

工作量异常巨大，加班加点是常态，但除了体力上的难度，杨国华并没有感觉到其他障碍。"从中央到人大、国务院，到各部委、地方，全国的态度都非常明确，说这个必须做，这个必须改。"

达成如此齐心的状态其实并不容易。法律法规的修改和清理实际

绝不妥协

关涉到权力和利益的重新分配。以商务部为例，根据原先的规定，所有企业的进出口都必须由商务部审批。而根据入世承诺，中国必须在三年后将进出口经营权放开，所有企业都有进出口经营权。杨国华说："这不得了，按理说商务部应该很反对，毕竟涉及商务部自己的权力，原来是审批的，现在全放开了。还有让外国的很多产品进来、银行进来，按理说很多部门也都很反对的。但大家都很支持。"

从2000年7月至2002年12月底，在与WTO规则接轨期间，全国人大常委会制定、修改有关法律14件；国务院废止行政法规12件，制定、修改有关行政法规38件；国务院有关部门制定、修改、废止部门规章和其他政策措施1000多件；废止地方性法规、地方政府规章3370件、修改1126件；决定停止执行省级政府及其部门和较大的市政府及其部门其他政策措施约18.8万件。此外，停止执行有关国务院及国务院办公厅文件34份。①

与此同时，全国性的系统培训也在同步展开，商务部专门组织了大量培训。赵宏回忆："从总书记，到中央政治局，到省委书记，到各个市市长，到律师、公司，方方面面，全国都在学，中国入世究竟承诺了什么，入世究竟给中国带来了什么。"

法律法规的清理与修改、方方面面的培训等一系列努力和准备，系统性地将WTO的规则和理念渗透到了中国社会经济运行的毛细血管中，潜移默化地改变了一代人的思维方式。赵宏举例道："市

---

① 周頔.杨国华:WTO，我的"理想国"[N].民主与法制时报，2016-11-20（5）.

长可能就发现，只有把规则弄好、投资环境弄好，才能把市场经济建设得更完善。观念转变了，规则发展了，中国才能成长起来。这不仅是产业的竞争力的提高，更是国内整体治理能力和法治水平的提高。"

正是这一系列的准备，让中国得以从容应对加入 WTO 后带来的冲击。

"狼不是没来。"赵宏感叹道，狼来了，但中国在方方面面做了很多准备，于是有能力与狼共舞。"中国一诺千金，尊重自己的承诺，重视自己的承诺，切实地履行承诺，这是我们成功的重要因素。我们能转变！"

积极的旁听生

对内进行全方位的学习和改革，对外，在遇到 WTO 争端时要如何应对呢？中国的选择是从"第三方"做起。

2002 年 1 月 11 日，在中国正式加入 WTO 后一个月，印度政府在 WTO 争端解决机制下起诉美国关于纺织品与服装的原产地相关措施违反了 WTO《原产地规则协定》第二条的规定。[①] 这个编号

---

① 在入世后很长一段时间里，纺织品都是国际贸易冲突的重灾区。由于纺织品对就业有着较大的影响，当时中国商务部门和负责组织企业应诉的中国纺织品进出口商会都承受着很大的压力。

为 DS243[①] 的案件，是中国参与 WTO 争端解决的开端。

WTO 争端解决是一种贸易争端解决机制，是 WTO 不可缺少的一部分，也是多边贸易机制的支柱，在经济全球化发展中颇具特色。其渊源为 WTO《关于争端解决规则与程序的谅解》，目的在于解决因成员不符措施引起的争议，具有准司法性、统一性、效率性和强制性的特点，拥有自己的原则、机构和解决程序。

简单地说，WTO 争端解决机制是 WTO 成员方之间打经贸官司的地方。

如前所述，无论关贸总协定还是由其衍生出的 WTO，都是第二次世界大战之后，人类社会为了避免国家之间的利益冲突最终演变为战争，而由欧美主导建立的国际经贸规则的产物，它们让国家之间的利益之争得以进入法律框架下解决。

WTO 争端解决机制是人类迄今为止探索出的最有效用的国家间争端解决方法，它极大地降低了国家之间因利益冲突而发生互相报复乃至战争的可能性，是维护世界和平与发展的重要工具。

因此，WTO 的争端解决是 WTO 框架中尤为重要的制度设计，参与其中也是国家在国际社会中理解规则、解读规则和使用规则的重要途径。中国深知参与 WTO 争端解决的重要性，因此从一开始，商务部就确立了积极参与争端解决、维护自身合法权益的基本原则。

---

① DS 是 Dispute Settlement（争端解决）的简称，243 是按照时间先后顺序排列的案件编号，这是 WTO 争端解决机制下对案件的命名方式。

但是对入世之初的中国而言，现实情况是国内从上至下对WTO规则的了解并不多。

1995年1月1日WTO成立的时候，相关谈判文件多达2万页，纸质版重达20公斤，共20个主体协议，包括货物贸易、服务贸易、与贸易有关的知识产权和与贸易有关的投资等几大块贸易相关协定，还有争端解决程序和成员方贸易政策审议程序，内容庞杂。当时，国内仅有零星的学者在研究WTO规则。因为没有实际工作，中国政府官员以及律师很少有人专门研究WTO的条文和案例。"当时国内对WTO规则的认知应该算比较空白。"杨国华回忆。

2001年前后，随着中国离入世只剩临门一脚，时任外经贸部条法司司长张玉卿将规则学习提到了非常重要的位置。从2000年开始，商务部条法司组织国内主要经济部委和立法部门的官员，以及部分学者、律师，远赴位于美国首都华盛顿的乔治城大学法律中心参加"WTO研讨班"。研讨班分为三期，杨国华参加了第一期。研讨班的美方组织者是享有"GATT/WTO之父"美誉的约翰·杰克逊（John Jackson）教授。他邀请了23位美国的官员、学者、律师，以及WTO秘书处和争端解决方面的专家，系统介绍了WTO的历史和有关协定，并且特别介绍了WTO的大量案例。

与当时仍是"小学生"的中国相比，美国对WTO规则的研究已经十分深入。杨国华回忆："我们是到西天取经，学习规则，把规则奉为很神圣的东西，因为入世后要遵守规则。但是我记得几乎所有的老师讲课的时候，都在批评这个规则，我们当时就很震撼。"

虽然当时对规则尚比较生疏,但是中国学习规则、参与规则的意愿非常坚定和强烈。中方充分利用WTO争端解决的程序,即使案件与中国无关,中国也争取成为该案件的第三方。

第三方机制是WTO争端解决机制的一个组成部分,它允许具体案件诉争当事方之外的其他WTO缔约方参与到争端解决的案件程序中。这一机制的直接价值是为专家组和上诉机构提供崭新的审查视角,避免因个案减损条约价值,从而有利于实现各国利益平衡,保证WTO宗旨与目的的有效实现。[①]

WTO争端解决机制在解决争端过程中会根据条文做出裁判。为说明和澄清相关条文,专家组和上诉机构会惯常地大量援用在先案例。每一个案例的裁判事实上会对后续案例的裁决产生影响,进而对所有WTO成员对规则的理解和适用及其利益产生影响。因此,《关于争端解决规则与程序的谅解》规定,所有WTO成员均有权向争端解决机构申请,成为某一争端案件的第三方。第三方有权对该案中的规则解读和适用提交书面陈述和发表口头意见。

对中国而言,通过第三方的方式参与到争端解决中,是风险可控、快速学习且能有效维护自身权益的方式。通过成为第三方,中国可以观摩案件,学习知识、积累经验。同时,以第三方身份对案件发表独立意见,参与对条约的解释,也能够维护自身的长远利益。

---

① 李舒意.论WTO争端解决机制中的第三方制度[J].南阳师范学院学报(社会科学版),2017,16(8):16-19.

DS243 案是中国以第三方身份参与 WTO 争端解决的第一次尝试。从这个案子开始，中国开启了学习规则、运用规则、影响规则的进阶之路。

中国要有自己的 WTO 律师

如何应对 WTO 争端解决，各个国家的选择不尽相同。

美国的做法是由自己的专职律师负责处理案件。美国负责制定和协调国际贸易和直接投资政策，并主导此类事务谈判的部门是 1962 年设立的美国贸易代表办公室。该办公室负责处理美国在 WTO 内的所有事务，下设法律办公室，拥有约二三十名专职律师，负责代表美国政府参与 WTO 争端解决。欧盟与美国类似，有自己专门的律师团队，但在一些专业领域偶尔也会外聘律师。

日本、韩国、印度、巴西全部聘请外部律师应诉。由于 WTO 律师主要集中在华盛顿、布鲁塞尔和日内瓦，因此实际上日本、韩国的本国律师几乎没有参与到自己国家的 WTO 案件中。也就是说，其他国家基本通过聘请欧美律师解决需求，培养自己国家的 WTO 律师并不是主流选择。

中国需要在不同模式间做一个选择：是培养自己的 WTO 律师团队，还是全部外聘欧美律师？经过反复考量和权衡，中国决定走一条新路——通过与中国律所合作，培养自己的 WTO 律师。这既不同于欧美在政府部门自建 WTO 律师团队的做法，也不同于日、韩、印度、巴西完全依赖欧美律师的做法。

当时让中国律师参与WTO案件是一件看上去不可能的事情。中国律师WTO案件经验为零，真的遇到案子，花钱请欧美律师就可以解决问题。欧美律师出于职业道德和专业性完全可以完成工作，请欠缺经验的中国律师，真的能赢案子吗？

然而，长期从事法律工作的张玉卿敏锐地意识到，未来中国的WTO案件可能会很多，有中国自己的律师参与非常必要。中国律师现在没有经验，但人才可以培养。基于这样的理念，从中国参与WTO争端解决的最开始，中国律师的身影就已经出现。

实践是最好的老师，尤其对律师这个职业而言。

加入WTO后，商务部找了国内在对外贸易领域比较活跃的十几家律所作为培养对象。争端解决的第三方机制成了中国律师的练习场。这是一种非常聪明的办法：在自己没有直接利益损失的情况下参与到程序里，让中国律师在实践中熟悉规则，学习争端双方如何争辩，并利用这个机会对规则进行评论，以非常低成本的方式培养中国自己的WTO律师。

很快，中国成了WTO参与第三方机制最活跃的国家之一。根据相关数据统计，中国作为第三方加入的案子基本与美国持平。

律师的学习从"依葫芦画瓢"开始。一开始，没人有做WTO案件的经验，商务部通过聘请外国律师代表中国政府参与第三方案件发表评论意见。外国律师的工作成果成了中国律师最开始的学习对象。

"我在为中国发声"

2014年2月25日，在日内瓦WTO总部二楼D会议室，彭俊第一次以出庭辩论律师的身份参加了DS454案的听证会。这也是中国的WTO争端解决案中，第一次有中国律师出庭辩论。

DS454/460案为欧盟和日本诉中国无缝钢管反倾销措施WTO争端解决案件。2011年7月15日，江苏武进不锈钢钢管厂集团有限公司和常熟华新特殊钢有限公司作为申请人代表国内高性能不锈钢无缝钢管产业，向商务部提交反倾销调查申请，申请对原产于欧盟和日本的相关高性能不锈钢无缝钢管（以下简称"无缝钢管"）进行反倾销调查。商务部接受了申请并于2011年9月8日正式立案调查。

2012年11月8日，商务部发布最终裁决公告，根据商务部的建议，国务院关税税则委员会决定对进口自日本住友金属工业株式会社、神钢特殊钢管株式会社和其他日本公司的涉案产品分别征收9.2%、14.4%和14.4%的反倾销税；对进口自西班牙吐巴塞克斯不锈钢管公司（Tubacex Tubos Inoxidables S.A.）、沙士基达曼内斯曼不锈钢管意大利公司（Salzgitter Mannesmann Italia S.r.l.）和其他欧盟公司的涉案产品分别征收9.7%、11.1%和11.1%的反倾销税。

对此，日本于2012年12月向WTO争端解决机构提交磋商请求（DS454案），欧盟于2013年1月提交磋商请求（DS460案），依日本及欧盟同意，两案由同一专家组合并审理。历时一年多，DS454/460案进入专家组程序的听证会环节。

2013年9月的一天,彭俊接到任务:"在DS454/460的听证会上,由中国律师对部分诉点直接出庭抗辩。"

选择这个案子让中国律师出庭,是有道理的。在2013年的时候,中国律师做贸易救济案件的经验已经比较丰富,比较熟悉相应内容;DS454/460案件涉及进口反倾销调查,中国律师对中国政府的调查程序和规则比外国律师更熟悉;而且相对来说,这个案子影响范围也比较有限,风险可控。

这不仅是做了近10年WTO案件的彭俊第一次获得出庭辩论的机会,也是中国律师第一次承担WTO听证会的辩论任务。与彭俊展开辩论的对手是在WTO法律界鼎鼎有名的欧盟法律事务部J律师。彭俊说:"据传说J律师参加过100多个WTO的案子,而当时WTO的案子总共才450多个。因此,当时在我的眼中,J律师就是一个'神'一样的存在。"

有丰富涉外诉讼经验的符欣律师与彭俊组成了中方"辩手团",商务部聘请的外国律所的R律师担任指导老师。三位律师达成了一个对庭辩效果有着重要影响的共识:出庭不是去吵架,而是去讲一个中国好故事。庭辩的目的不是说服对手,而是说服法官。客观描述一个正面的故事可能更会得到法官的信任。

经过几个月的准备,2014年2月25日,DS454/460专家组的第一次听证会在WTO二楼的D会议室举行。专家组三名法官和秘书处的工作人员高坐在主席台上。台下有三列垂直于主席台的座位,欧盟代表团坐在靠窗的一列,日本代表团在中间一列,中国代表团则在靠门的一列。起诉方和被诉方相向落座。每个座位都有耳机和话筒。发言者可以坐而论道，无须起立。

根据安排，在听证会这天，前几个诉点由 R 律师负责辩论。对手方经验丰富的 J 律师展现出了强大的临场表现力。"督战"的中方同事对即将上场的彭俊说："下面该你说了，你一定要打回去。"

在案件的准备过程中，单从专业和内容上来看彭俊并未觉得有什么不同，但真正在 WTO 听证会现场发言的时候，彭俊心里涌起了强烈的情感：我代表的是中国。这股情感让他产生了一个念头：一定要把对手方律师说的每一个论点、每一个论据和每一个类比都驳回去。

长期、大量、扎实的准备让彭俊对案子已经熟悉到在庭上信手拈来哪一个问题对应反倾销调查的哪一个问卷，问卷中的哪一个问题、哪一张表格。但按照对方发言反驳的策略很快让彭俊感到不对劲："锱铢必较的反驳会使我方被对方的逻辑牵着走。我们的观点似乎变成了碎片，无法串成完整的故事。我必须迅速做出调整。"

屏息凝神，稍作停顿后，彭俊向专家组缓缓地说道："尊敬的主席先生，尊敬的专家组成员，双方你来我往辩论了不少时间，请允许中方总结一下各位专家组成员对本案所关注的法律点，即：（1）应诉企业提供的数据是否属于'实际的数据'（actual data），（2）调查机关是否已给予应诉企业机会以说明实际的数据，（3）应诉企业是否正面回答了调查机关的问题，（4）是否……，（n）是否……。中方将逐一回答专家组的关注点，并根据具体情况对我们欧盟同事的评论进行

绝不妥协

适当的反馈。"由此，辩论回到了中方律师原先设定的"中国好故事"的逻辑框架。

中国律师的第一次出庭取得了很好的效果。彭俊记得，听证会结束后，大家与专家组成员逐一握手告别时，专家组主席对他竖起了大拇指。

从第一次接触WTO案件，到2014年第一次参加听证会出庭辩论，这条路彭俊走了10年。

彭俊第一次接触的WTO案子是2003年的美国诉墨西哥牛肉和大米的反倾销措施案（DS295）。接到案子后，彭俊收到商务部发过来的材料，那是上一个案子中商务部聘请的外国律师制作的程序文件、书面陈述等资料。这些资料成了彭俊学习如何在第三方案件中具体发表评论意见的"老师"。

虽然只是第三方，但事情也并不简单。

除了学习先前案件中商务部聘请的外国律师的办案资料，彭俊还需要理解本案中WTO条文的适用范围。WTO的条文并不难查，但是对于条文的详细解读往往出现在大量过往案件的裁决中，因此律师既需要熟悉条文，也需要熟悉案例。彭俊解释："这个条文上的这句话有没有打过案子，对于这句话前面的案子是怎么解释的，解释这些话的事实背景是什么，需要通过数据库查。我们一开始不知道有数据库，查案子都是现学的，当然学会了就发现很简单，没那么复杂，但一开始做的时候什么都不懂。"

除了法律条文，准备第三方评论意见的时候还需要考虑作为政府发言须言之有物，不能在提供评论意见的时候说"我就是去学习一下"。

综合种种，经过讨论，最后将想法落到纸面。从格式字体怎么设置，到怎么用英文论述和阐述自己的思想，中国律师参照外国律师的做法一步步"照葫芦画瓢"。通过学习、模仿、创新，中国律师一步步学会自己"走路"。

在这之后，彭俊又陆续参与了出版物、电子支付、农产品补贴等十几起案件，中国律师就这样通过实践逐渐提升了自己的能力，也开始承担更大的责任。

在早期案件中，中方聘请的外国律师主要负责起草书面陈述和答辩状、进行开庭辩论。中国律师主要负责提供相应的证据材料，包括国内法规、案件事实、政府以及相关方的访谈。也就是说，最开始中国WTO案件的主要部分都是由中方聘请的外国律师来做的，中国律师只是起了背后支持的作用。但是随着中国律师的逐渐成长，中国律师也开始负责原本由外国律师负责的工作。

2014年彭俊出庭辩论是中国自己的WTO律师走向成熟的一个标志，中国律师在WTO案件中的作用越来越无法替代。

无可替代的中国律师

做WTO律师并不是一件容易的事，从入门到精通，中间横亘着许多挑战。

第一关是语言能力和法律能力。法律能力对专业人士而言可能问题不大，但语言的挑战是实实在在的。

WTO 的官方语言是英语、法语和西班牙语。其中，无论是写材料还是出庭抗辩，英语都是通用语言，这一关就能难住很多人。杨国华介绍："语言能力包括口语和写作，诉状需要用英文写，开庭要用英文陈述、答辩，很多律师不具备这样的能力。全国可能有几十万律师，但能过语言这一关的不会超过 1000 人。"

第二关是情怀。杨国华认为，要想成为一个优秀的 WTO 律师，只有能力远远不够，还得有情怀。"能做 WTO 律师的人能力都非常强，但是相较其他业务，WTO 的案子可能收益并不高，一是因为 WTO 的案子毕竟没有那么多，分到具体律师头上就更少了，二是因为政府的预算是有限的。以这些律师的能力去做别的业务可能能赚更多钱，但是他们坚持了下来，这需要情怀。"

能力与情怀兼备，才能在 WTO 这条路上一直走下去，并不是所有人都能坚持。商务部 2003 年挑选的用以培养 WTO 律师的十多家律所，到现在只有极少数坚持了下来。虽然过程很难，但中国律师用自己的勤奋、努力与能力证明了中国培养自己 WTO 律师的重要性。

2014 年彭俊出庭辩论时，赵宏坐在一旁观战，彭俊的表现让她非常欣慰："我们的人充分准备是可以打的，我们的律师真的下功夫、不断学习，语言、能力都不是问题。"

杨国华也在长期的工作中体会到中国律师的重要性："事实证明中国律师在 WTO 案件诉讼过程中起到的作用是不可替代的，所以大家也觉得当然是必要的。不是说商务部推一个很理想化的制度，最后大家觉得没有用还硬坚持，不是这样的。培养中国的 WTO 律师一直坚持到今天，一定是有其合理性的。"

走出新路的中国不仅成功培养出了自己的 WTO 律师人才，在国际上也引发了关注。赵宏介绍，日韩两国近年打的案子开始有自己的 WTO 律师出庭，此前他们都是聘请欧美律师。俄罗斯也在向中国学习如何培养自己的 WTO 律师。

培养自己的 WTO 律师关乎的不仅是民族自豪感，更是对国家利益的捍卫与保护。赵宏认为，自己的团队能不能成长起来，对中国参与国际规则、运用国际规则的能力和水平会产生影响，"中国当然要有自己的团队"。

在 WTO 打官司，核心目的是在国际规则框架下合法维护国家利益，但是案子的输赢和国家利益之间不一定画上等号。彭俊介绍，在处理一个案子时，不仅要考虑国家现时的利益，还要考虑国家的发展利益。

在实践中，从案子提起开始，就要预研案子可能的结果以及对中国可能产生的影响，针对这个结果中国需要做哪些法律法规上的调整，提前做准备。因为按照 WTO 规则，发表最终裁决报告后，相关方原则上只有最多 15 个月的时间完成执行。这其中如果涉及对国内法律法规的修改，不未雨绸缪肯定无法按时执行。

因此，这也对律师的能力提出了更高的要求，律师不仅需要着眼于案子本身，还需要顾念全局。彭俊表示，律师需要尽可能综合考虑国家利益，而不是只做一个纯粹的技术派律师，"须站在客户的角度、国家的角度去说明这个案子应该考虑的问题"。

在这方面，外国律师会存在天然的沟通困难。赵宏表示，"在有些案件中，在一些敏感问题上"，外国律师沟通起来有困难。杨国华也认为，中国律师对国内法律法规及各种情况的熟悉程度无可取代。这些共同构筑了中国律师的独特价值。

从防守，到进攻

中国政府、中国 WTO 律师团队的成长和成熟，是中国理解、运用 WTO 规则能力演进的一个切面。

2002 年 2 月，赵宏代表中国政府在 WTO 理事会上发言，这是中国加入 WTO 之后作为正式会员开的第一个理事会，中国的任务是配合所有 WTO 成员一起努力完成多哈授权的知识产权和公共健康谈判。

赵宏还记得，初入 WTO，其他国家对中国充满了好奇，"中国出席知识产权理事会，美、欧、瑞士代表团分别请中国代表团吃饭，我跟他们说，'我们是新来的，还在学如何游泳'，瑞士代表团团长说，'你们学得很快，会游得很快的'。"

2004 年，美国对中国木制卧室家具发起反倾销调查。美国在原本要求中国应诉企业填答问卷 A 卷的基础上额外加了一个单独税率申请的环节，多家公司的申请被拒绝。中国律师没有放弃努力，尝试通过市场导向产业申请为中国木制卧室家具争取到行业市场经济地位。然而，花了大量心血完成的市场导向产业申请书，却被美国商务部以没时间看为理由驳回。

两年后，美国再一次刷新规则底线，打破不对非市场经济国家发起反补贴调查的先例，对中国铜版纸发起了反倾销和反补贴的"双反"调查。这一次，面对美国显失公正的做法，中国政府在2008年将美国诉至WTO，这也成为中国第一次单独提起的WTO诉讼。

从担心利用WTO争端解决机制会恶化中国与主要贸易伙伴的关系，以及对应诉和起诉要有绝对胜利把握的谨慎心态，到理性对待、善于利用规则，中国政府适应并利用国际规则的理念逐渐成熟。与此同时，在具体案子中，中国的诉讼能力也日臻完善。

在2007年的美国诉中国出版物案（DS363）中，中方援引GATT第20条（a）款的例外条款抗辩。这个时候中方守的是第二道防线。

在2010年的美国诉中国电子支付案（DS413）中，双方争论的核心在于中国到底有没有承诺开放电子支付或者银行卡服务。美方的策略是将电子支付归入中国承诺开放的银行服务项下，而中方的策略是将电子支付归入中国没有承诺开放的清算和结算服务项下。与出版物案相比，此时的中国已经将防线向前推了一步。

在2016年美国诉中国农产品国内支持案（DS511）中，中国不仅坚守防线，还进行了反击。从援引例外条款合法化表面违反规则的行为，到争辩自己没有违反规则，再到向对方发起进攻。中国参与

绝不妥协

WTO争端解决的能力在一步步地往上走。

经验越来越丰富后，中国律师也逐渐意识到，何时防守、何时进攻，怎样评价到底有没有赢案子，实际是一件复杂的事情。

彭俊曾在武汉大学法学院参加活动时被质疑某个WTO案件打输了。对于这个质疑，彭俊回答：不能这么简单地看问题。在该案中，中国与对方在WTO打官司的本质在于国家应该采取什么样的措施保护国内的资源，此前中国采取的方式是放开国内销售但是限制出口，上诉机构的裁决并未否定中国保护资源的初心，只是认为中国采取的方法需要符合规则。"反过来讲，中国现在是矿产资源的进口国，中国不仅要考虑守方利益，还要考虑攻方利益。如果这个案子不到WTO打官司，人家也可能对我们采取同样的措施，我们还没办法指责他们，因为我们自己也采取了相同的方法。"彭俊说。

随着国力不断强盛，中国现在"走出去"的攻方利益相对于"引进来"的守方利益越来越重要。这意味着做争端案件时中国律师要进行多方面的考虑，比如这个判决结果对中国以后的发展会不会产生影响。

对国家发展利益的综合平衡，使得中国可以更好地利用WTO争端解决机制维护自身利益，也使得中国产业和中国企业在国际市场经济的竞争中愈战愈强，中国一跃成为世界上最重要的经济体之一。打开国门后，我们不仅没有被外来竞争者冲垮，反而在竞争中越来越自信。

国家利用国际规则的能力成熟了，企业运用国际规则的意识也随之提升。

在美国诉欧盟的一个涉及信息技术产品的 WTO 案件中，双方争论的核心是某产品是否属于信息技术产品。按照信息技术协议（Information Technology Agreemevt，即 ITA），如果属于信息技术产品则不征收关税，否则进口国可以征收关税。欧盟作为进口国将该产品归为一般电器，而美国作为出口国认为该产品应该归为信息技术产品。

彭俊直到现在依然记得行业访谈时的情形："我印象特别深刻，企业说'我们认为现在应该和欧盟一样，将产品不归入信息技术产品以保护国内产业的发展。但是给我们 5 年时间，5 年之后，中国的产品将打遍天下无敌手。所以，我们认为，最好让美欧在 WTO 的官司多打几年，最后欧盟败诉打开市场，我们的产品就可以进去'。"

中国成功运用 WTO 规则的实践，对广大发展中国家产生了很好的示范作用。赵宏介绍，美国和欧洲是 WTO 早期 10 年的主要规则博弈者，现在发展中国家也觉醒了，意识到需要运用国际规则捍卫自己的权利。遇到不公正的对待需要使用规则，打官司是运用规则的一种方式。"过去很多发展中国家没有那么多经验和能力，现在都跃跃欲试，都想用规则。"只有每一个成员方都能合理地运用规则维护自身合法权利，WTO 才能发挥更大的作用和价值。

中国在 WTO 规则下的实践已经成为标杆，在利用规则、解释规则、创建规则的路上，中国还在做更多的尝试。

从学习规则到制定规则

2013 年，彭俊接到通知赴青岛开会。到了之后才知道，当时中美正就双边投资协定进行谈判。

中美双边投资协定谈判始于 2008 年，双方最关切的问题之一是中方是否能够接受"准入前国民待遇＋负面清单管理模式"。

"准入前国民待遇"是指在企业设立、取得、扩大等阶段给予外国投资者及其投资不低于本国投资者及其投资的待遇。"负面清单管理模式"是指国家规定在特定领域对外商投资实施的准入特别管理措施；国家对负面清单之外的外商投资，给予国民待遇。通俗来讲，"准入前国民待遇＋负面清单管理模式"就是"法无禁止即自由""内外一致，一视同仁"，只要不是东道国禁止或限制投资的领域，外国投资者享有与本国投资者相同的准入条件。这种待遇极大地促进了投资的自由化。[①]

2013 年 7 月，中美双方在双边投资协定第九轮谈判后宣布，中方同意按照准入前国民待遇和负面清单的原则进行双边投资协定谈判。中美的双边投资协定谈判进入实质性环节。同时，中欧双边投资协定谈判也摆上了议事日程。为支持中美和中欧的双边投资协定谈判，商务部开始招聘律师。这是商务部历史上第一次在重大国际谈判

---

① 白天博.论中美双边投资条约谈判中的"准入前国民待遇"[J].商场现代化, 2015,（27）:6-7.

中聘请外部律师提供法律服务，也是彭俊被通知去青岛的原因。

商务部聘请外部律师采取的是邀请多家律所比选的方式。当时，商务部共有四个律师事务所子库，包括国际投资法律事务子库、世界贸易组织和区域贸易协定争端解决子库、贸易救济子库、贸易壁垒调查与应对子库。金诚同达同时入选了商务部全部四个子库，是中国政府涉外法律服务主要供应商。

商务部的选拔标准不仅仅是价低者得，其更看重的是法律服务方案和分析意见中体现律师团队能力和水平的综合考量。经过比选，金诚同达成为中欧双边投资协定谈判的中国律师。

几乎同时进行的中美和中欧双边投资协定谈判，是目前世界上几大经济体之间就国际投资规则进行的最为重要的谈判之一，也是中国为进一步推动全球化做出的实践和努力。中欧双边投资协定谈判和中美双边投资协定谈判，表明中国参与国际规则已经步入新阶段。

WTO虽然为当今世界最为重要的国际组织之一，但其只涵盖货物贸易、服务贸易、与贸易有关的知识产权和投资，且自乌拉圭回合后几乎没有取得实质性的进展。1995年至今，世界发展日新月异，技术、产业模式发生了巨大变化，很多新议题已经超出WTO原定的框架范畴，WTO能否回应时代的变化和期待，现在仍没有答案。

在全球货物贸易快速发展了20多年后，国际投资已经成为全球化的新趋势。与实体的货物流动相比，资本的流动将把全球经济捆绑得更加紧密。

虽然目前货物贸易的全球化进入了瓶颈期，但资本的全球化还有极大探索空间。20世纪80年代，美国、欧盟、日本推动GATT举行乌拉圭回合并最终促成WTO的建立，如今中国、欧盟、美国等世界主要经济体开始推动就投资问题达成双边协议，这些大经济体谈判的结果将推动全球资本流动规则的建立，也将对全球化产生新的推动力。

中欧双边投资协定第一轮谈判于2014年1月21日启动，2020年12月30日完成谈判，历时近7年。金诚同达连续7年作为中欧双边投资协定谈判的中方律师，用实际行动和能力证明了中国律师在国家谈判中的价值。

1999年，中国在和美国进行双边谈判时提及部分规则太严苛，中国很难做到。对此，美方的回答是："你们参与的是一场国际篮球赛，不可能为了你改变篮筐的高度。"在这个阶段，中国是国际经贸规则的被动参与者。加入WTO之后，通过积极参与争端解决机制，中国对WTO规则的理解和运用愈加成熟，成功用WTO规则捍卫了国家利益。在这个阶段，中国逐渐掌握了使用国际经贸规则的主动权。而到了双边投资协定谈判时期，中国的角色更进一步，成为影响和制定规则的参与者。

入世20年，中国在国际规则内的角色几经更迭：从参与到使用，到影响，再到制定——这是许多人努力的结果。

入世前，中国政府下力气清理、修改、完善国内法律法规，通过各种方式推动从上至下对全球化国际规则的认知和理解。加入WTO、融入国际规则的过程,也极大地促进了国内改革。

赵宏感叹:"此前主管部门更多的是觉得自己有道理,应该这么做。在 WTO 现场经历了打官司的抗辩,经历了我们的贸易政策在国际场合被多轮质询,各个部门对于中国怎么争取自己的权益有了更清醒的认知,都感觉到应该把自己的表现和行为置于多边规则之下。大家有了一个新的视角,国内协调也容易、顺畅了许多。"

在这个过程中,中国律师也越来越多地参与到涉外法律事务中,为国家提供法律服务。杨晨介绍说:"以金诚同达为例,我们曾在若干重大事件或者项目中为中国政府提供法律服务,比如 APEC 会议、B20 峰会、全球钢铁论坛等等。其中,金诚同达参与的巴基斯坦瓜达尔港自由区项目、仰光新城等项目还获得了行业评选的'一带一路'优秀法律服务项目和年度案例。我们也为各级政府就涉外法律事务提供法律咨询,进行法律培训,处理法律争议,帮助有关中央政府部门和地方政府部门在行政立法和日常管理过程中熟悉国际规则,遵守国际规则,运用国际规则,并以此完善国内相关规则的制定和执行。曾有媒体把我们称为'国家队',我们为此感到骄傲和自豪。"

正是凭借中国政府和人民的共同努力,中国的崛起和复兴才成为现实。"凡益之道,与时偕行",中国坚定不移地扩大改革开放,推动国际化,引领全球化,将助力中国经济再攀高峰,推动构建人类命运共同体,携手建设更加美好的世界。

绝不妥协

后　记

让历史告诉未来

2021年是一个节点。它不仅仅是中国入世20周年。

2021年9月底，美国和欧盟在美国匹兹堡举行会议，正式成立美国-欧洲贸易和技术委员会（U.S.-EU Trade and Technology Council，TTC）。在会议前一天，美国商务部长吉娜·雷蒙多（Gina Raimondo）对媒体表示，美国将与盟友一同对世界第二大经济体施压，美国将与欧盟合作减缓中国的创新速度。面对外部的巨大压力，中国能够顶住压力继续前行，维持经济的增长吗？

继2020年11月与东盟10国和日本、韩国、澳大利亚、新西兰正式签署《区域全面经济伙伴关系协定》（RCEP）和2020年12月与欧盟完成《中欧投资协定》谈判后，2021年9月16日中国商务部代表中国政府提交了中国正式申请加入《全面与进步跨太平洋伙伴关系协定》（CPTPP）的书面信函。面对高标准、高要求的新一代国际经贸规则，中国能够达标吗？

对于这些全局性和战略性的未来问题，我们这支长期从事国际贸易争端解决实务的律师团队确实很难回答。但是，这本从我们团队的视角记录中国入世20年来成长历史的书也许能够为回答这些问题提供一些线索。

亚里士多德曾说："法律是没有感情的理性"。可是，法律人是有感情的。作为中国的法律人，站在中国入世20周年的里程碑处回望，禁不住感慨和泪目。

这是一本记录国家成长的书。在国际经贸规则的舞台上，中国从规则的跟随者到规则的积极使用者，再到规则的参与制定者，从"得道寡助"逐渐到"得道多助"。

这也是一本反映中国企业和中国企业家成长的书。面对国际贸易争端，中国的企业和企业家们从最初恐惧面对起诉，到游刃有余地积极应诉，再到主动利用规则作为全球化发展的战略工具。

这更是一本记录中国律师不断成长的书。在国际舞台上，我们既畅饮了严密法律说理的醇酒，又体会了代表中国的热情澎湃；既见证了中国政府法治程度的不断提高，也见证了中国企业和中国企业家在全球化过程中的勃勃生机。

这20年的历史告诉我们，要与中国一同成长，投身到国家发展带来的巨大机遇之中。在与白发苍苍的外国同行聊天时我们经常说，中国律师这20年做的案件恐怕相当于你们50年做的案件，恐怕也只有中国律所可以像英美律所一样有机会成为全球性的律所。作为中国人，我们有幸生长在这波澜壮阔的伟大时代，我们有幸见证每个人追

绝不妥协

求自身幸福和成长的努力，并与实现国家富强和民族复兴的理想如此紧密地正相关。

这20年的历史告诉我们，要独立自主、艰苦奋斗，努力学习、充分吸收国内外一切"营养"为我所用。这20年来的很多业务对于中国律师都是从无到有、从0到1，需要向走在前面的外国同行虚心学习。但是，我们从一开始就不准备永远做配角和助手。面对经验丰富的外国同行，我们横下一条心，"你跟我比技术，我跟你比时间；你跟我比时间，我跟你比不睡觉；你跟我比不睡觉，我跟你拼命"。

未来，随着中国在国际经贸中的作用和地位不断提升，中国对国际法律的需求将不断提高。中国不仅需要应对外部施加的国际法律议题，更需要提出自己的国际法律主张。从某种意义上讲，中国国际法律人才的重要性并不亚于航空母舰舰队，而优秀的中国国际法律人才的培养恐怕需要几代人的努力。

在电影《闻香识女人》中，男主角阿尔帕西诺在听证会上说道："我来到了人生的岔路口。我每次都知道哪条路是正确的路，没有例外。但是，我从来都没有选正确的路。你知道为什么吗？因为它们太难了。"这20年的经验告诉我们，正确的路往往是最难走的路。我们必须选择困难但正确的路，因为面对我们的祖国、面对历史、面对孩子的未来，我们没有选择，也不能选择。

站在入世20年的里程碑前展望未来20年，中国正在努力冲破1840年以来的"200年的历史三峡"。对于眼前的未来问题，我不知道答案。但我知道的是，对中国的判断从来不是在过去的成就和现在的困难里，而是在未来的无限可能性中。

天若有情天亦老，人间正道是沧桑！

是为后记。

彭俊
2021 年 10 月 8 日